dtv

Peter Schellenbaum zieht Bilanz seiner langen Arbeit mit Menschen: Jenseits aller eingefahrenen psychoanalytischen Verfahren öffnet er den Blick für die Tiefendimension eines jeden Lebens. In starken und unmittelbar berührenden Erfahrungen können wir immer wieder – nicht nur in Grenzsituationen, sondern auch mitten im Alltag – die Zugehörigkeit zur Welt und die Stimmigkeit unserer Biografie erleben. Wir spüren, was uns trägt und was uns neuen Lebensschwung schenkt. In den Herausforderungen eines jeden Lebens – Geburt, Berufung, Liebe, Gott, Tod – begegnen wir geheimnisvollen Fügungen, machen wir Erfahrungen der Transzendenz.

Peter Schellenbaum, geboren 1939, absolvierte nach dem Studium der Theologie eine Ausbildung zum Psychoanalytiker am C.-G.-Jung-Institut in Zürich. Er ist Lehranalytiker, Dozent in Zürich und Mailand, Leiter des von ihm gegründeten Instituts für Psychoenergetik im Tessin und Autor zahlreicher Bestseller, darunter ›Abschied von der Selbstzerstörung‹ (1981), ›Das Nein in der Liebe‹ (1984) und ›Die Wunde der Ungeliebten‹ (1988).

Peter Schellenbaum

Im Einverständnis mit dem Wunderbaren

Was unser Leben trägt

Deutscher Taschenbuch Verlag

Von Peter Schellenbaum
sind im Deutschen Taschenbuch Verlag erschienen:
Die Wunde der Ungeliebten (35015)
Abschied von der Selbstzerstörung (35016)
Das Nein in der Liebe (35023)
Tanz der Freundschaft (35067)
Nimm deine Couch und geh! (35081)
Aggression zwischen Liebenden (35109)
Die Spur des verborgenen Kindes (35144)
Träum dich wach (35156)

Ungekürzte Ausgabe
Juli 2003
Deutscher Taschenbuch Verlag GmbH & Co. KG, München
www.dtv.de

Umschlagkonzept: Balk & Brumshagen
Umschlagfoto: © photonica / Masaaki Kazama
Satz: Kösel-Verlag, München
Gesetzt aus der Optima
Druck und Bindung: C.H. Beck, Nördlingen
Gedruckt auf säurefreiem, chlorfrei gebleichtem Papier
Printed in Germany · ISBN 3-423-34015-0

Inhalt

Vorwort

Der zukünftige Mensch wird
ein Mystiker sein,
oder er wird nicht sein.

Karl Rahner

Erleichtert gebe ich Ihnen, meinen Leserinnen und Lesern, dieses Buch ab. Ich hatte die nicht ganz unbegründete Sorge, es nicht mehr vollenden zu können. In der Abfolge seiner fünf Teile – Geburt, Berufung, Liebe, Gott, Tod – spiegelt es die sich verlagernden Schwerpunkte im Zyklus eines menschlichen Lebens wider. Gemeinsam ist allen die mystische Dimension des Geheimnisvollen und Wunderbaren und seine Entfaltung dank unseres Einverständnisses. Dieses aktiviert unseren Lebensschwung auf unerwartete und unmittelbare Weise. So ergänzt das Buch die weit verbreitete Perspektive des Mach- und Konstruierbaren, der es, auf sich alleine gestellt, an Seele fehlt. Ich schrieb diese Seiten mit der Intensität dessen, der meint, vielleicht nur noch dieses sagen zu dürfen und daher alles Überflüssige weglässt. Darin zeigt sich Ihnen kein Psychotherapeut mehr, sondern nur ein Mensch, arm an Vorzeigbarem, doch reich an Dankbarkeit. Nicht nur in seinen Geschichten sondern auch in seinen Überlegungen bildet das Buch eine einzige große Erzählung, in der sich das Wunderbare der Menschwerdung entfaltet. Das Neue, das ich hier ausspreche, ist auch das Alte, schon immer dunkel Gemeinte.

Peter Schellenbaum

1

Geburt

Die Annäherung an das Wunderbare beginnt heimlich in einem Dunkel, das hoffnungslos und ohne Ende scheint. Erst wenn sich dieses eines Tages auflöst und überraschend, heller denn je, Licht einbricht, ohne dass wir Wesentliches dazu beigetragen haben, wundern wir uns: »Das habe ich am wenigsten erwartet. Ein Wunder!« Unser Einverständnis erfolgt von alleine aus Überrumpelung. Das Unerwartete des Geschehens hat die gewohnten Vorstellungen und Zweifel vorübergehend außer Kraft gesetzt, so als hätten wir uns Hals über Kopf verliebt. Doch bleiben wir passiv, verblasst das Wunder wieder. Zur schicksalsbestimmenden Macht kann es nur werden, sofern wir zu allem, was uns im Anschluss an diesen Wendepunkt gerufen oder ungerufen begegnet, nach und nach lernen ja zu sagen, zu Schönem und Hässlichem, Erfreulichem und Traurigem, Erhofftem und Befürchtetem, nicht nur zu hellen, sondern auch dunklen und rätselhaften Ereignissen. Ich meine solche Geschehnisse, die wir einfach nicht aus der Welt schaffen können, auch wenn wir uns noch so sehr darum bemüht haben. Ein Ja, gesprochen aus der Tiefe des Herzens mit unserer ganzen Lebenskraft, ein Einverständnis, mit dem unser ganzes Wesen verschmilzt, sodass auch unser Tun nunmehr einzig darauf abzielt, dem uns Widerfahrenden innen und außen zur Entfaltung zu verhelfen. In fundamentale Lebenstatsachen einzustimmen, mit ihnen übereinzustimmen, macht diese zu etwas Wunderbarem und Geheimnisvollem. Es ist der Weg zu einem einzigartigen, unerschütterlichen Glückserleben, das nicht im Gegensatz zu einer unglücklichen Lebenssituation stehen muss, sondern auch in dieser unverändert fortdauert. Oft ist das Wunderbare für uns zunächst überhaupt nicht »wunderbar«: Erst das tätige Einschwingen in die uns zufallende Wirklichkeit lässt diese in den geheimnisvollen Bereich des Wunderbaren eintauchen. Das Zufällige wird wunderbar, sobald wir uns nicht mehr dagegen stemmen. Wer sich diesem offenen und unmittelbaren Einverständnis kontinuierlich nähert, erfährt in seinem Dasein mehrere Zyklen des Wunderbaren, jedes Mal begonnen mit einer Geburt, aus der heraus sich das Leben neu orientiert. – Diese Geburten stehen in ihrer Bedeutung der ersten aus dem Mutterschoß nicht nach.

Meine letzte Geburt zum Wunderbaren fing vor fünfzehn Jahren mit Seelenfinsternis und Hoffnungslosigkeit an. Todesangst und Todesversuchung bissen sich in mir fest. Alles am Ende. Was ich erlebte, kam mir in seiner Endgültigkeit bekannt vor, obwohl mir passende Erinnerungen fehlten: die Steigerung eines alten Verhängnisses ins Unumkehrbare. Nur eines verwies mich darauf, dass ich mich im geheimnisvollen, zauberhaften Bereich eines Übergangs bewegte, mich also dem Wunderbaren näherte, nämlich eine ständige Begleiterin, eine bestimmte Musik: Mozarts Zauberflöte. Bevor sie mich an die Hand nahm, trat ich jahrelang auf der Stelle. Zwar ging es mit vielem voran, nur mit mir nicht wirklich. Subtile Lebenslügen, Überwertigkeit der erreichten Strukturen, Vermeidung notwendiger Konflikte, vordergründiges Behagen. Dies im Einzelnen hier auszuführen, tut nichts zur Sache. Es reicht, dass einige mir nahe Menschen darum wissen.

Es gab noch ein Weiteres: unter der dämpfenden Fettschicht der Jahre dumpf pochende Klopfzeichen. Wenn ich nachts wach lag, spürte ich manchmal den eigenen Herzschlag so, als würde ein Fremder an meine Tür pochen und ich, im Innersten erschrocken und gelähmt, konnte ihm nicht auftun. Angst, Sehnsucht und Ohnmacht, Liebe, gefesselt in einem Gefängnis. Ein Doppelleben zwischen Oberfläche und Untergrund.

Doch dann kamen erste Zeichen der bevorstehenden Katastrophe. Unlösbar scheinende Beziehungsprobleme, Entwertung alles bisher Erreichten bis zur Gleichgültigkeit, körperliche und seelische Schwäche, eine Verzweiflung so tief, wie ich sie noch nie erlebt hatte, diffuse Ängste, alarmierende Schmerzen in Brust und Rücken. Ein Elektrokardiogramm ergab keinen Krankheitsbefund. Mit dem mir eigenen zähen Willen hielt ich mich gerade noch aufrecht. Wie seltsam: Gleichzeitig mit diesen ersten beunruhigenden Zeichen spürte ich den unwiderstehlichen, süßen Sog der Zauberflöte. Ich konnte nicht anders: täglich musste ich Teile aus dieser Oper hören, manchmal sogar mehrmals. Die Verbindung mit ihr war das einzige Lebendige. Alles andere am Absterben oder schon tot. Sie war der Engel, der mich, den Blinden, fest fasste und begleitete. Noch fehlte der Bezug zu dem, was mir widerfuhr, sie gewährte mir weder Schutz noch Trost, strahlte nicht in mein gefährdetes Dasein. Wie in schlafwandlerischer Trance legte ich die CDs mit der Zauberflöte immer wieder auf, hörte mal dieses, mal jenes Stück, dann mehrere nacheinander – und zugleich würgte mich die schlimmste Krise meines Lebens. Einmal sprach ich, zum ersten und letzten Mal, mit seelentrockener Verzweiflung den Satz aus: »Ich will nicht mehr leben« – und lauschte wie abwesend weiter der Zauberflöte. – Tamino und Papageno hörten auf ihrer Initiationsreise die Worte: »Drei Knäbchen, jung, schön, hold und weise /

umschweben euch auf eurer Reise./ Sie werden eure Führer sein,/ folgt ihrem Rate ganz allein.« Solche Worte fanden in mir keinen Widerhall. Mehr als die Worte war es die Musik, die ich, der Verlorene und Verdammte, hörte wie aus einer fremden Welt. Mein Wunsch zu sterben blieb unverändert.

Drei Tage später, an einem eiskalten Januartag, nachdem ich vergeblich versucht hatte, mein Auto anzuschieben, und nun in Begleitung Heikes, mit der ich damals mein Leben teilte, zur Tramstation hastete, um rechtzeitig zu einer Radiosendung das Studio zu erreichen, brach ich zusammen: eine zerfranste Ausbeutelung meiner aufsteigenden Hauptschlagader (dissezierendes Aneurysma) war nahe beim Herzen geplatzt. Sofort konnte ich operiert werden. Dass ich gerettet wurde, erschien allen Beteiligten wie ein Wunder. Nach einem dreitägigen Koma erwachte ich zum Leben. Zwar war ich schwach und in jeder Hinsicht auf äußere Hilfe angewiesen, doch sah ich die Welt um mich herum – die Gesichter, die medizinischen Apparaturen, die Wände – wie gewaschen in klarem Licht. Selbst nachts, bei gelöschten Lampen, wenn ich die Augen schloss, erblickte ich das gleiche Licht. Im gemeinsamen Glanz war alles verbunden. Auch meine Schmerzen trübten das Licht nicht. Weder begehrte noch scheute ich den Tod, bei aller kreatürlicher Angst, die ich weiterhin vor ihm empfand. Leben und Tod: alles eins, vom gleichen Licht durchflutet.[1] Dieses befand sich jenseits des natürlichen Wechselspiels von Hell und Dunkel. In den geheimnisvollen Lichtsog ließ ich mich hineingleiten. Während ich aus- und einatmete, sah ich Wogen von Helligkeit. Mein Leben in diesem hellen Strom war ein Wunder. Ich befand mich im Einverständnis mit dem Wunderbaren.

Erst nachdem es geschehen war, verstand ich Taminos Frage: »O ew'ge Nacht! Wann wirst du schwinden? /

Wann wird das Licht mein Auge finden?« Das Licht hatte das Auge, die Erleuchtung das Herz gefunden. Ich erinnerte mich an einen Satz des Philosophen Plotin aus der Spätantike: Transzendenz meint den »Ort, wo die Seele jählings von Licht erfüllt wird«. Ich befand mich mitten in einer Lichtexplosion, die mein Leben neu ordnete. – Nachdem ich die Intensivstation verlassen durfte und mir ein helles Zimmer zugeteilt wurde, brachte mir Heike, deren warme, helle Präsenz mich auch jetzt begleitete, eine Kassette mit Mozarts Zauberflöte. Mit welcher Verwunderung spürte ich denselben unwiderstehlichen Drang wie vor meinem Zusammenbruch, ihr wieder und wieder zu lauschen, manchmal stundenlang! Die Ahnung von einem geheimnisvollen Zusammenhang zwischen allem, was ich vor, während und nach meiner Operation erlebte, die Vermutung eines unterirdischen Stromes von Kontinuität erfasste mich und machte mich schaudern. »Wir wandeln durch des Tones Macht / froh durch des Todes düstre Nacht«: Die Freude, von der mir die Zauberflöte sang, konnte ich allerdings erst jetzt, nach dem Verlassen der Nacht empfinden, »des Tones Macht« aber war dieselbe: die gleiche Lebensmelodie damals in der Nacht und nun auch im Tag. – Noch war für mich das Wort Initiation ein bloßer Begriff. Später begriff ich, dass es eben das war, was ich durchlebt hatte.

Ebenso wie ein wesentlicher Traum[2] gleicht auch die Initiation in ihren Phasen dem Vorgang von Befruchtung, Schwangerschaft und Geburt: seelische Wandlung ist Neugeburt. Nach Jahren des Stillstands ereignete sich die Befruchtung zunächst im Verborgenen, mir noch nicht Erlebbaren. Einzig die mich von Anfang an nährende Musik der Zauberflöte bewies mir später, dass sie im Dunkeln tatsächlich stattgefunden hatte. Unbewusst vertraute ich mich in diesem Moment ihrem Schwingungsbogen an. In der darauf folgenden seelischen Schwangerschaft war mir nur das Fiasko meines bisherigen Lebens bewusst und noch nicht die heimlich tätige Kraft des heranwachsenden neuen Lebens. Der Held der Initiation handelte noch ganz im Dunkeln und ohne Beteiligung des Ich. Dann, im engen Durchgang des Geburtskanals während des dreitägigen Komas, kämpften im Verborgenen Tod und Leben, Stirb- und Werdefieber. Der Kampf spielte sich in dämmriger Unbewusstheit ab, ebenso wie die hilfreiche Begleitung durch die Zauberflöte: »Die Zauberflöte wird dich schützen,/ im größten Unglück unterstützen.« Nach der Geburt, im Erwachen, erreichte Mozarts Musik endlich auch mein bewusstes Leben: In Syntonie, Zusammenklang mit ihr floss nun mein Leben in einem einheitlichen Fluss, obgleich zunächst, noch nahe der Geburtsquelle, im winzigen Rinnsal. Auf welche Weise wirkte das Licht dieses Erwachens in mir?

Antwort darauf gab mir wiederum das zauberhafte, wunderliche Band zwischen dieser Musik und mir. Nun nämlich erreichten mich auch Worte, zusammen mit der reinen Musik, und zwei Sätze mit besonderer Intensität. Auf Papagenos Frage: »Mein Kind, was werden wir nun sprechen?« antwortet Pamina: »Die Wahrheit, die Wahrheit,/ sei sie auch Verbrechen!« Zwar verstand ich anfänglich die Bedeutung meiner Faszination für das Wort Wahrheit noch nicht, doch wirkte es in den folgenden Monaten wie ein Fanal in mir, genährt durch diese Stelle aus der Zauberflöte, die mich noch über lange Zeit unwiderstehlich anzog. Aber das eigentliche Wunder hatte sich im Verborgenen ereignet: »Das Wunder ist erfüllt, ob ich es auch nicht gesehen habe«, schreibt Hesse über »das Wunder der Neugeburt« im Frühling der Natur.[3] Was das Licht der Wahrheit in mir ausleuchten und ausrichten wollte, erlebte ich in den kommenden Jahren und erlebe ich immer noch schmerzlich und befreiend zugleich. Es hatte und hat auch mit dem Thema der Zauberflöte zu tun: »Mann, und Weib, und Weib, und Mann/ reichen an die Gottheit an«: für mich verbunden mit äußerem Abschied und innerer Begegnung. Ein Wunder ohne Folgen gliche einer Quelle ohne Wasser. Jedes erlebte Wunder fordert neue, bewusste Zielsetzungen. Nur so bleiben wir im Einverständnis mit dem Wunderbaren.

Das Wunderbare ist ein Teilaspekt des Heiligen oder Numinosen, wie Rudolf Otto es bereits 1917 beschrieben hat.[4] Wir erschaudern, wenn uns etwas Fremdes, Übermächtiges, Energiegeladenes aus der Bahn wirft und in eine Richtung führt, die wir nie und nimmer frei gewählt hätten – eine neue Richtung, die im Gegenteil Angst, Widerstand, Abwehr bis hin zum Horror in uns auslöst.[5] Dazu im Gegensatz, wie in einer merkwürdigen Kontrastharmonie, erfahren wir gleichzeitig oder in einer neuen Phase ein Zweites: Das bedrohlich Fremde fasziniert uns, zieht uns an, bestrickt und entzückt uns, als sei es gar nichts anderes als wir selber im Verborgensten unseres Wesens. Die numinose Ergriffenheit meint eben diese Widersprüchlichkeit zwischen dem Tremendum und Faszinosum, dem Schauderhaften und Anziehenden. Hingerissen vom Fremden gelangen wir ins Eigene.

Das Wunderbare, auf dessen Fährte ich mich zusammen mit Ihnen, meinen Leserinnen und Lesern, begebe, löst diesen Widerspruch keineswegs auf, hat also nicht einfach mit dem Entzücken eines glücklichen Wiedererkennens, mit gefahrloser Begeisterung und Licht ohne Schatten zu tun. Innerhalb dieses Widerspruchs hebt es indes ein Moment hervor, das nicht in jeder Begegnung mit dem Numinosen gegeben ist, nämlich das Moment von Sinn und Orientierung. Es gibt Erschütterungen durch körperliche oder seelische Krankheit, durch Trennung oder einen anderen Schicksalsschlag bis an den Rand der Vernichtung, in denen wir keinen Sinn erkennen, auch später nicht. Kein Engel hilft uns über den Abgrund hinweg. Zumindest können wir dann keinen sehen, hören keine die Dissonanzen überbrückende Melodie des Lebens. Es fehlt das Wunderbare einer neuen Geburt, das aktive Einverständnis, das uns der eigenen Bestimmung entgegenführt, die Erfahrung von Häutung, Wandlung, Umkehr und Neuanfang. Im Wunderbaren dagegen, dem wir uns in diesem Buch gemeinsam nähern, erfahren wir einen Sinn, der unser Leben in eine bisher unbekannte, nun fassbare Richtung lenkt. Diese neue Orientierung können wir mit unserem Fühlen, Denken und Tun verdeutlichen und verstärken. Doch auch auf diesem Weg übersteigt das als numinos, heilig, göttlich Erfahrene jeden begreifbaren Sinn. Bei aller Konkretisierung bleibt es geheimnisvoll und zuweilen gefährlich unberechenbar.

Im Einverständnis mit dem Wunderbaren bewegen wir uns auf dem schmalen Grat zwischen dem Abgrund der Vernichtung und dem der Vermeidung. Für mich und vielleicht auch für Sie bedeutet dieses Buch ein existentielles Abenteuer. Nichts darin lässt sich einfach abhandeln. Deshalb will ich Ihnen auch nicht die bevorstehenden Etappen unseres gemeinsamen Weges verraten. Die eine wird sich aus der anderen fast von alleine herausschälen. Einzelne Kapitel oder Abschnitte im Lesen einfach zu überspringen wäre, so vermute ich, Ausdruck einer Ungeduld, die zu schnell alles will und deshalb vielleicht Entscheidendes, nämlich das Gespür für die Dynamik im Ganzen, verliert.

Mit welcher Methode nähern wir uns dem Verständnis des Wunderbaren? Mit Psychologie, Sozialpsychologie, Philosophie, Literaturwissenschaft, gar mit Theologie? Zunächst einfach mit der sorgfältigen Beschreibung des Geschehenden. Sicherlich fließen in diese auch die genannten Disziplinen ein. Aber darauf kommt es letztlich nicht an. Die Ursprungserfahrung, um die es mir an erster Stelle geht, durchschlägt in ihrer Unmittelbarkeit alle methodisch vermittelten Zugänge. Jeder Schritt ins Wunderbare fängt damit an, dass wir, ganz ungeplant, mit Leib und Seele ergriffen werden. Wovon? Das ist zunächst unwichtig. Wichtig ist allein die wertfreie Tatsache einer ganzheitlichen Ergriffenheit, der fraglosen Einheit zwischen dem uns Ergreifenden und uns selber als Ergriffenen. Das ist der existentielle Moment einer neuen Empfängnis. So wie in der biologischen Empfängnis die Eizelle der Mutter mit der Samenzelle des Vaters zu einer neuen Urzelle verschmilzt und diese, im Moment des sich selber Empfangens, Licht, also Energie ausstrahlt, ebenso verschmelzen wir in der existentiellen Empfängnis, im Zustand fragloser Ergriffenheit, mit etwas, was aus der Außen- oder Innenwelt auf uns neu zugekommen ist, und erleben in dieser Begegnung einen befreienden Energiezuwachs.[6] Die gleiche mystische Qualität in tausend möglichen Begegnungen, in jedem wirklich neuen Lebensschritt der Anfang. Alles Neue fängt mit dem Wunder einer Offenbarung an, aber einer Offenbarung, die keinen Glaubensakt, sondern bloße Aufmerksamkeit fordert.

Wirklich alles kann zum Träger dieser Offenbarung werden: nicht nur Schönes wie die Augen einer Katze, die ausdrucksstarke, harmonische Geste eines Menschen, der Glanz des Mondes auf dem Wasser, Musik wie die der Zauberflöte in meinem Geburtserlebnis, sondern auch Hässliches wie die unerwartet entblößte Narbe eines Menschen, eine kreischende Säge, eine öde Industrielandschaft – nicht nur Wohltuendes und Wärmendes wie ein nächtlicher Traum, der Klarheit schafft oder die Begegnung mit einem liebevollen Menschen, sondern auch Bedrohliches wie die Mitteilung über den Verlust von Gesundheit, Beziehung oder Geld – nicht nur große und gewaltige Erlebnisse wie der Ausbruch eines Vulkans, sondern auch kleine, unscheinbare Dinge wie das schaukelnde Fallen eines kleinen Blattes oder das Lächeln eines Kindes, nicht nur Lebendiges sondern auch Totes, wie die drei Leichname von Männern, die ich vor wenigen Tagen beim Eintreten in eine Kapelle von Rapallo, Wachspuppen ähnlich in offenen Särgen liegend, plötzlich erblickte, sodass ich mich eines kalten Schauders nicht erwehren konnte.

Das, wovon wir ergriffen sind, verströmt den Glanz einer unmittelbar erfahrenen Wahrheit. Insofern ist es in einem übergeordneten Sinne schön, jenseits des Gegensatzes von schön und hässlich. Weil wir es weder vorausgesehen noch uns vorgestellt, auch nicht gemacht haben, ist es wie ein Wunder aus blauem Himmel. Weil wir überrumpelt unserer angelernten Vorurteile und Wahrnehmungsmuster wenigstens für einen Moment ledig sind, hängt das Wunderbare, in dem wir uns jetzt vorfinden, mit etwas Seltenem zusammen, nämlich mit der Freiheit ungeteilter, kindlich offener Aufmerksamkeit. Dank ihrer sind wir uns selber auf ein Anderes hin losgeworden. Das Wunderbare hat die unsere Wirklichkeit sonst verfälschenden Angst-, Schutz-, und Bequemlichkeitsfilter blitzschnell durchschlagen. Sogar Paul Watzlawick spricht in jüngster Zeit von Situationen unmittelbarer Erfahrung, »in denen unsere Wirklichkeit sich völlig anders darlegt ...Da lässt sich nicht hineinlesen. Da begehen wir nicht den Fehler, der Sache einen Sinn zuzuschreiben.«[7] Derselbe Watzlawick, der seit vierzig Jahren betont, dass wir unseren Wahrnehmungen stets Bedeutungen zuschreiben, die mit der Wirklichkeit, wie die Sinnesorgane sie uns vermitteln, nicht identisch sind! – Unter dem starken Eindruck der seltenen unmittelbaren Wahrnehmungen jedoch werden wir vielleicht fähig, immer häufiger gewohnte Sinnzuschreibungen zu verlassen. In diesem Fall lassen wir aus Begegnungen mit dem Wunderbaren einen neuen, jetzt noch unbekannten Lebenssinn sich selber gebären. Allerdings wäre es vermessen anzunehmen, dass dies je ganz geschehen wird: In der alltäglichen Welt sozial, kulturell und familiär vorgeprägter Muster des Wahrnehmens, Denkens und Verhaltens könnten wir uns weder einrichten noch entfalten. Ein Leben lang geht es um die Reibung und teilweise Befruchtung zwischen beiden: dem unmittelbaren und dem vermittelten Erleben, der Mystik und den Mustern.

Mystische Erfahrungen werden in ihrem Entwicklungspotenzial für das menschliche Dasein unterschätzt. Die natürliche Scheu vor ihnen könnte uns verleiten, ihre entscheidende Bedeutung zu verdrängen. Dass sie keine Glaubenswahrheiten sind, habe ich schon unterstrichen. Da sie aus dem Rahmen alltäglicher Wirklichkeit fallen, meinen wir vielleicht, es gebe keine Verbindung zwischen ihnen und dem tätigen Leben des Einzelnen in der Gesellschaft. Ein folgenschwerer Irrtum! Der rundum verwaltete und betreute Mensch ist ein Idealbild ohne Ideal. Wer ihm nacheifert, unterschätzt oder unterdrückt seine Sehnsucht nach dem Wunderbaren, aus uneingestandener Angst, im Einbruch einer nicht planbaren Freiheit breche das von ihm Aufgebaute zusammen. Beispiele für den Machtmissbrauch im Anschluss an Erfahrungen des Wunderbaren innerhalb religiöser und anderer Gruppierungen zu finden, ist einfach. Gleichwohl: dass Zeitungen und Bücher heute einseitig von solchen Skandalberichten überquellen, ist nicht nur aus äußeren, »objektiven« Tatsachen zu erklären. Es hängt auch mit der »subjektiven« Angstabwehr des Wunderbaren zusammen. Die Sensationslüsternheit, getarnt durch den Anspruch der Faktizität, weist auf eine versteckte Faszination für das Abgewehrte hin.

Je wichtiger eine menschliche Erfahrung, desto leichter ihr Missbrauch: Auf der Flucht vor unangenehmen Weichenstellungen und Verpflichtungen können Menschen Erfahrungen des Wunderbaren aufbauschen, oder sich mit ihnen wichtig machen, als wären sie ihr eigenes Verdienst, oder, um Gefühlen der eigenen Ohnmacht zu entgehen, andere mit ihrer Hilfe zu selbstsüchtigen Zwecken bis zur Zerstörung der Persönlichkeit manipulieren. – Doch lassen wir es nicht bei der Aufdeckung solchen Missbrauchs bewenden! Sonst manipulieren wir die menschliche Wirklichkeit durch Ausgrenzung des Kostbarsten und hemmen uns und andere vor entscheidenden Schwellen der Entfaltung. Auch wissenschaftliche Methodik in welchem Zweig auch immer, solange sie sich in den eigenen Methoden der Wirklichkeitserfassung eingelt, ist nicht gegen solche Manipulation durch Ausgrenzung gefeit. Zu perfekten Theorien, Verordnungen und Gesetzen fehlt es an Lücken, durch die ein Neues befruchtend eindringen kann. Das berechtigte Anliegen, Missbrauch auszuschalten, darf nicht dazu verführen, mögliches Lebendige im Keim zu ersticken. Das gilt nicht nur für Glaubensdogmen, sondern unter anderem auch für gesetzliche Psychotherapieregelungen. Keine Welt ist im Kern gefährdeter als eine hygienisch verpackte. Eine einseitig defensive Grundhaltung übersieht das trojanische Pferd in den eigenen Mauern: das Potenzial an Selbstzerstörung in der aus Angst übersteigerten Immunabwehr – das sich schließlich selbst vernichtende Abwehrsystem, psychisch und physisch. Was zu wachsen beginnt, ist immer unvollkommen, auch und gerade dann, wenn sein Keim gesund ist.

Auf die Wahrnehmung dieses so leicht übersehbaren gesunden Kerns, des in seiner wirkenden Kraft meist unterschätzten Wunderbaren, richte ich auf diesen Seiten meine Aufmerksamkeit an erster Stelle, allerdings nicht bloß zum passiven Auskosten, sondern auch als Sprungbrett zu fälligen Entscheidungen und Tätigkeiten. Ich werde mit Ihnen auf Schwellen verweilen, die sonst meist gemieden werden. Woher in einer Gesellschaft, in der Kommunikation als Mitteilung von Mitteilungen von Mitteilungen verstanden wird, könnte unmittelbare, authentische Wahrnehmung und somit die Möglichkeit zu schöpferischen Mitteilungen, die den Einzelnen und die Gesellschaft neu orientieren, sonst kommen? Zwar hat die Erfahrung des Wunderbaren keinen Zweck außerhalb ihrer selbst, sie verfolgt keine bestimmte Absicht. Wer jedoch aufmerksam in ihr verweilt, erlebt Wandlung, konkrete Lebensimpulse und Wachstum. Nicht durch Übersetzen des Erfahrenen in Worte, wie auch Watzlawick betont: »Der Fehler, den wir alle begehen, wenn wir einmal solche Erlebnisse gehabt haben, ist zu versuchen, das in Worte zu übersetzen, und damit haben wir die Sache bereits verloren und zerstört.«[8] Doch gibt es zweifellos Möglichkeiten, das erlebte Einmalige, ohne es zu verraten, in eine existentielle Neuorientierung münden zu lassen. Und das Schlüsselerlebnis lässt sich mit Worten durchaus, wenn auch nur in fragmentarischen Annäherungen, beschreiben. Die Literatur aller Hochkulturen zeugt davon.

Die Sensibilisierung für die Wirkungen des Wunderbaren erfolgt stärker durch Geschichten als durch abstrahierende Erörterungen. So werde ich in diesem Buch viele Geschichten erzählen. Ob es dabei um meine eigenen oder die anderer Menschen geht, halte ich für zweitrangig. Denn in beiden Fällen nehme ich, was die Erfassung der Wirklichkeit angeht, die Perspektive der individuelle

Eigenarten und Begabungen sprengenden, wunderbaren Schlüsselerlebnisse ein. Daneben gibt es natürlich die andere, von vielen als einzige missverstandene Perspektive der Technik und Methodik: des Könnens, der Fertigkeiten, der Professionalität. Sie nimmt in unserer durchorganisierten Welt so viel Platz ein, dass ich mich genötigt fühle, der ersten Perspektive, nämlich den Ursprungserfahrungen des Wunderbaren, für einmal den Hauptplatz einzuräumen. Dabei vermeide ich es, ein Gebäude von Begriffen aufzubauen oder bereits angebotene Begriffe, selbst eigene aus meinen früheren Büchern, ohne weiteres automatisch auch hier zu verwenden.

Im Blick auf die eigentümliche Wahrnehmung des Wunderbaren verzichte ich darauf, in Geschichten, die von anderen Menschen handeln, mich in der Rolle des Psychotherapeuten zu präsentieren, nicht nur, weil ich mit diesen Geschichten auf unterschiedlichsten, keineswegs bloß beruflichen Wegen in Kontakt kam. Mein psychotherapeutisches Wissen und Können ist in den außergewöhnlichen Momenten der gemeinsamen Begegnung im Wunderbaren nicht gefragt, ja es könnte für deren Unmittelbarkeit sogar hinderlich sein. Als Begleiter der Schwelle habe ich streng genommen keine berufliche Identität. Es geht um eine Aufgabe, die jedem Menschen, auch Ihnen, zuweilen gestellt ist, so wie auch wir selber ab und zu eine Begleiterin, einen Begleiter der Schwelle brauchen. Falls sich diese Aufgabe innerhalb einer Psychotherapie aufdrängt, wird die berufliche Qualifikation erst wieder jenseits der Wandlungsschwelle, nämlich wenn es um die zur Erfahrung passende, aktive Neuorientierung geht, zusätzlich gefordert. Der Verzicht auf meine Berufsbezeichnung scheint mir sinnvoll und fruchtbar: Er hebt die wichtigste Eigenart der Begegnung mit dem Wunderbaren hervor, nämlich die unmittelbare, direkte Ansprechbarkeit in wesentlichen Momenten. Er entspricht der Nacktheit und dem Statusverlust, die zum Schwellenzustand einer Initiation in Ursprungsgesellschaften gehören.[9] Im Zusammensein mit Menschen auf der Schwelle bin ich kein Meister, der weiß, wohin die Reise geht. Ich versuche, in wache, offene Resonanz zu treten mit dem, was sich in anderen und in mir selber an Unerhörtem und Ungelebtem zu manifestieren beginnt. Deshalb nehme auch ich an der existentiellen Nacktheit anderer ohne Schutz und Raster einer Rolle teil.

Hören wir das Wort Wunder, so denken wir vielleicht an Ereignisse, welche die natürlichen Möglichkeiten des Menschen übersteigen. In allen Religionen der Welt finden wir Berichte von Wundern, durch die einige besondere Menschen – Propheten, Verkünder einer neuen Lehre, Meister der Lebensführung – ihre Botschaft glaubwürdig machten, als Beweis ihrer göttlichen Legitimation. In den meisten Fällen war es wohl genau umgekehrt: Die glaubhafte Botschaft und die überzeugende Ausstrahlung ihres Verkünders waren der Nährboden für das wunderbare Erleben »gewöhnlicher« Wirklichkeit und für spätere außergewöhnliche Wundergeschichten. Es geht mir also nicht um die anachronistische Beweisführung seit Alters her überlieferter Wundergeschichten. Dabei sei nicht in Frage gestellt, dass außergewöhnliche Persönlichkeiten in anderen Menschen tatsächlich Außergewöhnliches und Wunderbares auslösen können. Das gilt auch für die innere, heilende Begegnung mit längst verstorbenen »Heiligen«, zum Beispiel Religionsstiftern. Bilder des Christus, der sogar sein Leiden und Sterben mit Liebe, das heißt bejahend entgegennimmt, haben durch zwei Jahrtausende viele schmerz- und angstgequälte Menschen auf das Wunder des spannungslösenden Einverständnisses hin geöffnet, auch wenn sie andere zu fanatischer Leidenssucht und

Wirklichkeitsflucht verführt haben. Und achten wir auf die leitbildliche Macht, die manche Buddha-Darstellungen selbst auf uns, durch einen anderen Kulturkreis geprägt, ausüben, einmal abgesehen von den Kultur stiftenden Wirkungen auf die fernöstliche Menschheit, die wir nicht hoch genug einschätzen können! »Der in Versenkung dargestellte Buddha hat in einem physiognomischen Modellierungsprozess von mindestens sechzig Generationen die Gesichter von Mönchen und von Meditierern aller Stände in seinen Bann gezogen«. Sein Bild stellt die sublimste Formung »weltoffener Weltlosigkeit« dar. »Obwohl es durchweg als stilles Gesicht dargestellt wird, enthält es für jeden Betrachter ein intimes Resonanzversprechen, weil es in seiner lebendigen, regsamen Ruhe das Gesicht des Mitleids und der Mitfreude zeigt.« Das Buddha-Gesicht ist absolut berührbar »durch das, was vor es kommt ...: Ausdrucksgestalt euphorischer Leere.«[10] – In der Begegnung mit »Heiligen« welcher Kultur und Epoche auch immer ereignen sich manchmal wunderbare Heilungen, bei denen es nicht mehr mit natürlichen Dingen zuzugehen scheint. Die Natur enthält »übernatürliche« Schätze.

Zur Zeit der Gründung der großen Weltreligionen schien die Welt noch voll des Wunderbaren. Der Anspruch auf klare Festschreibung dessen, was natürlich ist und in der Natur einer Sache liegt, und somit auch dessen, was es aufgrund »vernünftiger« Definitionen der Natur nicht geben darf und kann, wurde erst während der Aufklärung im achtzehnten Jahrhundert eindeutig laut. – In meinen Beschreibungen des Wunderbaren spielt diese Unterscheidung keine Rolle. Die Festlegung dessen, was Natur heißt, wird auch heute noch meist viel zu eng gefasst und ist immer vorläufiger Art. »Die Wunder stehen nicht im Widerspruch zur Natur, sondern im Widerspruch zu unserem Wissen von der Natur«, schrieb schon im dritten Jahrhundert der Kirchenlehrer Augustinus. Der spätere Kardinal Henri de Lubac, bei dem ich 1965 promovierte, wurde in den fünfziger Jahren von Papst Pius XII. seiner Professur in Theologie enthoben und als Landpfarrer in ein kleines Dorf geschickt, weil er im Gegensatz zu der in der katholischen Theologie vorherrschenden scholastischen Tradition diese These des Augustinus vertrat: das so genannte »Übernatürliche« als Geheimnis der Natur selber sah. Der Nachfolger Pius' XII., Johannes XXIII., lud de Lubac wenige Tage nach seiner Wahl zum Mittagessen ein: ein Zeichen der Versöhnung.

In der Vorstellung von Menschen früherer Zeiten gehörte zu einer wahren Lehre oft auch deren Beweis durch Wundertaten des Gründers. Am resistentesten gegen diese populärreligiöse Verknüpfung zeigte sich der frühe Buddhismus. Doch auch um die Person Buddhas rankten sich bald außergewöhnliche, wunderbare Geschichten, die seine Geburt, seinen Lebensweg, seine Predigt und seinen Tod umgaben. – Beides: Glaubwürdige Lehre und Wundergeschichten, gehörten in fast allen Religionen wie selbstverständlich zusammen. Wundergeschichten machten die gewöhnlichen Menschen staunen und bereit, solchen Lehrern Glauben zu schenken, von denen sie erzählt wurden.

In all diesen Berichten gibt es einen Erfahrungskern, der auch unseren Begegnungen mit dem Wunderbaren nicht fremd ist. Zu ihm gehören fünf Gesichtspunkte, die ich im Ansatz schon erwähnt habe. Der Erste betrifft die Ergriffenheit in einem unmittelbaren Erleben, erschreckend und faszinierend zugleich, zauberhaft dank seiner unverstellten Direktheit, und den Eindruck einer Offenbarung, manchmal verbunden mit der Erfahrung von Licht, Fluss, Energie. – Der zweite Aspekt: Das Wunderbare bricht überraschend, unerwartet und plötzlich in unser Leben ein, sodass wir uns darüber nur wundern können. – Der Dritte: Das Staunen darüber, dass wir zu seinem ersten Auftreten bewusst nichts Wesentliches beigetragen haben: Das Wunderbare geschieht einfach mit uns. – Der Vierte: Das Wunderbare sprengt Grenzen des bisherigen Erlebens, Denkens, Fühlens und Handelns. Begriffe wie »übernatürlich«, »transzendent«, »transpersonal« wurden zur Umschreibung dieser vierten Erfahrung des Wunderbaren geprägt. Sie sind alle missverständlich, weil sie das subjektiv Erlebte tendenziell objektivieren, dadurch aber verdünnen und schwächen. Wer sie verwendet, suggeriert ungewollt abstrahierende Distanz zum Ereignis. – Im ersten Erleben des Wunderbaren fällt die Trennung zwischen Subjekt und Objekt weg, auch wenn wir später deren Unterscheidung wieder brauchen. Das Jenseitige ist eine Dimension des Diesseits, so wie das Diesseits eine Dimension des Jenseits ist. In der menschlichen Natur liegen mehr Möglichkeiten verborgen, als ein rationaler Geist für möglich hält. Das Wunderbare wirkt nicht gegen die Natur, sondern aus ihr heraus. Es ist die Wirkkraft der Natur. Jede Geburt, ob biologischer oder seelischer Art, ist ein Wunder, doch liegt dieses in der Natur des Geschehens. – Ein fünftes Element im Erfahrungskern des Wunderbaren ist das Erleben eines geheimnisvoll geladenen »Numens«, zu Deutsch: eines Winks, eines Zeichens, das eine neue Richtung weist. Das, worüber wir uns wundern und was uns aufmerken lässt, weckt in uns ein Gespür für Verbindlichkeit, Entscheidung, Verantwortung und Neuorientierung. Nachdem Jona vom Fisch ausgespuckt wurde, nahm er seine Verpflichtung wahr, nach Ninive zu gehen. Im nächsten Kapitel zum Thema »Berufung« gehe ich diesem Punkt ausführlicher nach.

Im Anfang beinhaltet das Wunderbare einfach die elementare Feststellung »du lebst« und die sich daraus ergebende ebenso elementare Aufforderung: »Also lebe!«, zunächst ohne Konkretisierung im Alltag. Nach langer Zeit seelischer Todesstarre auf einmal die aufrüttelnde Konstatierung wieder einsetzenden Lebens, einer neuen Geburt, eines neuen Erwachens im Dasein. – Dazu folgende Geschichte: In zielstrebiger zehnjähriger Arbeit hatte eine jetzt vierzigjährige Kunsthändlerin ein Netz von Beziehungen mit Kunstliebhabern, Museen, privaten Kunststiftungen und Fälschern alter Kunst gespannt. Nun saß sie wegen Kunstbetrugs in Untersuchungshaft. Ihre Bekannten und Freunde sagten einhellig: »Sie ist erledigt. Ihre Existenz ist zerstört.« Und so fühlte auch sie, die in den ersten Tagen wie vor den Kopf geschlagen und betäubt in der Zelle saß. Nicht nur beruflich war sie von ihrem bisherigen Leben abgeschnitten. Ihre Mutter ließ sie wissen, dass sie keinen Kontakt mehr mit ihr wünsche. Ihr Anwalt machte ihr nur vorsichtige Hoffnung einer Strafe auf Bewährung. Das Herz schlug ihr in rasendem Tempo, und sie befürchtete, im Überdruck der Situation am Infarkt zu sterben. Im Rhythmus ihres Herzschlags wiederholte sie wie besinnungslos ein einziges Wort: »Überleben, überleben, überleben«. Das Wort verfolgte sie bis zur Besessenheit auch in den Schlaf hinein. Die panischen Grübeleien über das, was ihr bevorstand, wurden immer wieder plötzlich unterbrochen durch dieses Wort, das sich automatisch selber sprach: »überleben«. Dabei fühlte sie höllische Angst und nicht die geringste Erleichterung. Jedes Mal, wenn ihre seelische Belastung den obersten Pegel erreicht hatte, kurz vor dem Zerplatzen, wurde das zwanghafte Korrektiv in ihr laut: »überleben«, ähnlich wie ein Betablocker das Schlagen des Herzens von einer bestimmten gefährlichen Frequenz an medikamentös dämpft.

Was sie dann, gegen Ende der ersten Nacht im Gefängnis, erlebt hatte, beschrieb sie mit ungefähr folgenden Worten: »Ich lag da mit geschlossenen Augen. Unter den Augenlidern war alles pechschwarz. Ich muss ein wenig geschlummert haben. Plötzlich weckte mich hellstes Licht, als hätte jemand einen grellen Scheinwerfer auf mein Gesicht gerichtet. Gleichzeitig füllten mich zwei neue Wörter befreiend aus: »Ich lebe«. Während ich sie aussprach, fiel alle Last von mir ab. Erschrocken öffnete ich die Augen. Die Gefängniszelle lag in nächtlichem Dunkel. Doch immer noch sah ich klares Licht. Es kam nicht von außen, sondern gewissermaßen aus meinem Inneren. Die Gegenstände um mich herum nahm ich dadurch nicht genauer wahr. Nun drehte ich den Lichtschalter an: Die Lampe verbreitete ein anderes, das mir bekannte Licht. Ich war so erstaunt, dass ich meine missliche Situation völlig vergaß. Zum ersten Mal seit meiner Verhaftung fühlte ich mich ganz leicht, ja, so leicht und hell hatte ich mich eigentlich noch nie in meinem Leben gefühlt. Gleichzeitig sah ich meine schwierige Lage gestochen klar wie die Miniatur eines Landschaftsbildes vor mir liegen. Schwer zu erklären, dieses Sehen: Ich war daran sowohl beteiligt als auch unbeteiligt. Die Angst im dunklen Loch der letzten Stunden war weg. Auf neue, ungewohnte Weise sah ich nicht nur meine momentane Lage. Mein ganzes Leben lag vor mir in klarstes Licht getaucht. Wie ein Spotlicht konnte ich mein inneres Auge dahin und dorthin lenken, und sofort sah ich diese und jene Szene aus meinem bisherigen Leben. Mühelos stiegen Erinnerungen bis zurück zu meinem dritten Lebensjahr in mir hoch. In allem, was ich sah, war ich konzentriert drin, aber es war ein leichter, luftiger Spaziergang. Schlimmste frühere Ereignisse sah ich einfach, ohne dass sie mich belastet hätten. Sie lagen vor mir, ohne Bewertung. Die nackte Wahrheit machte mich frei: Ich sah schlicht, was war. Ohne Wenn und Aber lebte ich.

Die meisten Szenen hatten mit Verlogenheit zu tun. Die früheste, die in mir auftauchte: Ich saß als dreieinhalbjähriges Mädchen auf dem Schoß meiner Mutter und spürte, wie ihre hölzerne, trockene Hand gleich einer Roboterhand über mein Haar und Gesicht strich. Dabei vernahm ich ihre Stimme, die meinen Namen mehrmals wiederholte und einmal hinzufügte: »Ich hab dich lieb.« Ganz nüchtern wusste ich, dass alles erlogen war, die Geste und die Worte. Und ich sah mich, wie ich selber so tat, als würde ich der Mutter Glauben schenken: Ich kuschelte mich an sie und flüsterte: »Liebe Mami.« Auch das war erlogen. Hinter der Maske des lieben Kindchens verbargen sich Verlassenheit und Verzweiflung. – Wenn ich jetzt so erzähle, scheint es vielleicht, als hätte ich bei alledem wie von außen einen Film gesehen, mit dem ich nichts zu tun hatte. Im Gegenteil! Was ich sah, war und lebte ich auch, ohne Einschränkung. Die Wahrheit dessen, was ich endlich sah und sehend lebte, füllte den hintersten Winkel in mir aus, sodass für Emotionen überhaupt kein Platz mehr blieb. Wie gesagt: Das einzige Gefühl, das ich empfand, war das der Befreiung. Für anderes war einfach kein Raum da. – Noch etwas fällt mir ein: Kurz nachdem ich das Licht angedreht hatte, nahm ich Stift und Papier – die wurden mir gelassen – und schrieb fortlaufend auf, was sich gerade in mir abspielte. Ich musste mich nicht wie sonst abquälen, um die passenden Worte zu finden. Mit dem Erleben waren auch Worte da, die ich fast zeitgleich mühelos niederschrieb. Die Worte schrieben sich gewissermaßen selber, und es gab keinen Unterschied zwischen dem selbstverständlich Gelebten und den selbstverständlich fließenden Worten. – Dieses unglaubliche Erlebnis dauerte, wie ich im Anschluss daran nachrechnen konnte, etwa drei Stunden. Es war bereits am Abflauen, als mir der Gefängniswärter das Frühstück reichte. Nicht nur, weil ich es schriftlich niedergeschrieben hatte, sondern noch aus einem anderen Grund ging es mir nie mehr ganz verloren, auch wenn ich bald wieder von Bedrohungs- und Existenzangst, Scham, Ungewissheit und Verzweiflung eingeholt wurde. Ich kann es nur so ausdrücken: Etwas wie ein neues Organ war in diesen drei Stunden in mir gewachsen. Ein Nachhauch der von mir erlebten Freiheit, Helligkeit und Klarheit blieb mir in der Folge erhalten, und beeinflusst bis heute mein Denken und Handeln. Das merke ich jeweils nicht gleich. Erst im Nachhinein, vom Resultat meines Planens und Tuns her, stelle ich fest, dass sich in dieser Gefängnisnacht etwas Entscheidendes verändert hat.«

Die vierzigjährige Frau wurde zur höchstmöglichen Strafe, die noch mit Bewährung ausgesprochen werden konnte, verurteilt. – Sie hatte, aus dem dunklen Tunnel ihrer Verhaftung kommend – das Gefängnis als Geburtskanal –, die Geburt eines neuen seelischen Organs erlebt, eines inneren Sensors für die Helligkeit der jeweiligen Wahrheit. Dass dieser anfing, ihre Lebensgestaltung umzupolen, und dies immer noch tut – eine lebenslängliche und stets unvollständige Geschichte! –, hat natürlich auch mit ihrer bewussten Zielsetzung zu tun, der Spur des einmalig Erlebten aktiv zu folgen. – Doch waren nicht auch ihre bewussten Bemühungen, Schritte und Entscheidungen eine Frucht des mit ihr Geschehenen? Warum diese saubere, rationale Trennung zwischen Ursprungserlebnis und dessen Verarbeitung und Integration? Verführt uns dazu vielleicht das der Angst entsprungene Bedürfnis, unser Dasein möge letztendlich doch noch machbar sein? Die alte, unlösbare Frage nach dem Verhältnis von Freiheit und Schicksal.

Die Geschichte der Kunsthändlerin erinnert mich an eine Legende über den Apostel Petrus, der im mamertinischen Kerker zu Rom auf seine Hinrichtung wartet. Auf einmal ist das Gefängnis in hellstes Licht getaucht, und von diesem umstrahlt erscheint ein Engel, der Petrus aus der Gefangenschaft in die Freiheit führt. Über die Via Appia, die Gräberstraße des alten Roms, verlässt er die Stadt. Da begegnet ihm Jesus. Petrus fragt ihn: »Quo vadis, domine?«, »Wohin gehst du, Herr?«. Und Jesus gibt zur Antwort: »Nach Rom, um an deiner Stelle ein zweites Mal zu sterben.« Worauf Petrus in seinen Kerker zurückkehrt und den Märtyrertod auf sich nimmt. – So können Wundergeschichten entstehen: Das wunderbare innere Erleben von Freiheit, auch für Petrus paradoxerweise im Gefängnis, verbindet sich mit der mystischen Lichterfahrung und schließlich mit dem klaren Einverständnis in die nicht änderbare, einfach gegebene Situation: in die bevorstehende Hinrichtung. Das schwer beschreibbare innere Geschehen bekommt in der späteren Wundergeschichte ein anschauliches Gewand. – Mit dieser Deutung will ich nicht behaupten, dass innere Erlebnisse des Wunderbaren sich nicht auch mit ebenso wunderbaren Erlebnissen in der Außenwelt verbinden können, zum Beispiel mit ganz unwahrscheinlichen Zufällen. Auch davon wird noch die Rede sein.

Die gesamte christliche Theologie, so weit sie sich auf eine so genannte übernatürliche, göttliche Offenbarung stützt, kommt mir wie eine einzige Wundergeschichte vor. In logisch unterkühlte Dogmen und Deutungen verkleidet enthält sie wesentliche, brennende Grundthemen menschlichen Daseins. Doch können diese erst wirken, wenn sie aus der Erstarrung eines künstlich objektivierten Glaubensgebäudes in die möglichst unmittelbare Erfahrung zurückgeholt und durch diese gesiebt und geläutert werden. Diese Rückführung hat wenig mit Rudolf Bultmanns »Entmythologisierung« zu tun, denn der Mythos und in ihm das Symbol sprechen die einzig mögliche, begrifflich nicht rückübersetzbare Sprache der Grunderfahrungen menschlichen Daseins. In ihr verdichtet sich menschliche Wirklichkeit am intensivsten. So ist es zum Beispiel nicht möglich, die mystische Lichterfahrung anders als durch das Wort Licht auszudrücken. Zwar können wir das mystische Erleben nicht auf einen logischen Diskurs reduzieren, wohl aber weiter erzählen und beschreiben und so greifbarer machen. Belassen wir doch Mythen, Symbole, Riten und mystische Erfahrungen in ihrem Naturzustand! Wir gewinnen nichts und verlieren alles, wenn wir alles erklären.

Noch an ein Weiteres erinnert mich das Schlüsselerlebnis der Frau, die im Gefängnis in die Strömung einer Initiation geriet. Ihre Schilderung, wie sie sich im wunderbaren Geschehen gleichzeitig beteiligt und unbeteiligt fühlte, weist Ähnlichkeiten mit dem so genannten Zeugenbewusstsein in der Zen-Meditation auf, von dem sie aber noch nie gehört hatte. Klare, direkte, durch keine früheren Erlebnismuster getrübte Wahrnehmung lässt uns zu unparteiischen Zeugen unserer selbst werden, doch ohne defensive Distanznahme zur Wirklichkeit: Wir stehen nicht neben unseren Schuhen, sondern befinden uns hellwach in der Realität, sodass wir engagiert ganz in dieser drin und gleichzeitig, wie von außen, deren gelassene Zeugen sind: Die aufmerksame Wachheit löst dieses Paradox auf. – Ähnliches gilt für den Boddhisattva im Großen Fahrzeug des Buddhismus (Mahayana). Wie sein Name sagt, ist sein Wesen (sanskrit: sattva) Erwachen (sanskrit: bodhi). Worin besteht seine Aufgabe? Durch Liebe auch andere zur unverstellten Wahrnehmung der Wirklichkeit, zur Erleuchtung zu führen. In seiner Hinwendung zu den

Menschen ist er voller Mitgefühl, aber ohne sich in ihre Konflikte hineinzuverstricken, also beteiligt und unbeteiligt zugleich.

Bei den Begegnungen mit dem Wunderbaren handelt es sich tatsächlich um Geburtserfahrungen. Diesen Zusammenhang machen die Schilderungen der Kunsthändlerin im Gefängnis und auch meine eigenen anlässlich meiner schweren gesundheitlichen Krise deutlich: die gleichen Phasen wie bei der biologischen Geburt: Empfängnis, Schwangerschaft, Eintritt in den Geburtskanal und Geburt. Alle Wandlungsmythen, die Frobenius im Wort Nachtmeerfahrt[11] zusammengefasst hat, weisen rund um die Welt die gleiche Struktur, die gleiche Motivverknüpfung auf[12]. Sie beschreiben den Tod des alten und die Geburt des neuen Menschen.

In welcher Beziehung nun stehen bei einem bestimmten Menschen die individuellen Färbungen seiner Wandlungsgeburt zu den Besonderheiten seiner biologischen Geburt? Gibt es überhaupt ein gemeinsames Muster? Es ist wohl eher so, dass die Wandlungsgeburt heilt, korrigiert oder nachholt, was bei der biologischen Schwangerschaft und Geburt und in der späteren Entwicklung vielleicht gefehlt hat. Allgemein von der Geburt als Trauma, von Geburtstrauma zu sprechen, rückt den natürlichen Geburtsvorgang in die Nähe des Pathologischen[13]: Die Tendenz, die Geburt aus einer Verletzung und nicht einem natürlichen Drang, aus einem Mangel und nicht einem Potenzial von Fülle zu erklären, hat ihren Ursprung in der Trennung heutiger Menschen von lebendig bejahender Selbsterfahrung, aus der Einsamkeit derer, die nicht einmal wissen, dass sie sich selbst verlassen haben. – Auch deshalb halte ich den Versuch, die eigene Empfängnis, Schwangerschaft und Geburt aus dem Mutterschoß in ihren biographischen Einzelheiten noch einmal, diesmal in einer wachen Regression, durchzuerleben, für fragwürdig. Peter Sloterdijk kommentiert diesen Versuch: »Wirft man einen Blick in LSD-Sitzungsprotokolle, die von Patienten des Drogenpsychotherapeuten Stanislav Grof über ihre ... Fruchtblasen-Regressionen verfasst wurden, so drängt sich der Eindruck auf, dass diese Personen erleben, was sie gelesen haben, und dass sie beredt Bilder vom hortus conclusus als Uterusphantasie reproduzieren; sie geben Bildungsreisen im gynäkologischen Atlas als eigene Erfahrung aus; Paradiesbildchen aus dem Kindergottesdienst mischen sich mit archaischen Raumerinnerungen ...«[14] Dasselbe gilt nach eigenen Erfahrungen auch für die außergewöhnlichen Bewusstseinszustände, die Grof seit vielen Jahren ohne Drogen, vor allem durch holotropes Atmen (Hyperventilieren) induziert. – Sinnvoller und realistischer scheint es mir, die jetzt noch lebendigen Wirkungen einer bewusst erlebten, vielleicht noch nicht lange zurückliegenden Wandlungsgeburt durch meditative Aufmerksamkeit zu intensivieren, wie dies seit langem in Meditationstechniken unterschiedlichster Kulturen praktiziert wird. Auch in den so genannten Spontanritualen, die meine Schüler und ich begleiten, geht es unter anderem darum.[15] In solchen Erfahrungen ist nicht mehr und nicht weniger als das enthalten, was wir gerade jetzt brauchen, was jetzt in uns zur Entwicklung angelegt ist.

Das Wunderbare manifestiert sich ohne eigenes Zutun im richtigen Moment und auf passende Weise. Wie können wir wissen, ob wir die mit Absicht und gezielter Technik herbeigeführte Rückkehr zur biologischen Zeugung, Schwangerschaft und Geburt, falls sie überhaupt möglich ist, jetzt wirklich benötigen? Spielt bei diesen Experimenten etwa das Bedürfnis, nun auch noch die eigenen Anfänge im Griff zu haben, die motivierende Rolle? Sind solche Manipulationen, ungeachtet ihrer Resultate, nicht Grenzüberschreitungen von Seiten der Psychotherapie, der distanzlosen Erlebnissucht vieler Zeitgenossen in der Postmoderne willkommen? – Wie immer die Antwort auf derlei kritische Fragen ausfällt: Sofern wir von einer symbolischen Geburtserfahrung wie den beiden beschriebenen ausgehen, können Spekulationen über ihren Zusammenhang mit der biologischen Geburt unsere Phantasie beflügeln. – Meine Mutter erzählte, von ihren sieben Geburten sei ich bei weitem die leichteste gewesen. Wie ein Fisch sei ich aus ihr herausgeflutscht. Wie schwer und schmerzhaft, wie lebensgefährlich gestaltete sich dagegen die neue Geburt vor fünfzehn Jahren, in deren Verlauf mich Mozarts Zauberflöte hilfreich begleitete! So leicht also sollte mir das Leben nicht fallen. Dies begriff ich auch in anderen Lebenskrisen. Um zur eigenen Wirklichkeit durchzustoßen, brauchte ich anderes als das mir eigene schnelle Reaktionsvermögen, eine manchmal ungeduldige Wendigkeit. – Ein hübsches, abenteuerliches Spiel: aus dem Kontrast von der ersten zur zweiten oder einer weiteren Geburt dem Pfeil der eigenen Entwicklung zu folgen, die eigene Lebensdynamik zu erspüren, ob solche Phantasien nun die biographische Wirklichkeit treffen oder nicht.

Meine beiden Geschichten einer Wandlungsgeburt könnten zum Missverständnis Anlass geben, dass sich das Wunderbare immer auf großartige, auffällige Weise manifestiert. Doch selbst in diesen beiden Geschichten traf das Gegenteil zu. Als ich nach dreitägigem Koma in der Intensivstation erwachte, und später im Krankenzimmer und nach der Entlassung aus dem Krankenhaus waren es kleinste Dinge, in deren Kontakt ich das wunderbare »du lebst, also lebe!« erfuhr: ein Ton, ein Wort, ein Sonnenstrahl, das gütige Lächeln eines Menschen, das unerwartete Zwitschern eines Vogels. Auch das intensive innere

Licht war nichts Besonderes, eher etwas verblüffend und ungewohnt Selbstverständliches, zu mir Gehöriges: Ich bekam, was mir gehörte. Ich wunderte mich, dass es dieses Selbstverständliche überhaupt gab, für mich und andere. Im fraglosen Einverständnis mit meinem Leben offenbarte sich mir das Wunderbare. Solange das Erlebnis dauerte, blieb meine Aufmerksamkeit in den kleinen Dingen fokussiert. Sie figurierten, jedes in einem bestimmten Moment, als Stellvertreter für die ganze Welt. – Ähnliches erzählte auch die Kunsthändlerin. Mit welcher Sorgfalt sie zum Beispiel Bissen um Bissen des ersten Frühstücks im Gefängnis zu sich nahm. – In einem antiken Tempel in Rom ist die Inschrift zu lesen: »In singulis et minimis salus mundi«: »In den einzelnen und geringsten Dingen liegt das Heil der Welt«. Doch liegt wie bekannt im Detail auch der Teufel, das heißt unsere Neigung, ungeduldig darüber hinwegzusehen und hinwegzugehen. Wir greifen zu den Sternen, und die kleine Münze in der Hand fällt unbeachtet in den Dreck. Wenn wir, klüger geworden, später dort wieder nach ihr suchen, spiegeln sich in ihrem Glanz auch die Sterne.

Das sind die »Fast-Nichtse« anfänglichen Lebens. Auslöser des Wunderbaren müssen nicht schicksalshafte Erschütterungen wie in meinen beiden Geschichten sein. Ich habe sie vorangestellt, um das Wunderbare als Geburtserlebnis zu verdeutlichen. Auch allerkleinste Begebenheiten, ob sie große existentielle Umwälzungen nach sich ziehen oder nicht, können die erwähnten Phasen eines Geburtserlebnisses aufweisen: Empfängnis, Schwangerschaft, Eintritt in den Geburtskanal, Geburt. – Außerdem: Große Geburten ziehen viele kleine Geburten nach sich. Wer im Anschluss an eine schicksalshafte Trennung für Monate in die Hölle einer tiefen Depression fällt und schließlich wieder das Licht der Welt erblickt, wird aus dieser Wurzelerfahrung einer Neugeburt heraus viele kleine Geburten erleben. Vielleicht sitzt er oder sie eines Morgens am Frühstückstisch. Ein wenig verschlafen noch hängt der Blick teilnahmslos sehend an einer kleinen sich rötenden Wolke im Morgengrauen. Auf einmal ist es, als öffne sich dem Auge ein Fenster: Der Blick, soeben noch nach innen verengt und ohne warme Verbindung mit der Außenwelt, erwacht: Die kleine sich rötende Wolke wahrnehmend, verschwistert er sich mit ihr. Über ihre Ränder hinaus weitet er sich zu anderen kleinen Wolken, zum ganzen Himmel, zur sichtbaren und auch unsichtbaren Welt hin. Das Wunder des Erwachens. Aufgelöst die grübelnde Fixierung, der sich nach innen bohrende Sog, die Verlorenheit im schwarzen Loch. Die Stirn glättet, der Atem vertieft sich, der Leib ist spürend gegenwärtig und pulsiert in einem weltumspannenden Rhythmus: Identität in der Resonanz mit etwas, das über das künstlich isolierte Ich hinausweist. Wenn sich überdies irgendein Ton plötzlich aus dem Morgensummen der Stadt herauslöst und hochschwingt, öffnet sich ihm das Ohr wie einer Offenbarung; das Brot schmeckt im Kauen, wie es in der Kindheit geschmeckt hat, und der Kaffee riecht, wie er damals, nach der ersten gemeinsamen Nacht mit dem Geliebten, gerochen hat. Zusammen mit allen Sinnen öffnet sich das Herz, und die Liebe als Wort kann sterben: Sie ist da und braucht kein Wort mehr. – Solche kleinen Geburten, die wir durch die Aufmerksamkeit für einfach Geschehendes fördern können, sind nicht weniger bedeutend als die seltenen, großen, schicksalsweisenden Geburten.

Eines geht allen Erfahrungen einer wunderbaren Geburt voran: die Empfängnis aus dem eigenen Nichts. Sei es, dass wir in einem Moment zerstreuter Halbabwesenheit ohne eigene Absicht plötzlich vom Bild eines auffliegenden Vogels, das wir schon tausendmal gesehen, aber eben doch nicht gesehen haben, wie aus dem Nichts unserer selbst angestoßen werden, sodass die übliche trennende Membrane zwischen ihm und uns, Außen und Innen zerplatzt und wir in der Vermählung mit dem unmittelbar wahrgenommenen Bild zu etwas Neuem werden, zum »Auffliegen« in diesem konkreten Lebensmoment; sei es, dass wir, von einer unlösbar problematischen Lebenssituation entmutigt, aufgerieben und erschöpft nur noch Vakuum, Leere, tödliches Grauen spüren: Immer ist es das eigene Nichts, die Abwesenheit eigener Ziele und Handlungen, aus welcher die Schöpfung neuen Lebens Schwung und Richtung nimmt. Aus solcher Einsicht ergibt sich das taoistische »Das Nicht-Wollen wollen«. Was ich hier »Nichts« nenne, bezeichnet fernöstliche Weisheit als »Leere«. – Zur Verdeutlichung nochmals eine überdeutliche Geschichte, die übrigens, vor allem im ersten Teil, verblüffende Ähnlichkeit mit zwei anderen Geschichten, die ich hier nicht erzähle, aufweist.

Ein Mann, vierundvierzig Jahre alt, nach einer ersten, zweiten und dritten Scheidung nun bedroht durch eine vierte, und auch diesmal aus dem gleichen Grund: seine Frau ist schwanger. Nach längerem Zögern, in der Hoffnung, er würde diesmal anders reagieren, hat er schließlich dieses Kind gewünscht und zusammen mit seiner vierten Frau geplant. Doch wie schon die drei Male zuvor würgt ihn wieder die alte Panik, vergiftet ihn die bekannte Wut, drängt es ihn zur Flucht aus der Ehe. Was helfen ihm da seine beruflichen Erfolge als Chef einer aufstrebenden Computerfirma! Seit Jahren müht er sich ab, die Ursachen seines Fluchtreflexes zu verstehen: vier Gesprächstherapien, lauter interessante, zutreffende Erkenntnisse und keine Veränderung. Er versucht es mit Meditation, Verhaltens- und Körpertherapie, positivem Denken, Visualisierung alternativen Verhaltens, Neurolinguistischem Programmieren und mit anderem, was sonst noch auf dem Markt der guten Hoffnung angeboten wird. Umsonst: Auch diesmal, wie er sagt, »die alte Scheiße«. Er und seine Helfer sind am Ende ihres Lateins. Vom sich anhäufenden Müll der gescheiterten Versuche angeekelt und genervt sitzt er da: »Ich bin eine Null. Nichts geht mehr. Nichts, nichts. Eine Null bin ich, ein Nichts.« In der gleichen Stimmung ebenfalls der Begleiter: Auch ihm reicht es, nichts geht, er gibt es auf, sich mit neuen Angeboten abzuquälen, auch diese werden nichts bringen. Ein Scheißberuf, die Psychotherapie! – Zwei Männer, im gleichen Überdruss, im gleichen Nichts. Dem Begleiter, weil ihm nichts Eigenes mehr kommt, bleibt nur noch übrig, die letzten Worte des anderen zu wiederholen: »Nichts geht mehr, du bist ein Nichts, eine Null«, und er merkt, dass er nicht nur zum andern, sondern auch zu sich selber spricht: »Mit uns beiden geht nichts mehr. Wir sind Nichtse, Nullen. Basta.«

– Wie das dauert! Die Zeit zerbröckelt ins Endlose. Warum halten die beiden diesen absurden Zustand aus? Warum sagen sie nicht endlich irgendetwas, um ihn zu durchbrechen? Warum stehen sie nicht einfach auf und verabschieden sich? Im Moment füllt das Nichts alles aus; es ist so total, dass für Initiativen irgendwelcher Art das kleine Nicht-Nichts fehlt. Und selbst wenn: Jetzt ausscheren, würde heißen zurückzuschnellen und wieder ins alte Elend einzurasten: im entscheidenden Moment der Spannung zu erschlaffen und den Bogen hinzuschmeißen, wie die Freier in ihrem übermütigen Wettkampf mit Odysseus um Penelope. – Die Erlahmung aus Angst vor der Leere knapp vor dem Spannungsgipfel kennen beide aus Erfahrung. Zurückschnellen wie eine Feder, die im entscheidenden Moment zerbricht, statt die Spannung auszuhalten. Jetzt im Gegenteil dranbleiben, ausharren, aufmerksam in der Schwebe verweilen: Das haben sie zusammen, in wechselseitiger Resonanz, noch nie erlebt.[16] Eine gemeinsame wache Trance der Negativität. Die Welt ist nichts. Keine Depression, keine Lähmung, einfach nichts: sie beide gemeinsam in der Abwesenheit von irgendetwas. Der nach langer Irrfahrt in der Fremde endlich zu sich heimgekehrte, unbeirrbare Odysseus mit dem eigenen Bogen, der ihm eigenen Spannkraft.

An diesem Punkt halte ich in meiner Beschreibung inne. Vielleicht haben Sie meine Schilderung des endlosen, schrecklichen Schwebezustandes, in dem sich die beiden befanden, nur beiläufig und flüchtig, mit nach vorne in die noch ausstehende Lösung gerichteter Aufmerksamkeit gelesen, ein bisschen ungeduldig darüber, dass ich Sie so lange hinhalte, und in Erwartung, dass sich endlich etwas Neues tut. Immer noch nichts. Noch nichts. Noch. – Wenn dies zutrifft, dann sind Sie ein wenig draußen geblieben. Wer das Nichts, die Leere aushält, kennt kein »Noch«. Das Nichts dehnt sich nach allen Seiten hin aus, in Vergangenheit und Zukunft hinein. Sogar dieses Bild der Ausdehnung ist in Wirklichkeit nichts: lediglich eine Analogiekrücke. Es trifft zu, was Dante über das Tor zur Hölle schreibt: »Ihr, die hier eintretet, lasst alle Hoffnung fahren!« Lasst alle Hoffnung – und alle Verzweiflung fahren. Die Hölle der Negativität ist hohl, wie es auch die gemeinsame sprachliche Herkunft der beiden Wörter nahe legt, auch nicht gefüllt mit Schreckensvisionen von feurigen und eisigen Qualen, wie die Apokalypse, die »Geheime Offenbarung des Johannes« sie beschreibt und Hieronymus Bosch sie ausmalt. In ihr gibt es auch keinen Platz für eine Garantie, dass es irgendwann doch noch weitergeht. Für einige scheint es nicht weiterzugehen. Das Aushalten der Leere lohnt sich nicht unbedingt, es ist kein Wundermittel, das in kritischen Phasen todsicher auf die Sprünge hilft, keine Sicherheit für Therapiemüde, keine wunderbare neue Therapietechnik. Wer kann beweisen, dass dieser Tod nur eine Atempause ist, nach der es schließlich doch noch weitergeht? Wunder können sich ereignen, müssen aber nicht. Das Nichts – der entscheidende Prüfstein für unser Einverständnis mit dem Wunderbaren – ist unparteiisch. Es wird auf der Grenzlinie zwischen Leben und Tod erfahren, ohne aus den beiden Feinde und Gegensätze zu machen. Eine mystische Erfahrung, die durch Psychotherapie meist eher erschwert als erleichtert wird.

Was ich, die Erfahrung des Computerfachmanns betreffend, gleich in kurzen Zügen weiter skizzieren werde, bedeutet also keine Erfolgsmeldung, sondern spiegelt einen von zwei möglichen Fällen wider. Der andere Fall wäre Misslingen: Steckenbleiben im seelischen Tod. Wäre die Schöpfung aus dem Nichts die einzige Möglichkeit des Nichts, gäbe es dieses nicht. Das jedoch würde der grundlegendsten Erfahrung, zu der wir fähig sind, widersprechen. – Eines ist noch hinzuzufügen: Jede wirkliche Neuorientierung der Gesamtpersönlichkeit, jeder existentielle Weg verläuft mitten durch dieses Niemandsland. Oft, aber nicht immer führt dieser einsame Weg zur Lösung anstehender Einzelprobleme. Nicht immer. Tut sie es, dann aufgrund einer neuen Geburt, einer bisher unbekannten schöpferischen Selbsterfahrung, aus der sich ein neues Fühlen, Denken und Handeln ergibt. Neue, passende Zielsetzungen entstehen nicht in erster Linie durch kühle, vernünftige Entscheidung, sondern durch das Nichts der Entwertung des Bisherigen und die nicht planbare Geburt einer neuen Anziehung. Diesen mystischen Gesichtspunkt hat die so genannte »Glücksforschung« bisher kaum beachtet.

Und so ging es in der Geschichte des Computerfachmanns weiter. – Aus der aufmerksam gespannten Zentrierung im Nichts übergangslos auf einmal die ebenso aufmerksame Entspannung in eine völlig authentische, in keiner Hinsicht gemachte und gewollte Gebärde hinein. Ein Umschlag, so natürlich wie unvorhergesehen. Das Ritual einer neuen Geburt: in seiner Einfachheit, aus der Perspektive eines distanzierten Beobachters, banal und nichts Besonderes, durch die fehlende Originalität alles andere als werbewirksam, doch für den Begleiter, der ebenfalls aus dem Nichts kommt, bewegend: Mit langsamer Sorgfalt legt der Mann seine beiden Hände im Kreuz auf die Brustmitte: die rechte auf die linke. Eine Gebärde nicht nur der Hände, sondern des ganzen Leibes; eine in kontuierlichem Spüren sich selber findende Gebärde. Dabei ein konzentrierter, gesammelter Ernst, wie vermutlich ursprünglich auch in allen religiösen Riten, bevor Gewöhnung und Verknöcherung sie erstarren ließen. Der wach spürende Kontakt mit der eigenen Herzmitte.

Warum insistiere ich auf der Tatsache des bewussten Spürens einer Geburtsgebärde? Einfach deswegen, weil dieses uns Menschen seit langem nicht mehr selbstverständlich ist. Ein Persönlichkeitswandel nur im Kopf ist unmöglich. Er erfasst unser ganzes leibliches Sein. Eine zweite, dritte oder vierte Geburt ist ebenso leiblich wie die erste aus dem Mutterleib. Leib bedeutet den ganzen Menschen, ohne Aufspaltung in Körper, Geist und Seele: die seelisch und geistig durchatmete Stofflichkeit des Menschen. Leib meint auch die subtilen Gehirnströme, die unvergleichlich weniger physikalische Energie verbrauchen als etwa die Pumpe des Herzens, als körperliche Arbeit oder sportliche Höchstleistungen eines jungen Menschen. Leib meint auch die mit Emotionen gekoppelten körperlichen Empfindungen. Ein junger Mensch ist also nicht unbedingt leiblicher als ein alter. Andere Kriterien als Lebensalter und Fitness entscheiden über mehr oder weniger Leiblichkeit, an erster Stelle das Kriterium des »Spürbewusstseins«.

Im Leib sein meint: Flussexistenz im Kontinuum eigenen, jederzeit auch beschreibbaren wachen Spürens. Und dieses bedeutet: In allem, was wir erleben: denken, fühlen, ahnen, handeln, gleichzeitig und bewusst, wie beiläufig und ohne Bewertung das momentane Geschehen im Körper registrieren, nicht nur Spannung und Entspannung, Lust und Schmerz, sondern auch differenziertere, feinere Vorgänge im Körper: ein spannendes Abenteuer, die Intensivierung unserer Lebensenergie. – Endgültig vorbei ist für uns der sichere Instinkt im Leibsein der Naturvölker. Kein Weg führt dahin zurück. Bei immer mehr Menschen glücklicherweise ist auch vorbei die Verteufelung des Leibes oder seine Instrumentalisierung zur Maschine, die funktionieren muss. Dass der Leib ein unbekannter Weiser ist, wie Nietzsche schrieb, darauf vertrauen allerdings noch nicht viele. Dazu reicht nicht, den Körper durch Sport und Bewegung, gesunde Ernährung und Lebensweise fit zu halten: aus der »Fitness-Leere« kommt keine Schöpfung. Wirklich heil können wir nur werden, wenn wir die feinen Signale im »Leib, der wir sind« (Karlfriedrich Graf Dürkheim: im Gegensatz zum »Körper, den wir haben«), wahrnehmen und unser Leben nach ihnen ausrichten. Eben dazu braucht es, umfassender als das Kopfbewusstsein, auch Leibbewusstsein, Spürbewusstsein, das auch Kopf und Denken mit einschließt.[17]

Seit einer ganzen Weile schon liegen die Hände des Vierundvierzigjährigen auf seiner Herzmitte. Es herrscht Traumzeit, mit der Uhr nicht messbar. Tränen fließen über seine Wangen. Die ersten Lebensäußerungen nach der Geburt aus dem Nichts sind auch fast nichts, doch in ihrer

Reinheit und Intensität ergreifend. Ein solches Fast-Nichts gleicht einem Stein, der von hoch oben in ein großes, ruhiges Wasser geworfen wird und immer weitere Kreise zieht. – Später, aus inniger Trance in seine Lebensgeschichte zurückgekehrt, erzählt er: »Ich habe unter meinen Händen ganz deutlich ein Kind mit klopfendem Herzen, mit meinem eigenen Pulsschlag, gespürt: ein Kind, mein Kind, mich selbst, alles in einem.« – Verschwanden von nun an seine Fluchtreflexe vor dem im Schoße seiner Frau heranwachsenden Kind? Nicht ganz. Kehrten sie wieder, dann trieb es ihn manchmal, gezogen von einem lustvollen Sog, die aus dem Mutterschoß des Nichts geborene Herzgebärde zu wiederholen, ihrer durch Wiederholung neu innezuwerden und das Kind in der »Krippe des Herzens« (Eckehard) zu suchen. Nicht immer fand er es, doch die Richtung war gegeben.

Therapeutisch mit vielen Wassern gewaschen wusste er natürlich schon lange, dass seine Fluchtreflexe mit der Tatsache, dass er selber nicht richtig Kind sein durfte und deshalb jetzt durch Gefühle der Rivalität mit seinem Kind gequält wurde, zu tun hatten. Jahrelang hatte er daran »gearbeitet«. Aber auch wenn er es vorher nicht gewusst hätte, wäre das im Aushalten der Leere empfangene »innere« Kind unter seinen Händen erwacht. Das Wissen um psychologische Zusammenhänge wird erst im Anschluss an ein Geburtserlebnis hilfreich.

Die Zeugung eines Kindes geschieht durch den Geschlechtsverkehr der Eltern. Ähnlich wird neues Leben in der Wandlungsgeburt oft durch einen »Verkehr«, eine Begegnung allerdings anderer Art, empfangen. Im Dunkel einer »Nacht der Seele«, in Depression, Verzweiflung, Sinnleere, im Fehlen jeglicher Perspektive vermag uns zwar ein anderer Mensch durch gut gemeinte Worte keinen Trost zu spenden. Im Gegenteil, jetzt »gute Worte« zu hören, lässt uns die eigene Isolierung nur noch eisiger erleben. Trost, der die Tatsache des Nichts, der radikalen Orientierungslosigkeit zudeckt, ist »Vergegnung«, keine Begegnung. In schutzloser Selbstabwesenheit von Verkündern einer guten Botschaft angesprungen zu werden, lässt den Zwangsbeglückten nur noch tiefer fallen. Gleichwohl: Begegnung ist auch jetzt, gerade jetzt, möglich und fruchtbar, nur welche? Wir wissen es schon: durch Resonanz in der gemeinsamen Erfahrung einer Leere, die so radikal und allgegenwärtig ist, dass wir sie als Todeserfahrung bezeichnen müssen. Diese fehlt in keinem mystischen Erlebnis. Im Zusammenhang der letzten Geschichte habe ich die Begegnung im gemeinsamen Aushalten der schier unerträglichen Spannung des Nichts beschrieben. Dabei können wirkliche Wunder geschehen. Wie erwähnt sind Psychotherapeuten für solche Begegnungen nicht mehr und auch nicht weniger begabt als andere Menschen. Hinderlich von wessen Seite auch immer wäre allerdings die bewusste oder unbewusste Absicht, eine vorgefasste Methode »durchzuziehen« oder eine »vorgeglaubte« Mission zu erfüllen. Ich kenne eine Hand voll in keinem helfenden Beruf tätige Menschen, die zu dieser demütigen Art von Begegnung eine bewundernswerte Begabung haben. – Auch diese kann und muss natürlich weiterentwickelt werden.

In den alten Überlieferungen fast aller Religionen finden wir Schilderungen von Totenerweckungen durch Wundertäter, von einer im wörtlichen Sinne zweiten Geburt. Im Juden- und Christentum gelten sie als besonders eindrückliche Zeichen dafür, dass Gott diese Totenerwecker zu seinen Gesandten, Sprachrohren seiner Botschaft, erwählt hat und durch ihren Mund Glaubensgehorsam fordert: Totenerweckungen als überwältigende Zeichen einer Botschaft, die neues Leben verkündet. Sicherlich ereignete sich geschichtlich betrachtet das Erweckungswunder nicht vor der Verkündigung der Botschaft, sondern die in den Herzen Wunder wirkende Botschaft führte zu den naiv symbolischen Wunderlegenden von Totenerweckungen. Doch das soll uns hier nicht weiter beschäftigen.

Mir geht es jetzt nur um eines: In den alten Berichten von Totenerweckungen finden wir vieles, das anschaulich bildhaft die Resonanzbegegnung mit Menschen in Seelenwüsten beschreibt. Nur ein Detail fehlt in solchen Legenden, nämlich die fast übermenschliche Spannung des Wundertäters in seiner Kontaktaufnahme mit dem zu erweckenden Toten; ich habe sie in einer einzigen Legende gefunden, nämlich wie der Apostel Petrus ein totes Kind zum Leben erweckt. Was folglich auch fehlt, ist die bewusste Verschmelzung mit dem anderen im gemeinsamen Tod. Darüber finden wir mehr in der alchemistischen Symbolik der Nigredo, der Schwärze: Ein Mann und eine Frau bleiben im Mutterschoß des alchemistischen Gefäßes wie tot gemeinsam lange liegen, bis ohne eigenes Verdienst die Geburt eines beide transzendierenden Dritten stattfindet. Dazu im Gegensatz erscheint der Wundertäter einseitig als einer, der dem anderen Leben spendet: Der andere ist tot, er selbst jedoch lebendig für zwei.

Ein bestimmtes Kennzeichen der Wandlungsgeburt durch Begegnung kommt in Erweckungslegenden allerdings klar zum Ausdruck, nämlich der leibliche Kontakt durch Berührung. Resonanz in einer gemeinsamen leiblichen Schwingung, mit oder ohne direkte Berührung, ist Voraussetzung für die neue Geburt aus dem Überlebten und nunmehr Toten. Deshalb vertiefe ich mich zum Schluss dieses ersten Kapitels in einen Erweckungsbericht aus dem Alten Testament, nämlich in die Totenerweckung des Knaben von Zarpath, Sohns einer Witwe, durch den

Propheten Elia. Hier kommt die leibliche Resonanz anschaulich und beeindruckend zum Ausdruck. Ich werde mich auch später in neuen Zusammenhängen mit Elia, diesem »Mann Gottes« beschäftigen. Im Rahmen der jüdisch-christlichen Tradition vermittelt kein anderer wie er, außer Jesus von Nazareth, in mehrfacher Hinsicht das Erlebnis des Wunderbaren. Elia befruchtet die Phantasie auch heutiger Menschen.[18] – Was immer geschichtlich geschehen sein mag: Die Menschen in Israel haben Elia als Erwecker von Leben erfahren und in der mündlichen, später auch schriftlichen Überlieferung die Erweckung eines Toten durch ihn beschrieben. In der menschlichen Sehnsucht nach Erneuerung des Lebens, nach einer zweiten Geburt, findet die Geschichte Anklang, vielleicht auch auf dem Erfahrungshintergrund eines eigenen durchschrittenen Stirb und Werde. Das Vorgehen, wie der Prophet Elia und sein Nachfolger Elischa – beide muten durch die Parallelität der Motive wie eine einzige Person an – in einem Kind Leben wecken, erinnert an Totenerweckungen durch schamanistische Praktiken, besonders in den Ursprungsgesellschaften Sibiriens.

Da streckt sich ein Mann, Elia, mit seinem ganzen Leib dreimal über einen Toten aus und tritt so mit ihm in spürenden Kontakt.[19] Der Knabe wird von dieser lebendig pulsierenden ganzheitlichen Berührung erfasst und erwacht. – Vor allen methodischen Zielsetzungen braucht es die Schwingung von Mensch zu Mensch, um im anderen Entmutigtes, Unterbrochenes, Abgeschnittenes, Isoliertes, der Resignation Anheimgefallenes, ewig Trauriges durch warme Verbindung als etwas heimlich noch immer Lebendiges erfahrbar zu machen. Was tot war, findet so den Anschluss an das wieder, was noch lebt. Die Lebenshemmung, vermutlich ausgelöst durch Isolierung – Abwesenheit von Begegnung – im sensiblen Moment einer frühen Wachstumsschwelle, löst und transformiert sich durch berührende Begegnung zu einer Quelle neuen Lebens. Der ganze Mensch wird neu geboren. – Der Nachfolger des Elia im Prophetenamt, Elischa, erweckt ebenfalls einen toten Knaben zum Leben: Er bläst ihm seinen Atem in die Nase. Gäbe es im Jungen nicht die sehnsüchtige Bereitschaft, selbst zu atmen, könnte er auf den fremden Atemimpuls nicht mit eigenem Einatmen antworten. Er sehnt sich nach dem Lebensodem. Von daher findet keine »künstliche Beatmung« statt. Elischa streckt sich sich auf dem toten Knaben aus, legt »seinen Mund auf dessen Mund, seine Augen auf dessen Augen, seine Hände auf dessen Hände. So kommt Wärme in seinen Leib«. Dann streckt er sich noch einmal über das Kind aus. Dieses niest siebenmal: Das einströmende Leben kitzelt es. Es öffnet die Augen und erwacht zum eigenen Atem, eigenen Leben.[20]

Welch packendes Bild! – Meine Mutter erzählte mir diese Geschichte im frühen Schulalter. Zusammen mit einem anderen Knaben auf dem Schulplatz in der Pause drehte ich mein Gesicht so lange blinzelnd der Sonne zu, bis ich, durch ihr Licht gekitzelt, niesen musste. Oft gelang es mir und meinem Freund, siebenmal zu niesen: ein kleines, lustiges Spiel zwischen ihm und mir. Ein wenig schäme ich mich einzugestehen, dass ich das ab und zu heute noch tue: siebenmal niesen, wunderbar! Wie der vom Tod erweckte Knabe in der Bibel!

Seit einigen Jahren wird »A Course in Miracles« (Buchtitel) – ein Kurs in Wundern – vermarktet. Darüber muss ich nur wenige Worte verlieren. In diesem »Lehrgang« wird der Leib beileibe nicht als Weiser verstanden, sondern im Gegenteil als schwaches Fleisch, das aus sich heraus nur zu Fehlverhalten, Sünde und Siechtum neigt. Lediglich durch die Kraft des Geistes kann er erlöst werden.

Krankheiten, Gefühle der Ohnmacht und Hilflosigkeit und die Angst vor dem Tod sind eine vermeidbare Tragödie. Mit Gebet, Liebe und Änderung der Einstellung kann man ihnen begegnen. Einmal mehr werden Körper und Geist getrennt. Der Körper soll spuren, wie der Geist es will: Verrat am weisen, auch »geistigen« Leib! – »Wunder« der Heilung, die dadurch vermeintlich geschehen, sind das suggestive Blendwerk einer manipulativen Grundhaltung, auch wenn sie vorübergehend einer authentischen zweiten Geburt ähnlich sehen können.[21] -

Seelendunkel, Ohnmacht, Verzweiflung, Krankheit und Tod gehören auch zur Conditio humana. Diese Feststellung hat nichts mit masochistischer Leidenssucht zu tun. Vor allem in Phasen der Krise erfahren wir unsere Vergänglichkeit, und in dieser das geheimnisvolle Nichts, die vielleicht schöpferische Leere, ohne die keine neue Geburt sich ereignen, kein neuer Zyklus des Wunderbaren beginnen, keine Berufung vernommen werden kann.

2
Berufung

»Du musst dein Leben ändern!« – Dieser Appell kann aus drei verschiedenen Richtungen kommen. Erstens vonseiten der Moral: »So wie du jetzt bist, bist du nicht richtig, nicht in Ordnung. Tu dieses! Tu jenes! Nimm dich zusammen und mach es endlich! Stell dich nicht so an! Es reicht noch nicht. Das Wichtigste fehlt immer noch«: Die Peitsche des äußeren oder inneren Antreibers kennt kein Erbarmen. – Was fühlen wir beim Hören dieser Botschaft? Bedrückung, Ohnmacht, Enge, Qual, Lustlosigkeit, vielleicht auch Wut und Widerstand. Gehorchen wir trotzdem der Stimme, dann mit Willensanstrengung, im Kampf gegen uns selbst, mit opferbereitem Ehrgeiz, in der heimlichen Sehnsucht, endlich einmal auch die andere Stimme zu hören: »Gut gemacht! Welch gelungene Leistung! Ein wunderbarer Schritt nach vorne!« – Doch selbst wenn solche Worte uns von außen zugesprochen würden, könnten sie mit der Zeit nicht mehr richtig in uns anklingen: Der innere Antreiber macht den äußeren mehr und mehr überflüssig. Das innere Ohr für ermutigende Worte des Lebens würde taub und tauber. Wir glauben nicht, was wir vielleicht sogar wissen, nämlich, dass wir nebst einigen Fehlern auch manches gutmachen und im Laufe der Jahre viel Erfreuliches geleistet haben. – Am Tag meiner Thesisverteidigung, nachdem ich drei Jahre an einer 700-seitigen Promotionsarbeit geschuftet hatte und diese durch die theologische Fakultät in Lyon mit dem ersten Preis des Jahres und einer schönen Geldsumme ausgezeichnet wurde, gab meine Mutter den Kommentar: »Was ist das schon. Du musst dich noch bewähren. Das Wichtigste kommt noch.« Mit Letzterem hatte sie zweifellos Recht. Nur eben, solche Worte an diesem Tag und mit Kopfschütteln ausgesprochen, nahmen mir die Freude über den gelungenen Abschluss, raubten mir die verdiente Entspannung und ließen mich grübeln, was denn an mir immer noch nicht richtig war. Daran änderten auch die herzlichen, anerkennenden Worte meines Vaters kurz vor seinem Tod wenig.

»Du musst dein Leben ändern.« Der Satz kann auch von einer zweiten Seite kommen, nicht als moralischer Appell, sondern als Folgerung aus einem Gefühl der Entmutigung, Desillusion, Resignation, vor allem Sinnleere: Seit einiger Zeit schon schmeckt das Leben schal. Von außen betrachtet läuft es immer noch einigermaßen. Aber das, womit wir uns einst identifiziert haben, ist zur Hülle, zur Rolle verkommen. Ein fremdes Lachen über uns selbst von jenseits der lebendigen Gefühle. Nicht einmal Selbstvorwürfe. Falls wir uns früher einmal welche gemacht haben, ist es jetzt auch damit vorbei. Kein Ziel, das von vorne ins Unbekannte zieht. Kein Gesicht, das ins Abenteuer einer Begegnung lockt. Nichts. – Warum denn trotzdem dieser Satz? Weil die Seelenöde unerträglich geworden ist. Nicht mehr dieses Leben so wie jetzt. Nur das nicht. Fort aus der Wüstenzone, auch wenn wir in die Arme des Teufels laufen sollten.

Aus dem Leiden an Selbstabwesenheit heraus Entscheidungen zu fällen, solange sich nicht die geringste Anziehung von vorne, vom sich konkretisierenden Bild einer anderen möglichen Zukunft her meldet, wäre allerdings verheerend. Nun würden wir uns auch noch das Stützkorsett der über viele Jahre aufgerichteten Strukturen nehmen. Woher die Kraft zum Neuen? Es gibt Desperados, die in den Nebel hineinspringen, ohne die andere Seite des Abgrunds zu sehen, nur weil sie den Nebel nicht mehr ertragen. – Eine 35-jährige Frau entschied sich in dieser Stimmung zur Trennung von ihrem Mann, in der Meinung, aus dem äußeren Schritt würde sich auch der innere ergeben: nur fort aus der Seelenwüste, die sie einseitig als Beziehungswüste deutete. – Ein 50-jähriger Mann, seit zwei Jahren in dieser Stimmung gänzlicher Sinnlosigkeit, hängte ohne eine neue realistische Berufsperspektive seinen Lehrerberuf an den Nagel, verzichtete auf die Sicherheit seines Beamtenstatus und auf die Pension, ebenfalls in der Annahme – wirkliche Hoffnung empfand auch er nicht –, die äußere würde die innere Veränderung nach sich ziehen. Bei keinem von beiden erfüllte sich diese Erwartung. – Eine solche seelische Trockenperiode erfordert im Gegenteil Stillehalten im Sinne des alten chinesischen Weisheitsbuchs I Ching: Keine Entscheidungen zu großen Umwälzungen fällen, soweit als möglich das Gewohnte tun: »Im Moment darfst du dein Leben nicht ändern!«

Bedeutet dies, einfach wie bisher weiterleben, ohne wirklich zu leben, sogar die Versuchung zum Suizid in Kauf nehmen, das Paradox einer Existenz im seelischen Tod? Ja, sicherlich, aber mit der besonderen Einstellung, die ich im letzten Kapitel beschrieben habe. Das Nichts kann nur dann – vielleicht – zur Geburtsstätte einer neuen Lebensperspektive werden, wenn wir die Lösung nicht im Außen, in irgendeiner Veränderung der äußeren Situation suchen, sondern mit meditativer Disziplin das Spüren nach innen richten und die winzigsten leiblichen Empfindungen, die geringsten Anflüge einer Emotion aufmerksam, kontinuierlich und ausdauernd einfach registrieren. So hungern wir die distanzierten Selbstkommentare aus.

Wie könnte das Kleine wachsen und groß werden, solange wir uns ihm nicht zuwenden? – Sich nach innen ausrichten und gleichzeitig so weit als möglich die anstehenden alltäglichen Aufgaben sorgfältig erledigen – beides zusammen. – So schaffen wir die Voraussetzung, dass der Satz: »Du musst dein Leben ändern« von einer neuen, der dritten Seite her tönen kann.

Was ich unter Berufung verstehe, hat mit der dritten Perspektive dieses Satzes zu tun: »Du musst dein Leben ändern«, jetzt als einfache Feststellung, als unmittelbarer Ausdruck einer Ergriffenheit, die sich an einer konkreten Form, einem neuen Bild des eigenen Lebens entzündet hat. Dieses ist für uns mit ungeheurer Energie geladen, und wir erleben es wie ein Wunder. Wir befinden uns im Einverständnis mit ihm, im Einverständnis mit dem Wunderbaren. Solange wir im ersten Kapitel die Wandlungsgeburt betrachtet haben, blickten wir noch wenig nach vorne und in die Außenwelt. Jetzt, da es um den eigenen Platz, die eigene Bestimmung in der Welt geht, zieht uns der eigene Lebenssinn von weiter vorne zu sich hin in die Zukunft und will ein Stück Welt, ein Stück Wirklichkeit werden. Auf einmal und ganz unerwartet bricht sich das helle Licht der neuen Geburt in Farben, verdichtet sich das Grenzenlose in Formen, und vor uns stehen wir selber, so wie wir vom Wesen her sind und in der Lebensgeschichte noch nicht sind: eine Gestalt, blendend und erleuchtend zugleich, hell auch im Kontrast der Farben und im Spiel seiner Schatten, ein Fanal des Eigenen und zugleich des Allgemeinen. Berufung, Bestimmung: Wörter, die sich nun in vielen Facetten ausfalten wollen.

Im gleichnamigen Gedicht Rainer Maria Rilkes glüht ein »Archäischer Torso Apollos« »noch wie ein Kandelaber,/ in dem sein Schauen, nur zurückgeschraubt,/ sich hält und glänzt. Sonst könnte nicht der Bug / der Brust dich blenden, und im leisen Drehen/ der Lenden könnte nicht ein Lächeln gehen/ zu jener Mitte, die die Zeugung trug.« Dieser Stein »flimmerte nicht so wie Raubtierfelle;/ und bräche nicht aus allen seinen Rändern / aus wie ein Stern; denn da ist keine Stelle,/ die dich nicht sieht. Du musst dein Leben ändern.«[1]

Gehauener Stein, unvollständig, doch im Bruchstück mit Leben geladen, von animalischer Energie flimmernde Raubtierfelle, wildes und zugleich gestaltetes Leben, Zeugung des Eigenen durch schicksalshafte Begegnung. nicht zuerst Sehen, sondern Gesehenwerden, das ganze Gegenüber ein einziger lächelnder, leuchtender, dich zeugender Blick, so unerwartet und direkt, dass Ausweichen nicht in Frage kommt, ekstatisches Ausbrechen aus den Rändern, aus den alten Grenzen, wie das Licht eines Sterns. – Nur zögernd formuliere ich solche Worte, wohl wissend, dass die Deutung eines Kunstwerks, die Deutung von Rilkes wunderbarem Gedicht, nicht mehr, sondern viel weniger ist als dieses, und doch ein Stück weit notwendig: weniger Deutung als umkreisende Inspiration aus Betroffenheit. – Wirkliche Berufung fängt mit solchem Gesehenwerden, mit Ergriffenheit an. Und dann: Sprengung der Ich-Grenzen dank der Heraus-Forderung dieser uns wesentlichen Beziehung, Erwachen mit dem Gespür für die eigene Spezialisierung innerhalb des durch die neue Beziehung offenbarten größeren, energiegeladenen, geheimnisvollen Ganzen.

Das Wesentliche an der Berufung lässt sich rational nicht ausreichend erklären. Wer sich nach der Matura nur aus wirtschaftlichen Gründen der Informatik zuwendet, ist kein Berufener, auch wenn er den richtigen Beruf wählt. Auch Interesse und Begabung reichen nicht aus, um von Berufung sprechen zu können. Diese spottet manchmal jeglicher Vernunft. Leute, die einen nicht sehr gut kennen, und manchmal sogar diese, reagieren mit Kopfschütteln. Die Unvernunft bezieht sich nicht auf den Mangel an passender Begabung, sondern den common sense, den soliden, gesunden Menschenverstand, ein Produkt verinnerlichter Gesellschaftsnormen: Warum so viel Mühsal auf sich nehmen, nicht in oft begangene, bewährte Fußstapfen treten, warum dieser »einsame Weg«[2], verbunden mit so viel Unbequemlichkeit, Ungemach, inneren und äußeren Krisen?

Berufung bedeutet nicht den einmaligen Akt der Berufswahl auf der Schwelle zum Erwachsenenalter, sondern eine existenzielle Grundhaltung, dazu bestimmt, sich im Laufe unseres Lebens zu intensivieren. Sie bedeutet mutige Wahrhaftigkeit in kritischen Situationen, zwar begründbar, doch unpopulär. Wären wir nicht Ergriffene, so würden wir den Imperativ von Rilkes Satz, den Ruf, uns zu ändern, gar nicht vernehmen, geschweige denn ihm folgen. Das Wesentliche an der Berufung liegt folglich nicht in den auf eine Berufswahl folgenden Entscheidungen und Zielsetzungen, vielmehr darin, dass wir uns nackt, ohne schützendes soziales Gewand, dem nackten »Archäischen Torso Apollos«, einer in uns ohne Kompromissbereitschaft hineinblickenden »Figur«, mit den widersprüchlichen Gefühlen von Anziehung und Furcht, von Entzücken und Widerstand aussetzen, um von ihr angesprochen, gerufen, berufen zu werden. Eine solche »Figur« kann ein bestimmter Satz, ein bestimmter Gedankengang sein, gelesen oder uns zugesprochen, der uns anspringt wie ein wildes Tier und sich festbeißt, bis wir mit ihm einen Bund für ein weiteres Stück Leben geschlossen haben. Oder sie ist eine unerwartete Einsicht, die wie eine lang gereifte Frucht eines Tages in unser Bewusstsein fällt, oder wie in Rilkes Gedicht ein Kunstwerk, das uns so lange nicht loslässt, bis wir ihm gehorchen, das heißt seinen

Sinn für uns entschlüsseln und uns auf seine Spur begeben. So hatte mich zum Beispiel vor etwa dreißig Jahren im Zürcher Rietbergmuseum die herrliche Figur des Schiwa Nataraja »angeschaut« und seither nicht mehr losgelassen: des »Königs der Tänzer«, der mit wirbelnden Armen und Beinen aus seiner unbewegten Mitte heraus den Feuerenergie zeugenden Kreistanz von Schöpfung und Zerstörung, Zerstörung und Schöpfung tanzt, mit der leidenschaftslosen Intensität dessen, der achtsam und gefasst im eigenen Lot ist.[3] Die »Figur«, die uns ruft und deren Blick sich uns ins Herz einbrennt, kann auch ein bestimmter Mensch sein, dessen Wesen uns zur jetzt notwendigen Veränderung motiviert. Für diesen Vorgang habe ich zuerst das Wort »Leitbildspiegelung« geprägt[4] und dann hauptsächlich das Wort Resonanz verwendet. Dieses passt besser, weil es über den optischen Appell hinaus die leibhaft ansteckende gemeinsame Schwingung meint. – Begegnung und Berufung sind Geschwister, in jedem Fall.

Ohne Rücksicht auf herrschende ästhetische Kriterien empfinden wir eine solche »Figur« als schön, weil sie das uns anschauende, uns ent-sprechende Auge ist: Schönheit als Glanz einer existenziellen Wahrheit. Nicht in eindeutigen Begriffen, sondern symbolischen Worten, Bildern, Gebärden ruft sie uns an: Sie entlässt uns in die Eigenverantwortung für die sich aus ihr ergebenden Entscheidungen. Was uns an ihr am meisten fasziniert und erschreckt, ist ihr Geheimnis, die dem Torso eigene Mischung zwischen dem Offenbarten und dem Fehlendem. Sie ist hell und dunkel zugleich: hell wie die Welt für den Neugeborenen, dunkel wie der vor ihm liegende Weg. »Du musst dein Leben ändern« bedeutet nicht: »Das oder das musst du so oder so machen.« Wer wie Ödipus das Rätsel der Sphinx mit bloßem Verstand zu lösen sucht, rennt ins Verderben. Nicht rationale Distanzierung, sondern, wie im

Gedicht, raubtierhafter Instinkt, wach animalische, sprungbereite Verbindung mit dem Neuen, das bekannte Kategorien sprengt, auf eigene Aktivität hin angelegte Resonanz zeugt in uns Ahnungen von dem im Symbol Gemeinten. Nur im Gehen offenbart sich das einmal vor uns Aufgeblitzte in konkreten, wenn auch immer unvollständigen Zielbildern. So schälen wir nach und nach die Frucht frei für den Verzehr, aber der rätselhafte Kern bleibt nach wie vor unverdaulich. Das Geheimnis besteht weiter, auch wenn wir einiges von ihm durch neue Lebensgestaltung erschlossen haben.

Dazu eine banale, wahre »Gegengeschichte«: Ein jüngerer Mann schlenderte zerstreut durch die Säle des Kunsthistorischen Museums in Wien. Plötzlich sprang ihn ein Bild an und überwältigte ihn. Ihm stockte der Atem. Wie hypnotisierende Augen zog ihn das Gemälde in seinen Bann. Lange Zeit rührte er sich nicht mehr vom Fleck. Dann rief er, von langer Spannung endlich befreit, aus: »Genau das muss ich tun, genau das!« So schilderte später der Museumsaufseher den Vorfall. Der junge Mann riss sich vom Bild los und erreichte auf kürzestem Weg den Ausgang. – Was hatte er gesehen? Ein Bild des Malers Michelangelo Caravaggio: David mit dem Haupt des Goliath: ein schöner Jüngling, lichtgebadet aus dem Dunkeln tretend, im Spiel mit dem eigenen Schatten, mit weit offenen, zornig entschlossenen Augen, in der Linken den soeben vom Rumpf getrennten Kopf Goliaths am Schopfe haltend und wie eine Trophäe vorzeigend, in der noch erhobenen Rechten das mörderische Schwert. – Und welche Absicht beherrschte den jungen Mann, der mit diesem schrecklich schönen Bild im Sinne durch den Ausgang des Museums stürmte? Er fuhr zur Firma, wo er arbeitete, öffnete mit einem Fußtritt das Büro seines Chefs, der am Schreibtisch saß, packte ihn wutentbrannt an den Schultern, schüttelte ihn, ohrfeigte ihn, schrie sich den Zorn über ungerechte Behandlung von der Seele, rang und wälzte sich mit ihm auf dem Boden. Schließlich schrie er nur noch, schrie und konnte nicht mehr aufhören zu schreien, besinnungslos und besessen. Er sah und spürte nicht einmal, wie Mitarbeiter ihn zu bändigen versuchten. Er begann erst wieder, zu sich selbst zu erwachen, als die Wirkung der dämpfenden Medikamente in der Psychiatrie nachließ: blindes Ausagieren eines faszinierenden Symbols, statt mit ihm so lange im Innenraum der Seele zu kämpfen, bis sich die eigene Berufung im Möglichen und Sinnvollen als konkreter nächster Schritt erschließt

Wer war der tumbe Riese Goliath, der in dieser Geschichte den Kopf verlor? Der junge Angreifer oder sein Chef? In Goliaths abeschlagenem Kopf, den David am Schopf hält, voller Schatten, Furchen und Falten, stellte Caravaggio sich selbst dar! Im Alkoholrausch hatte sich der leidenschaftliche Künstler in blutige Händel verstrickt und kam deswegen in den Kerker. Er wollte David sein und wurde zu Goliath, ebenso wie der traurige Held meiner Geschichte. – Selbstzerstörung durch blinde Identifizierung mit einer faszinierenden kollektiven Gestalt oder mit der Botschaft eines Kunstwerks. Die Welt ist voller Davide, Jesusse, Marien, Sebastiane, Buddhas und anderer Leitgestalten des Menschseins, und diese sind nur zum kleinsten Teil in psychiatrischen Kliniken eingesperrt: Selbstbetrug durch Identifizierung mit Kollektivfiguren statt verantwortlichen Ringens um die ganz persönliche Berufung; rauschhaftes Ausleben der Emotionen statt knisternd gebändigter Konfrontation mit faszinierenden Bildern, Stimmen, Ahnungen von außen und innen. Der Mann, von dem in meinem Bericht die Rede war, hat vorläufig seine Berufung verpasst, nämlich die klare, mutige Auseinander-Setzung mit seinem Vater, seinem Chef und anderen Männern. So fühlte er sich nach seinem »Raptus« – dem Raub seines Ich – nicht als siegreicher David, sondern als besiegter Goliath. – Das Faszinierende kann auch überwältigen; dann wird es zum schrecklichen Zerstörer. Es ist »furchtbar, in die Arme des lebendigen Gottes zu fallen«. Deshalb verhüllte Mose sein Gesicht, als er sich dem brennenden Dornbusch näherte. Wir brauchen das Spiel von Licht und Schatten, das Caravaggio in seiner Kunst unübertrefflich beherrscht hat. Durch Identifizierung machen wir uns zu Opfern des von uns ersehnten Lichts, und Dunkelheit kehrt in unser Leben ein: Ichverlust, Abhängigkeit bis zum seelischen Tod, das Gegenstück zur eigenen Berufung, die sagt: »Du musst dein Leben ändern«: individuelles, aktives Einverständnis mit dem Wunder des eigenen Weges!

Wer die biblischen Berichte über die Berufung von Propheten liest, könnte aus ihnen die Folgerung ziehen, dass Berufungen an einem bestimmten Tag ein für alle Mal geschehen. Doch der Sinn einer Berufung enthüllt sich kontinuierlich ein Leben lang. Vielleicht gab es zu Beginn ein oder mehrere Erlebnisse, die einschlugen wie ein Blitz. Doch merken wir nach und nach, dass sie uns nur die Richtung der eigenen Berufung angaben. – Eine achtzehnjährige Frau sah im Traum eine riesige Menschenkette, die einen kreisrunden See umgab. An einer einzigen Stelle wies sie eine Lücke auf und schloss sich nicht zusammen. Dann öffnete sich der bereits gebildete Kreis auch an anderen Stellen, schloss sich dann aber wieder und ließ von neuem nur die eine Lücke offen. Die Träumerin, selbst noch nicht Teil des Kreises, saß auf dem Ast eines Baumes und schrie verzweifelt: »Schließt den Kreis! Schließt den Kreis!« – Doch schien man sie nicht zu hören. Wie gelähmt kletterte sie mühsam den Stamm hinunter auf den Boden. Bleischwer hing es an ihren Füßen, als sie mit letzter Anstrengung schließlich das eine offene Ende des Kreises erreichte, die letzte Frau der Menschenkette an der Hand packte, sie zum anderen noch offenen Ende, zu einem Mann hin zerrte und schließlich selber die Kette schloss, an der Linken einen Mann und der Rechten eine Frau.

Der Traum kam über sie wie eine Erleuchtung. »Das ist mein Weg, meine Aufgabe«, von dieser Nacht an wusste sie es einfach. Doch was tun? Sie befand sich in einer kaufmännischen Lehre. Wie konnte sie da Menschen zusammenbringen? Eines Tages sah sie zufällig die Werbung eines bekannten Reiseunternehmens: »Wir führen Menschen zusammen.« In diesem Werbespruch hörte sie eine Antwort des Himmels auf ihre Frage. Nach dem Lehrabschluss bewarb sie sich in diesem Reiseunternehmen um eine Stelle und stieg im Laufe der nächsten vierzig Jahre zu einer Topposition auf. Sie knüpfte und ermöglichte unzählige Kontakte, schloss manche Menschenkette. Trotzdem brannte in ihr der Traum aus ihrer Jugendzeit immer noch wie eine offene Wunde. »Du musst dein Leben ändern«, das ihr zu sagen, fuhr er fort. Regelmäßig, mit beinahe zwanghafter Hartnäckigkeit, erinnerte sie sich an ihn. Doch ihre Familie brauchte sie, und sie schätzte den Wohlstand, den ihr die Stellung im Reiseunternehmen brachte. Im Alter von 55 Jahren befreundete sie sich mit einem Mann, einem leitenden Angestellten eines Hilfswerks, das ein afrikanisches Land mit medizinischen Geräten und Medikamenten versorgte. Mit ihm zusammen reiste sie mehrmals in dieses Land. Schließlich beschloss sie, hier ein Krankenhaus aufzubauen und in Europa Fachkräfte für den Betrieb zu rekrutieren. Dank ihrer Beziehungen gelang es ihr, für diesen Plan viel Geld flüssig zu machen. Mit achtundfünfig ließ sie sich frühpensionieren und setzte von nun an ihre ganze Kraft für dieses Projekt ein. Die frühe Berufung durch einen Traum – ihren Lebenstraum – rückte nach vierzig Jahren endlich in das passende Tätigkeitsfeld ein.

Die Verwirklichung der eigenen Berufung dauert ein Leben lang. Je mehr wir in unserem Tun, Fühlen und Denken mit ihr identisch werden, desto wunderbarer erscheint uns das Dasein. Im Einverständnis mit dem Wunderbaren zu sein, ist kein statischer Zustand, sondern eine Suchwanderung durch das ganze Leben. Berufungen betreffen das »Ewige« in uns, in unserem Wesen Liegende, das sich durch unsere Lebensgeschichte aktualisieren will: »Man muss sich mit Ewigem beschäftigen, um aktuell zu sein« (Simone Weil).

Voll Staunen auf die Wege von mir nahen Menschen blickend, erkenne ich in jedem einen feinen, doch kräftigen roten Faden, seit der Kindheit durch das Erwachsenenalter über viele Abweichungen hinaus. Diese zielsichere Kontinuität erscheint mir geheimnisvoll und wunderbar. Sie ist den wenigsten Menschen bewusst. Doch wenn wir ihrer gewahr werden, dann bekommt unsere Berufung neuen Schwung ins Eigene. – Der »rote Faden« ist das künstlerische Merkmal der Malerin Heidi Widmer, mit der ich seit meiner Studienzeit in Rom befreundet bin: Kontinuität auch darin. – Paradoxerweise brauchen manche Paare eine Trennung, um wieder an den gemeinsamen roten Faden anzuknüpfen. Die gemäße Form einer Beziehung zu finden, kann auch als Teil der Berufung angesehen werden. – Mich fasziniert seit jeher der Gedanke einer Kontinuität, die sich unterirdisch durch alle Brüche und Krisen hindurch bewährt. In meiner theologischen Studienzeit gab es einige Wörter, die mich packten und bis heute im Griff behielten: Wirkwörter durch das ganze Leben. Ein solches Wort war der von Paulus oft gebrauchte, für ihn zentrale griechische Begriff »hypomenein«:

wörtlich: darunter bleiben, also bei allen Veränderungen an der Oberfläche unten dran bleiben, am Ball bleiben, ausharren, und damit verbunden: warten können mit Geduld, sich sammeln und zentrieren. Von meiner wechselvollen Lebensgeschichte her bin ich für andere schwer zu fassen. Mit meinen unterschiedlichen Weichenstellungen habe ich viele vor den Kopf gestoßen. Doch wäre mir nicht der Sinn für meine Berufung geblieben, so hätte ich die Wechselfälle in meiner Biographie nicht ohne Schaden überstanden. So aber empfinde ich sie als Ausdruck einer einzigen, sich verdeutlichenden Berufung.

Im Jahr vor meiner Matura hatte ich zwei Erlebnisse, die für mich Berufungserlebnisse waren. Eines ereignete sich in der Umgebung von Assisi auf einer Wanderung, das andere in Visp, einem Städtchen im Wallis, wo ich zusammen mit meinen Klassenkameraden eine Woche der Einkehr – Exerzitien – verbrachte mit dem Ziel, die bevorstehende Berufswahl zu klären. – In beiden Erlebnissen spürte ich die ganze Welt: Töne, Farben, Gerüche, Einzelheiten der mich umgebenden Landschaft, Menschen und Tiere, nicht nur Schönes und Angenehmes, auch Unangenehmes und Hässliches wie von einem gemeinsamen inneren Licht erfüllt und in ihm verbunden. Ich erinnere mich zum Beispiel an den penetrant üblen Geruch von einer nahen Chemiefabrik in Visp, wo Pflanzenschutz- und Schädlingsvertilgungsmittel produziert wurden. Ohne ihn zu idealisieren und verharmlosend zu »entgiften«, nahm ich selbst in diesem Gestank wie in allem anderen die gleiche vibrierende Dichte wahr: »ein einziges großes Ereignis, gewoben aus sich fortpflanzenden Intensitäten.«[5] Und ich war eingebunden in dieses große, lebendig atmende und schwingende, zum Teil auch verwundete Gewebe: ein Gefühl großer Befreiung in der Auflösung eines illusorisch isolierten Ich.

Das mystische Erlebnis eines wunderbaren Einverständnis mit der Welt, im Ganzen und Einzelnen, brachte ich mit dem Wort »Gott« in Verbindung. Da ich gerade in jener Zeit einen Beruf wählen musste, schien es mir, dass ich berufen war, in den Dienst der Kirche zu treten und Priester zu werden. Eine vorschnelle Entscheidung, die jedoch in ihrem Kern richtig war, auch wenn ich seit siebenundzwanzig Jahren nicht mehr in diesem Beruf arbeite. In Menschen vor allem dem »ewigen«, schöpferischen, »göttlichen« Lebenskeim zu begegnen, blieb mir als Berufung erhalten. Ja, diese konkretisierte sich vor allem von dem Tag an, da ich das kirchliche Amt verließ, so wie ich einige Jahre später auch aus der Kirche austrat. Vorschnell war die Entscheidung, weil der Priesterberuf, durch sein Eingeschlossensein in einem Gefängnis von Dogmen und Normen, diese Art von Begegnung für mich mindestens so stark erschwerte wie förderte. Immerhin lernte ich im Laufe der sieben Jahre Arbeit im kirchlichen Amt den unersetzlichen Wert einer nicht funktionalen Gemeinschaft kennen, den keine Psychotherapie mit einzelnen Individuen aufzuwiegen vermag. Durch meine Kindheit in einer neunköpfigen Familie war ich auf diese Erfahrung vorbereitet. Nicht ideologisch, auch nicht kirchlich motivierte Gemeinschaften, in denen das Einverständnis mit der eigenen Wirklichkeit durch offene Begegnung im gemeinsamen Lebensdrang gefördert wird, fesselten mich immer mehr, auch in der Psychotherapie.

Der letzte Absatz liest sich vielleicht ein wenig glatt und leicht. Berufung aber ist immer mit Erschrecken, Widerstand, Auseinandersetzung und Kampf verbunden. Davon berichten auch jene Berufungserlebnisse der alttestamentlichen Propheten, in deren Geschichten ja das Wort »Berufung« zum ersten Male vorkommt. Die Begegnung mit einem Bild, das uns verpflichtet, einer kompromisslos rufenden Stimme, die uns »bestimmt«, weckt zunächst Angst. Das Gefühl der bisherigen engen Grenzen lässt uns verzagen. Auf den Ruf Gottes antwortet Jeremia: »Ach Herr, mein Gott, ich verstehe ja nicht zu reden; ich bin noch zu jung«, und Gott: »Fürchte dich nicht ...: denn ich bin mit dir, dich zu erretten«[6]. – Das wachsende Gespür für die eigene Lebensspur macht stärker als die Angst. Intensive Begeisterung und Beseelung geben uns Kraft, Hindernisse anzugehen und zu überwinden. Solange wir aktiv der eigenen Berufung folgen, erleben wir die ganze Wirklichkeit als etwas Wunderbares, durchscheinend von einem uns bewegenden und orientierenden inneren Licht: Wir befinden uns im Einverständnis mit dem Wunderbaren!

Diese Erfahrung bedeutet nicht einen für immer erreichten Zustand der Glückseligkeit. Sie ist ein ständiger Kampf, um der Dunkelheit »mehr Licht« zu entlocken, ein Streit mit »Gott«, dem dunklen Geheimnis, um die eigene Berufung. Jakobs Ringen mit dem Engel – einer Konkretisierung dieses dunklen Gottes – dauerte die Nacht über bis zur Morgenröte und endete mit drei Dingen: Erstens mit der Verleihung eines neuen Namens, nämlich »Israel«, das bedeutet »Gottesstreiter«: »Gott«, der Sinn, offenbart sich im Kampf mit ihm, im Ringen um Klarheit. Solange wir in diesem Ringen ganz drin sind, erleben wir die Wirklichkeit als ein von Möglichkeiten zur Verwirklichung prall gefülltes Wunder. Dieses ist grenzenlos, denn sähen wir in ihm Grenzen, so hätten wir unsere Identität mit dem momentanen Ringen verraten, und es gäbe kein wunderbares Erleben mehr.

Der Kampf endete zweitens damit, dass der Engel Jakob – Israel – segnete. Tausendmal können uns Menschen sagen, dass wir »richtig und o.k.« sind. Solange »Gott« uns nicht segnet, werden wir es nicht fühlen. Was meine ich damit? Indem wir das eigene Leben entschlossen leben, wächst in uns eine bejahende Kraft. Diese erfahren wir als etwas Geheimnisvolles, nicht aus diesem oder jenem ableitbar. Wenn sie sich einstellt, kommt sie uns vor wie ein Geschenk, eine Gnade. Zwar wächst sie in uns, aber wir können sie nicht aus uns begründen. – Stammt denn der Segen »nur« aus unserem Inneren, dem »Gott in uns« (Johannes-Evangelium)? Nein, Segen kommt aus Begegnung, aus der Spannungsenergie zwischen Innen und Außen, durch deine Resonanz mit mir und meine mit dir. Das beinhaltet mehr als die gute Erfahrung, dass andere zu mir sagen: »Du bist o.k.!« Nur im aufgeladenen Zwischen einer Begegnung gehen mir Lichter auf. Begegnung heißt: Ringen gegen den anderen und mit ihm um ein Stück Wirklichkeit, die es vor dem Ringen weder in ihm noch in mir gab. Dabei wird der andere, der Gegner zum Begegner, der mich, weil ich mich um ihn bemüht habe, segnet: mich bejahend auf einen neuen Weg entlässt. Er ist auch ein Stück von mir geworden.

Drittens endet der Kampf des »Gottesstreiters« mit einem Hüftleiden: »Er hinkte aber an der Hüfte«. Die perfekte Gesundheit ist nicht von dieser Welt. Wer sich der Auseinandersetzung vorenthält, wird von innen her, durch die gestaute und zurückschlagende Lebensenergie, zerfressen. Das gilt gleichermaßen für Männer wie für Frauen. Wer sich im Gegenteil dem Kampf stellt, zahlt manchmal seinen Tribut mit Wunden und nicht mehr ganz gutzumachenden Leiden. Was wir aber stärker als diese spüren, ist die Tatsache, dass wir unseren Weg gehen: Das Leiden ist Teil eines Gesamtsinnes. – Neulich sagte mir eine alte Pariser Freundin am Telefon: »Mein Gott, was du in deinem Leben schon an Schwerem gelitten hast!« Meine erste Reaktion war Erstaunen: »Habe ich wirklich so viel gelitten?« Meine zweite war Betroffenheit: »Es stimmt. Jeder neue Lebensschritt war von seelischem, sozialem und manchmal auch körperlichem Leiden, zweimal sogar bis an den Rand der Vernichtung, begleitet.« Doch was ich dabei fast immer am intensivsten empfunden habe, war das rätselhafte Glück, im Gehen mit mir und meiner Berufung identisch zu sein. Das hat mein Leiden zwar nicht geringer gemacht, aber ein wenig relativiert.

Etwa fünfzehn Jahre lang, nach meinem Kirchenaustritt, neigte ich dazu, die jüdischen und christlichen Wurzeln unserer Kultur minder zu achten. Während ich buddhistische, hinduistische und taoistische Texte las, fühlte ich mich von der moralischen und dogmatischen Enge der mich prägenden Einflüsse befreit. Ich destillierte aus diesen Texten alles, was mit innerer Freiheit und Unabhängigkeit zu tun hat. Und doch konnte ich nicht umhin, nach und nach festzustellen, dass es für mich keine vollständige und endgültige Befreiung und Erleuchtung gab, sondern nur prozesshaftes Ringen um diese, ab und zu durchbrochen von geschenkten Momenten und Phasen eines völligen Einverständnisses, eines nicht begründbaren, umfassenden Glücks, aus denen ich Kraft für den weiteren Weg mit veränderten Zielsetzungen schöpfte. Da fand ich auch die Freiheit wieder, mich auf meinen christlichen Ursprung und mein Studium der Theologie zurückzubesinnen, doch diesmal, ohne ihnen passiv zu verfallen und mich mit ihnen ganz zu identifizieren. So entdeckte ich nebst vielem endgültig Überlebtem einiges, das mich in meinem Ringen mit Dunklem, auf meiner Wanderung zwischen Schatten und Licht, klärend unterstützte, so auch die mich auf rätselhafte Weise anspornende Erzählung vom Kampf Jakobs mit dem Engel. – Begegnung und Berufung: zwei Kategorien aus dem Erfahrungsschatz der jüdisch christlichen Tradition, unverzichtbar für einen Menschen der westlichen Zivilisation, der in seiner Welt zum befreienden Einverständnis mit der Wirklichkeit finden will.

Auf mein Bedürfnis nach ständiger Selbstkorrektur (Moshe Feldenkrais) antwortet noch ein weiterer biblischer Begriff, nämlich die »Umsinnung«. Das ist die wörtliche Übersetzung des griechischen Begriffs »Metánoia«, der in deutschen Übersetzungen mit »Umkehr« »Bekehrung« oder »Buße tun«[7] wiedergegeben wird. Dabei geht es in meinem Verständnis um einen neuen Sinn oder ein neues Herz, nicht aber, wie das Neue Testament es auch fordert, um Glaubensgehorsam einem anderen, in diesem Fall dem überlieferten Jesus gegenüber, der meint, die ganze Wahrheit ein für alle Mal auch für mich zu verkörpern. »Umsinnung« in einer Begegnung, im Ringen gegen und mit einem anderen, damit unsere Grenzen zueinander hin erweitert werden und die Ich-Identität nach und nach einer Beziehungs- und Resonanz-Identität weicht. Der andere kann Jesus oder Buddha sein, ein Freund oder Feind. In wach spürender Resonanz mit ihm erfolgt eine Selbstkorrektur und Verdeutlichung in Bezug auf meinen »Sinn«, meinen Lebenssinn, meine Berufung, und folglich die wachsende Übereinstimmung mit dem, was ich, diesem Zielsinn entsprechend, gerade tue, denke, fühle. Diese Erfahrung, die dem Leben Intensität und Kraft verleiht, trägt dazu bei, dass ich in allem ein immer feineres Gespür für den inneren Kompass, für Bestimmung und Sinn entwickle, auch wenn ich nicht ständig bewusst meiner Berufung folge. Zum einen also fördert die einmal bejahte Berufung unsere Fähigkeit, uns mit allem, was wir in ihrer Nachfolge verwirklichen, zu identifizieren, zum anderen klärt und verdeutlicht sie sich von alleine, wenn wir auch in alltäglichen Verrichtungen mit Leib und Seele zentriert dabei sind. Die Um-Sinnung ist das Ergebnis dieser kontinuierlichen Rückkoppelung von Ziel- und Wegerfahrung.

In der Bekehrung des Saulus zu Paulus wird eine solche »Umsinnung« in mehreren Etappen mit eindrücklichen Bildern symbolisiert. Ihre Vorgeschichte ist Sauls radikale Gegnerschaft zu den Christen, also zu Jesus und seiner Botschaft: »Saulus schnaubte Drohung und Mord gegen die Jünger des Herrn.« Doch offensichtlich »arbeitet« der von ihm kompromisslos bekämpfte Jesus bereits unbewusst in ihm: Sauls unversöhnliche Feindschaft weist darauf hin: Verfolgung als Abwehr aufkeimender Liebe, wie Sigmund Freud in Bezug auf die Paranoia, den Verfolgungswahn darlegte. Doch im Gegensatz zum paranoid Erkrankten lässt sich Paulus schließlich vom Verfolgten ansprechen und ins Herz treffen. Verfolgung wandelt sich in Begegnung. Diese ereignet sich plötzlich und trifft Saul wie ein Blitz. Nur in solcher Unmittelbarkeit kann das alte Vor-Urteil durchschlagen werden und einer direkten Begegnung weichen. »Während er dahinzog und in die Nähe von Damaskus kam, umstrahlte ihn plötzlich ein Licht vom Himmel her, er stürzte zu Boden und hörte eine Stimme: ›Saul, Saul, warum verfolgst du mich?‹ Er fragte: ›Wer bist du, Herr?‹ Und dieser: ›Ich bin Jesus, den du verfolgst ...‹ «[8]. – Wiederum die plötzliche Erfahrung von extremer Helligkeit, wenn ein neuer Lebenssinn aufleuchtet, ein neuer Mensch das Licht der Welt erblickt. Das Licht verbindet sich mit einer Stimme, die Saul einer neuen Bestimmung, neuen Berufung, neuen Identität, verdeutlicht im neuen Namen Paulus, entgegenführt. Nun kann er die Welt nicht mehr mit seinen alten Augen sehen. Das grelle Licht hat die früheren Bilder und Vorstellungen in ihm überblendet und ausgelöscht. Drei Tage lang ist er blind, isst nichts und trinkt nichts: eine »Umsinnung« ebenso radikal wie die vorausgehende Verfolgung, allerdings verbunden mit dem Risiko eines Umschlags ins ebenso fanatische Gegenteil, ein Risiko, dem der »Völkerapostel« nicht entgehen wird. – Drei Tage befand er sich in der Unterwelt, in der absoluten Introversion, bevor Paulus »auferstehen« und seiner neuen Berufung als Verkünder von Jesu Botschaft folgen kann.

Carl Gustav Jung schreibt dem Sinne nach, dass ein Verfolger im Traum zu uns will, weil er zu uns gehört. Da wir ihm aber davonrennen, bleibt ihm nichts anderes übrig, als uns nachzurennen. Wir sollten jedoch, so frei nach Jung, die Verfolgungsjagd in ein Begegnungsspiel wandeln: uns umkehren und den Verfolger im Traum nach dem Erwachen fragen: »Wer bist du? Warum verfolgst du mich? Was willst du von mir?« – In der Praxis verlaufen solche vom Schicksal erzwungenen Begegnungen weitaus dramatischer, eher so wie in der Saulus-Paulus-Geschichte. Die »Umsinnung« gleicht der Überwältigung nach einem erbitterten Kampf, dem Ja zu einer Wahrheit, der wir einfach nicht mehr ausweichen können, der dankbaren Entspannung nach dem Einverständnis in die Wirklichkeit dessen, was wir zunächst bekämpft haben und jetzt ein Teil von uns geworden ist.

Solche außergewöhnlichen Geschichten der »Umsinnung« könnten den Eindruck erwecken, die wunderbaren Berufungserlebnisse seien nur einigen besonderen Menschen, oder, wie Ethnologen sich ausdrücken, den »großen Einzelnen« vorbehalten, und wir Gewöhnlichen müssten uns damit begnügen, bewundernd daran teilzuhaben. Doch sind außergewöhnliche Geschichten dazu da, das Gewöhnliche in seinem außergewöhnlichen Wert wahrnehmbar zu machen und den Sinn für seine Eigenarten zu schärfen. Die Überzeichnung oder symbolische Überhöhung der geschichtlichenTatsachen drückt die enorme Intensität des subjektiv Erlebten aus. Die nüchtern dokumentierbare äußere Geschichte großer »Helden« und »Heldinnen« ist nicht unbedingt reicher an außergewöhnlichen Tatsachen als unsere. Das Wunderbare muss nicht in der historischen Wahrheit von »Wundern« liegen. Es ist eine Qualität des inneren Erlebens, nämlich dessen Intensität, Unverstelltheit, unerwartetes, nicht willentlich herbeigeführtes, offenbarungshaftes Auftreten.

Mir fällt die Geschichte eines Lastwagenfahrers ein, der es gewohnt war, an den immer gleichen Autobahnraststätten Halt zu machen. An einer dieser Raststätten pflegte er sich an einer Würstchenbude eine Currywurst zu kaufen. Der Betreiber der Imbissstätte, ein junger Mann, der mit dieser Arbeit sein Studium finanzierte, plauderte gerne mit den Fahrern, von denen er eine ganze Anzahl kannte, und auch sie schätzten im anonymen Alltagseinerlei ihres ständigen Unterwegsseins die gewohnte Begegnung. Unser Lastwagenfahrer also erzählte dem jungen Pächter der Würstchenbude, dass er seine Arbeit trotz des guten Verdienstes über habe: Eine Ehe sei daran kaputt gegangen und jetzt, da er eine neue Freundin habe, befürchte er, dass auch sie ihm davonlaufe, weil er fast immer unterwegs sei. Beim Fahren zerquäle er sich mit solchen Grübeleien. Der Student, nicht auf den Kopf gefallen, fragte ihn: »Kennst du eine Möglichkeit, während des Fahrens nicht mehr zu grübeln?« Darüber hatte der Fahrer noch nie nachgedacht, aber er kannte eine Möglichkeit: »Manchmal, während einer langen Fahrt, gerate ich wie in einen Rausch, obschon ich ganz nüchtern bin. Dann höre ich nur noch das Geräusch des Motors, sehe nur noch das Stück Straße, das vor mir liegt, halte das Steuerrad und reagiere leicht und locker. Die dunklen Gedanken sind weg, und ich denke nicht mehr, was mit meiner Freundin ist. Dann geht es mir prächtig. Solange ich fahre, kann ich eh nichts an der Situation ändern. – Doch irgendwann verfliegt dieser klare Rausch, und die düsteren Grübeleien fangen wieder an.« – »Dann konzentrier' dich von jetzt an mit Absicht darauf, wieder nur auf die Motorgeräusche zu hören und nur auf das Stück Straße zu gucken, das gerade vor dir liegt. Damit hast du doch zufällig gute Erfahrungen gemacht. Tu willentlich das, was dir unwillkürlich geholfen hat. Und wenn du Radio hörst, dann konzentrierst du dich nur auf das, was du gerade hörst«, riet ihm sein Gesprächspartner. »Eigentlich logisch«, meinte der andere, zahlte seine Wurst und stieg in seinen Laster. – Eine Woche später kam er wieder und fing gleich zu erzählen an: »Das wirkt. Mir ist ein Licht aufgegangen. Und mein Beruf macht mir wieder mehr Spaß. Ich habe zwei Kollegen erzählt, dass ich die Konzentration als Spiel betreibe. Aber das Wichtigste kommt noch. Während ich mich so auf die Straße und das andere konzentrierte, kam mir irgendwann plötzlich eine Idee. Ein früherer Kumpel von mir hat sich vor einem Jahr selbständig gemacht. Seine Laster transportieren zur Hauptsache Gemüse und Obst und kehren nach spätestens zwei Tagen wieder zum Ausgangsort zurück: dahin, wo auch ich mit meiner Freundin wohne. Damals bat er mich, meine Beziehungen spielen zu lassen und für ihn neue Kunden zu aquirieren. Ich rief ihn von der nächsten Raststätte aus an und fragte ihn, ob er mich nicht anstellen könne. Ich würde dann versuchen, ihm neue Kunden zu vermitteln, und er solle mir doch sagen, welche Bedingungen ich diesen vorschlagen könne. Er war ganz verblüfft: ›Ich habe mich in den letzten Wochen gefragt, ob ich nicht noch einen weiteren Fahrer anstellen solle, so gut läuft das Geschäft. Und jetzt kommst du!‹ – Er überlegte es sich zwei Tage, und nun fange ich im Sommer bei ihm an. Meine Freundin und ich freuen uns darüber gemeinsam.«

Warum nicht auch in dieser »gewöhnlichen« Geschichte die verborgene Spur einer Berufung sehen? Einen Laster zu lenken und durch die Lande zu fahren machte diesem Mann Spaß. Damit hatte er keine Probleme. In der Begegnung mit dem jungen Würstchenverkäufer, dem er von seiner Krise erzählte, erlebte auch er eine »Erleuchtung«: Um den dunklen Befürchtungen zu entgehen, sich einfach bewusst in dem zentrieren, was er gerade tat und erlebte. Zufällig hatte er damit ja schon ermutigende Erfahrungen gemacht. Daran konnte er anknüpfen. Dass er dies von nun an systematisch und mit Absicht betrieb, hatte für ihn einen unerwarteten Nebeneffekt. Dabei kam ihm nämlich der rettende Einfall zur Lösung seiner Krise. Gequältes Grübeln verhindert solche Einfälle, zentriertes, aktives Dasein im Fluss des Moments dagegen fördert ihr Entstehen. Die Konzentration, von der die Rede ist, bedeutet nicht Fixierung. In ihr wird der Mensch im Gegenteil zum aktiv einstimmenden, übereinstimmenden »Fließsubjekt«, beweglich wie die Welt um ihn herum, beweglich zusammen mit der Welt. Deshalb spreche ich in diesem Zusammenhang lieber von Zentrierung als von Konzentration, geschieht doch gleichzeitig zweierlei: erstens die Fokussierung im Tun präzise auf den beweglichen Punkt des Augenblicks, und zweitens die Dehnung der Aufmerksamkeit über die Ränder der bisherigen Fixierungen hinaus. Der bewegliche Punkt, in dem wir uns bewusst zentrieren, verfügt über eine intuitive Leuchtkraft und strahlt in Bereiche und Möglichkeiten hinein, die dem sich krampf- und zwanghaft Fixierenden dunkel und verschlossen bleiben. Wer es versteht, sich trotz Angst, Hoffnungs- und Ratlosigkeit im fließenden Moment zu zentrieren, hat immer einen Spüranker im leiblichen Selbsterleben, während der sich Fixierende von sich selbst abwesend ist. Dem Ersten ist hell zumute, der Zweite tappt blind im Kreis herum. Für den Ersten wird das Leben zu einem wunderbaren Geschenk, für den Zweiten ist es Last und Bürde. Der Erste hat eine feine Nase, eine gute Intuition für richtige Initiativen und Entscheidungen, der Zweite sieht nicht über seine Nase hinaus. – Durch die Erfahrung spürend bewusster Zentrierung kam der Lastwagenfahrer seiner Bestimmung, nämlich der Übereinstimmung mit dem, was seine wesentlichen Bedürfnisse ausmachte, näher. Es gelang ihm, den Beruf, der ihm lag, mit dem Bedürfnis nach einer Partnerschaft zu verbinden. Solche förderlichen Verbindungen signalisieren, dass wir uns auf der Spur der eigenen Berufung bewegen.

Heldenerzählungen in Religionen, Mythen und Märchen bleiben so lange bloße Geschichten einer unerfüllbaren Sehnsucht, als wir keine Brücke zu unserem gewöhnlichen, banalen Alltag zu schlagen imstande sind. Vom Helden heißt es, dass er die prosaische Welt des gemeinen Tages verlässt und einen Bereich übernatürlicher Wunder aufsucht, dort fabelartigen Mächten begegnet und einen entscheidenden Sieg erringt. – Dieser Bereich erschließt sich nur dem, der sich von nicht änderbaren äußeren Tatsachen unabhängig macht und nach innen geht, das heißt im fortwährenden Spürkontakt mit sich selbst den Kampf gegen die Dämonen der Ängste und hemmenden Vorstellungen, die ihn bisher gelähmt haben, aufnimmt und besteht. Der Tänzer Schiwa muss nur einen einzigen Dämon besiegen, nämlich den der Unachtsamkeit. Auf diesem stampft er seinen kosmischen Tanz der Zerstörung und Schöpfung. In der Tat werden alle anderen Dämonen, unter deren Herrschaft wir leiden, aus diesem einen geboren. Die ausschließliche Achtsamkeit für das, was wir gerade sind und tun, erschließt uns den Bereich des Wunderbaren: Im Kleinen und Großen werden wir erfinderisch und schöpferisch. – Weiterhin heißt es im Mythos, dass der Held nach diesem entscheidenden Sieg von seiner geheimnisvollen Fahrt mit der Kraft zurückkehrt, seine Mitmenschen mit Segnungen zu versehen. – Ebenso strahlt der gewöhnliche Held mit der außergewöhnlichen Leuchtkraft, die der inneren Zentrierung eigen ist, in die Alltagswelt aus und wird hier auch für andere zum Segen und Wunder. Auch der gewöhnliche Held ist einer, der sich mit seiner Berufung auf Größeres hin loswird und seinen speziellen Platz im Groß-Raum der Gesellschaft einzunehmen weiß.

Wie in der Geschichte des LKW-Fahrers verdeutlicht, fängt die Heldenreise mit einer Krise an. Mitten in dieser meldet sich die Sehnsucht nach etwas Außer-Gewöhnlichem: einer Lösung, durch die wir unserer Berufung, dem, was in uns wesentlich zur Entfaltung angelegt ist, näher kommen. »Diese Berufung kann von außen als Einladung oder Vorschlag von jemandem anderen kommen« – wir erinnern uns an den Würstchenverkäufer!- »oder in der Form einer inneren Stimme. In beiden Fällen sagt sie: ›Es könnte mehr am Leben sein als das, was du lebst‹ .«[9] In ihren Zielen sind die Berufungen von Mensch zu Mensch verschieden, doch in dem, was das Hören auf die Stimme der Berufung ermöglicht, sind sich alle gleich. Dies darzulegen, habe ich mit meiner letzten Geschichte versucht.

Es gibt Phasen, in denen wir den Kontakt mit unserer Berufung – mit dem, was wir aus innerer Bestimmung leben müssen – verlieren. Manchmal finden wir dann in Träumen die Kompassnadel wieder, die wir aus dem Blickfeld verloren haben. – Nach einer mehrjährigen Trennung hatte ein Mann wieder zu seiner Frau zurückgefunden, und die Ehe der beiden füllte sich mehr denn je mit Glück und Zufriedenheit. Im Laufe der nun folgenden Jahre merkte er kaum, dass er anderes, Wichtiges aus seinem Leben ausschloss, zum Beispiel notwendige berufliche Außenkontakte oder die Verbindung mit einer außerehelichen Tochter und deren Mutter, vielleicht aus Angst, das in seiner Ehe und Familie Wiedergewonnene erneut zu gefährden. Eine schwere gesundheitliche Krise – ein großer Tumor zwischen Herz und Lunge – deutete er selber als Stauung seiner Lebensenergie, die nicht frei überall dahin floss, wo es sie hinzog. In dieser Situation träumte er von einem großen, wunderschönen Haus – sein vorzüglich eingerichtetes jetziges Leben mit Frau und Kindern –, in dem plötzlich zwei unerwünschte, mit Messer und Pistole bewaffnete Eindringlinge auftauchten und sich so benahmen, als wären sie hier zu Hause. Noch verstand der Träumer ihre Botschaft nicht: Etwas »von außen« gehörte auch zu ihm! Deshalb betrachtete er die beiden ausgegrenzten »Hausgenossen« als Einbrecher. Da ließ einer von den beiden einen Gegenstand fallen – das Verdrängte – und der andere, etwas freundlichere, hob ihn wieder auf: eine Vorwegnahme dessen, was im Traum später geschah, nämlich die erforderliche Öffnung zum noch Unbekannten hin. In dieser Geste des Aufhebens erkannte der Träumer den zweiten Eindringling als einen früheren Arbeitskollegen wieder. Dieser Moment war der eigentliche Umschlagspunkt im Traum. Der plötzlich vertraute »Arbeitskollege« – den es als solchen in der Tageswirklichkeit nie gab – wurde schon im Traum mehr und mehr zum Leitbild der wieder gefundenen Berufung. Der Augenblick, in dem sich diese Gebärde ereignete, war für den Träumer unerhört intensiv und bedeutsam, gefüllt mit religiöser Ergriffenheit. Im Traumtext, den er mir schriftlich zur Verfügung stellte, beschrieb er die Geste folgendermaßen: »Während er – der Eindringling – sich bückt, liegt sein Gewicht auf dem rechten Bein, die rechte Hand langt nach unten, während die linke Hand nach oben geht und geöffnet ist.« Im Wachzustand führt der Träumer nun diese als rituell empfundene Gebärde aus und verweilt darin tief bewegt. Es zeigt sich, dass die beiden Arme gemeinsam eine Vertikale bilden, eine Verbindung von oben und unten, von Himmel und Erde. Vom Boden hebt er auf, was er vom Himmel empfängt. »Die Vertikale ist meine einzige Sicherheit«, erklärt der vor einem lebensgefährlichen Eingriff – operative Entfernung des erwähnten Tumors – stehende Träumer. Was in der Gebärde zudem auffällt, ist die gerade Linie, die Rücken und Gesäß in der Horizontale bilden: die »horizontale« Verbindung mit der Außenwelt. Als Ganzes gesehen ist es das Bild eines Kreuzes, der gelungenen Orientierung in Welt und Leben, mit der jetzt notwendigen, deutlich stärkeren Betonung der Vertikale. Während der Mann in der Gebärde bleibt, steigert sich seine Ergriffenheit: Es geht offensichtlich um eine heilsame, die ihm jetzt wesentliche Gebärde, und ihre spürende, aufmerksame Ausführung macht ihn bereit, das im Traum nun Folgende auch existenziell, mit bewusster Verantwortung zu vollziehen. – Nebenbei sei bemerkt, dass diese Gebärde an eine bekannte Yogastellung erinnert, der »Trikonasana« – Dreiecksstellung, die nicht nur körperliche Stärkung des Rückgrates und der Nerven, sondern auch seelische Aufrichtigkeit, Selbstständigkeit und Unabhängigkeit durch die gradlinige Verbindung der Arme und Hände zwischen Himmel und Erde bewirken soll, also Qualitäten, die in der Nachfolge der eigenen Berufung unerlässlich sind. – Einen kleinen, aber bedeutsamen Unterschied weist die Traum-Gebärde zur erwähnten, verwandten Yogastellung auf: Die linke Hand ist nach oben gleich einer Schale zum Empfangen geöffnet: Die Erfahrung des Wunderbaren hängt mit der aktiven Demut zusammen, die in diesem Detail zum Ausdruck kommt: nehmen, was immer auch kommen mag.

Nach einigen Ausweichmanövern des Träumers gelangt der Traum schließlich zu seinem Schluss, den der Mann so beschreibt: »Später gehen wir (das heißt er und die beiden Eindringlinge) gemeinsam durch das Tor (das er geöffnet hat) hinaus, und ich begleite die beiden zurück zu ihrer ursprünglichen Arbeit und Aufgabe. Hier werden sie freudig empfangen.« – Auch die umgekehrte Formulierung wäre richtig: Die beiden begleiten ihn zu seiner ursprünglichen Aufgabe. Der Traum weist ihm den geheimnisvollen Weg seiner jetzigen Berufung.

Träume sind seelische Gebilde, die nie einwand- und zweifelsfrei übersetzt werden können. Die Einfälle des Träumers betrafen alle die »Horizontale«, nämlich die zweifellos erforderliche Wiederaufnahme der erwähnten lange vernachlässigten Außenkontakte. Doch entsprach die Energieladung in diesen »horizontalen« Einfällen bei weitem nicht der ungeheuren Intensität in der Vertikale der beschriebenen Gebärde und in dem mit starker innerer Bewegung ausgesprochenen Satz: »Die Vertikale ist meine einzige Sicherheit«. Noch sträubte sich etwas in ihm, vom Boden aufzuheben, was nichts mehr mit alltäglichen Verdrängungen, mit wieder aufzunehmenden Tätigkeiten zu tun hatte, sondern nur Mitvollzug des von oben Empfangenen war. Die »horizontalen« Einfälle wirkten auf mich einseitig vernünftig und unterkühlt sachlich. Damals – vor der Operation, also auch bevor einige Zeit später im Körper des Mannes Metastasen festgestellt wurden – stellte ich mir die Frage, ob der Raum außerhalb von Tor und Mauern nicht auch noch etwas anderes meinen könnte als nur den Einsatz für zu erledigende Aufgaben in der Außenwelt. Wurden im alten Rom extra muros nicht die Toten begraben? – Auf jeden Fall spürte ich im Traum das sich vorbereitende Einverständnis mit dem Bevorstehenden, was immer dieses beinhalten mochte. Gegen Schluss dieses Buches werde ich einen weiteren Traum des gleichen Mannes, mit dem ich persönlich sehr verbunden bin, in einem fortgeschrittenen Stadium seiner

Krebserkrankung wiedergeben. Er wird die von mir gestellte Frage beantworten.

Der Weg in die eigene Berufung führt an Orte, wo wir uns noch nie aufgehalten haben. Dann erleben wir ihn als besonders wunderbar. Woher stammt die Orientierung in diesem fremden Land? Von einer Landkarte, die in der menschlichen Anlage eingezeichnet ist und die sich jeder mit Furcht und Hoffnung erschließen muss, als wäre er der erste und zugleich »der letzte Mensch«[10]: der Einzige. Wo es um die eigene Berufung geht, können wir keine Stellvertreter einsetzen. Warum sind wir diesen Weg noch nie gegangen? Vielleicht nur deshalb, weil wir bisher »noch nicht so weit« waren, vielleicht auch, weil frühe Verlassenheit unseren Fuß gelähmt und am Weitergehen gehindert hat.

Diesen Weg beschreitet eine Frau um die fünfzig in einem klar strukturierten Traum. Es geht darin sowohl um die spezifische soziale Aufgabe der Träumerin im Ganzen der Gesellschaft – so wird das Wort Berufung im engeren Sinne verstanden – als auch um die individuelle Verwirklichung des Eigenen in ihr; doch kann auch diese nicht ohne Bezug zum größeren sozialen Ganzen, in dem sie geschieht, gesehen werden. Es scheint mir sinnvoll, in dieser wie auch in meinen anderen Geschichten, den Akzent abwechselnd auf die Berufung als soziale Aufgabe und dann wieder auf die Berufung als Entfaltung des Eigenen zu legen. Beide gehören zusammen, wie wir aus der gleichzeitigen Bezogenheit der Träumerin zu inneren und äußeren Figuren im Traum ersehen können.

Den Traum hat die Frau mit Hilfe einer Gruppe als Ritual inszeniert. Dieses führte zwar vom Ablauf her gesehen nicht weiter als der Traum selbst, doch tauchten dank der Intensität der Inszenierung im Anschluss an jede der fünf Etappen sofort und mühelos die stimmigen Einfälle, die passenden Deutungen auf, die der Träumerin vor Beginn des Rituals noch verschlossen waren: eine Eigenschaft jedes mit Spürbewusstsein vollzogenen »Spontanrituals«. Der Traum spiegelt einen »beispielhaften«, archetypischen, also auch für Sie, meine Leserinnnen und Leser, bedeutsamen Ablauf wider. Daher gebe ich ihn vollständig wieder, so wie er von der Träumerin aufgeschrieben wurde, und ergänze jede Etappe durch die im Verlauf der Inszenierung erfolgten Einfälle und Deutungen.

»Ich sehe vor mir in einer Längsachse Kreise in unterschiedlicher Größe – eine Reihe, die sich im Laufe des Traumes aufbaut. – Am weitesten von mir entfernt sehe ich einen einzelnen, runden Stein mit glatter, fast golden glänzender Oberfläche.« Im Ritual erblickt die Träumerin den mit Leuchtkraft und Energie aufs intensivste geladenen runden Stein nicht mehr als äußeres Bild aus sicherer Distanz, sondern findet sich direkt an dessen Ort vor. Er ist geheimnisvoll und wunderbar. Sie tritt mit dem Stein in Kontakt, auch wenn sie stellvertretend für ihn »nur« ein Kissen nimmt. Sie berührt ihn mit langsamen, sorgfältigen Streichelbewegungen, mit zärtlichen, umfangenden Gebärden. Der anfänglich harte und kühle Stein wird für ihr Spüren allmählich weich und warm: die Wirkung ihrer Zuwendung zu ihm. Geschautes Licht wandelt sich zur gespürten Wärme, goldener Glanz der Oberfläche zur Energiequelle aus der Tiefe. »Das bin ich, meine eigene Geschichte, fest und lebendig. Der Stein ist von innen heraus schön«, sagt die Frau, während sie den Stein weiter umfasst und streichelt, sodass sie ihm zu Eigen werden kann. In diesem Stein ist alles in den folgenden Traumphasen Entfaltete bereits eingefaltet. So spricht sie das Programm des Traumes klar aus: »Ich bin im Einverständnis mit meiner Lebensgeschichte« – ein wahres Wunder angesichts ihrer bisherigen Revolte. Im Einverständnis mit dem nicht mehr Änderbaren zu sein, ist Weisheit: Der runde Stein des Traumes wandelt sich zum »Stein der Weisen«, und sein goldener Glanz zum »nicht gewöhnlichen Gold«, das heißt zum innerlich erlebten höchsten Wert; so gebe ich die Erfahrung der Fünfzigjährigen in der Sprache der mittelalterlichen alchemistischen Symbolik wieder. Dieses Einverständnis macht selbst die niederdrückendste Lebensgeschichte zu einem wunderbaren Schoß, einem lebensträchtigen Geheimnis: eine Einstellung, die in der Frau bisher unbekannte Kräfte freisetzt.

Und hier die zweite Etappe des Traumes: ›Danach sehe ich einen eher kleinen Kreis, der aus vier runden Steinen gebildet ist.« Wiederum begibt sich die Träumerin mit einigen klaren Schritten leiblich in das Bild hinein, sodass dieses als solches verschwindet und das bloß von außen Geschaute zum unmittelbaren Erlebnis wird. Sofort ist ihr klar: Jeder der vier Steine ist ein Glied ihrer gegenwärtigen Familie – gegenwärtig in ihrem Inneren, denn von ihrem Mann lebt sie schon lange getrennt, und ihre beiden Töchter sind erwachsen und ausgeflogen. Die innere Verbindung bleibt: auch die drei »fremden« Teile gehören zu ihr, nicht nur durch das gemeinsam Durchlebte, sondern über dieses hinaus als Bilder vorgegebener, also vor-biographischer eigener Teile: Das »innere Gruppenbild« der weiblichen Psyche zeigt sich in Träumen manchmal zusammengesetzt aus drei weiblichen – hier die Träumerin und ihre beiden Töchter – und einer männlichen Figur – hier ihr früherer Mann. Letztere Deutung kam nicht von der Träumerin selbst. – Das Einverständnis auch mit der Geschichte ihrer Ehe und Familie, inszeniert durch die Wahl von drei Gruppenteilnehmern und die Auseinandersetzung mit ihnen – zwei Frauen für ihre Töchter und einem Mann für ihren früheren Partner – setzt sie in Kontakt mit ihrer weiblich-männlichen Komplexität: eine erste Ausfaltung des in ihr Eingefalteten. Dieses zweite Einverständnis fällt ihr leichter als das nun folgende dritte.

»Darauf folgt ein großer Kreis, gebildet aus runden Steinen.« – Nachdem sie sich auch in dieses Bild mit klaren Schritten hineinbegeben hat, wandeln sich die Steine schnell zu lebendigen Gestalten: Sie »weiß« einfach: »Das ist meine erweiterte Familie, zu der auch die Enkel und Schwiegersöhne gehören. Es fällt mir schwerer, sie alle in mein Leben einzubeziehen. Ich habe sie ja schließlich nicht selbst gewählt. Die Öffnung in diesen größeren Kreis hinein macht mich unsicher. Das Einverständnis mit ihm würde auch das Einverständnis mit seinen Konflikten bedeuten.« – In jedem Menschenleben gibt es nicht frei gewählte, familiäre und berufliche Beziehungen. Sie sind uns einfach zugeteilt und entziehen sich unserer Kontrolle. Wir können sie als unser soziales Schicksal bezeichnen. Das entsprechende Einverständnis fällt besonders solchen Menschen schwer, die in ihrer Biographie viel Unberechenbares, viel Ungerechtigkeit erduldet haben. Und doch ist es eine Etappe auf dem Weg jeder Berufung.

Vielleicht beginnen Sie zu ahnen, warum ich in diesem speziellen Buch nicht Carl Gustav Jungs Begriff der Individuation, sondern die religiöse Bezeichnung Berufung verwende: Das uns vom unergründlichen, geheimnisvollen »Schicksal«, vom »Zufall«, von »Gott«, wie immer wir es nennen, einfach Zugesprochene, Zugeteilte wird durch das Wort Berufung zum Erlebnis. – Durch das leibliche Dasein auch in diesem Kreis durchbricht die Frau nach und nach frühere defensive Grenzsetzungen und erlebt sich als Teil dieses größeren, sozialen Organismus, den sie nicht kontrollieren kann. Solche Erfahrungen eines sozialen »Leibes« sind mit strömenden Gefühlen von Stimmigkeit und Glück verbunden. Die Angst vor Verletzungen schmilzt dank der wach spürenden Aufmerksamkeit auch in unsicheren und unklaren Verbindungen. So wird sie im Ritual bereit, den nächsten Kreis ihres Traumes zu betreten: ihr vierter Schritt.

»Dann bildet sich ein Kreis aus Menschen, an dessen Zustandekommen ich maßgeblich beteiligt bin, wenngleich ich mich zugleich wehre, integriert zu werden. Nichtsdestoweniger bin ich Teil des Kreises.« – Wiederum wählt sie Gruppenteilnehmer zur Bildung des neuen Kreises. Schnell wird klar, dass dieser nicht nur einen äußeren, sondern auch einen inneren Kreis bedeutet: Jeder der ausgesuchten Freunde und Bekannten verkörpert auch einen Teil von ihr selbst, zum Beispiel eine junge Teilnehmerin ihren eigenen jugendlichen Aufbruch in eine neue Lebensphase, eine andere ältere Teilnehmerin ihr Gefühl, sich in einer Sackgasse zu befinden, ein gut aussehender, geschmackvoll gekeideter Mann ihren Sinn für Ästhetik und ein anderer politisch engagierter Mann ihr eigenes politisches und soziales Engagement. – Nun versucht sie, sich ebenfalls auf die Kreislinie zu begeben. Das gelingt ihr schwer: Einmal steht sie ein bisschen außerhalb, dann wieder etwas innerhalb des Kreises. Dadurch, dass sie ihr Schwanken und Zaudern merkt, wird der bereits in der vorigen Etappe aufgetauchte Konflikt für sie erlebbar: zwischen dem Bedürfnis, einfach Teil eines größeren sozialen Ganzen zu sein und der Angst, sich dabei selber aus dem Gespür zu verlieren. Während sie ein wenig hin und her trippelt, intensiviert sich ihr Spürbewusstsein. Die Angst wird kleiner, und sie nähert sich dem klaren Platz auf der Kreislinie. – Zum Gesamtbild dieses Kreises gehört noch das nun Folgende; es macht den genannten Konflikt einfühlbarer und wird den Anstoß zum entscheidenden Schritt des Rituals geben.

»Zugleich sehe ich mich mit einem Mann in inniger Aufeinander-Bezogenheit, uns gegenseitig umfangend, in der Mitte des Kreises sitzen; mein Kopf ruht auf seiner Schulter.« – Das ist die eigentliche Schwelle des Rituals. Im Traum sieht sie einfach, dass es geschieht. Solange wir uns selbst von außen zuschauen, wie es im Traum der Fall ist, können wir zwar vielleicht unsere Probleme intellektuell lösen, – aber wir identifizieren uns nicht leibhaftig mit der Lösung. Dem existenziellen Vollzug des Begriffenen sind wir keinen Deut näher gekommen. Im Bereich der Bilder zu bleiben, ist die Versuchung der Träume nach dem Erwachen: das Leben ein Film, und wir gehen schließlich leer aus – einmal abgesehen vom Rausch der Bilder. Deshalb gehört von alters her zum Traum das Ritual: der existenzielle Vollzug des Geträumten in Verbindung zu momentanen Notwendigkeiten.[11] Hier geht es um die spürende Öffnung zur weiblich-männlichen Polarität hin, sowohl im Außenbereich der Beziehungen als auch im Inneren: anstelle des Kampfes gegen den Mann und die eigenen männlichen Anteile deren Einbezug. Durch den solidarischen Kreis der frei gewählten Freunde und Bekannten, alle in der gleichen mann-weiblichen Polarität, wird dieser erleichtert, bleibt aber der eigentliche Knackpunkt: Wie im klassischen Drama hält uns die lange Ver-zögerung vor der letzten Schwelle in Spannung: das Zögern der Träumerin, ob sie die Schwelle auch im Wachzustand aus freier Entscheidung überschreiten soll. Zuerst spielt sie mit dem Gedanken, sich alleine in die Kreismitte zu begeben, geht es doch um einen inneren Weg. Doch je länger sie spürend mit sanft wiegenden Bewegungen auf der Kreislinie ausharrt, desto deutlicher merkt sie, dass sie durch dieses Gedankenkonstrukt der Intensität des Gemeinten ausweicht. So begibt sie sich schließlich mit einem von ihr gewählten Mann in die Kreismitte und legt wie im Traum den Kopf auf seine Schulter. Die Gebärde verstärkt zunächst wieder den vorigen inneren Kampf. In schneller Folge geht es hin und her zwischen Verkrampfung und Entspannung. Die eingefleischten Leiberinnerungen an schlimme Erfahrungen mit Männern und dem Männlichen, an Vertrauensmissbrauch und Kränkung, erschweren ihre Hingabe an diesen Augenblick. Schon aus dem Traum ist sie mit Verkrampfungen in den Beinen aufgewacht, Auswirkung ihres Konflikts zwischen den Impulsen des Flüchtens und Bleibens. Dank der Ausdauer im Spüren und bloßen Registrieren der widersprüchlichen Impulse überwiegt nach und nach die Entspannung, das heißt das innere Einverständnis auch in diesen letzten Schritt ihres Traumes. Doch ist es kein Happy End, kein rundum geschlossenes Resultat. Wie leicht wird sich später einmal das Bild der Frau, die ihren Kopf auf die Schulter des Mannes legt, in ein anderes Bild wandeln, das die gleichberechtigte tantrische Verbindung von Frau und Mann in gemeinsamer Umarmung und mit einer klaren, freien Distanz der beiden Köpfe spiegelt. – Der letzte, fünfte Schritt, die Quintessenz des Rituals, ist also bloß eingeleitet, aber immerhin: Mit der Kompassnadel ihrer Berufung ist die Frau jetzt identisch.

Zum Kapitelschluss einige Worte zur Frage, was Berufungen in unserer Zeit von solchen im alten Judentum zur Zeit der Propheten unterscheidet. Meine Antwort leitet zum nächsten Kapitel über, in dem es um die integrierende Kraft der Liebe gehen wird. – Weil das Wort Berufung aus dem jüdisch-christlichen Selbstverständnis stammt, ist die Unterscheidung doppelt angebracht. Wenden wir uns zunächst der Berufung des Propheten Elia zu, der im Zusammenhang mit einer Totenerweckung in meinen Ausführungen bereits einmal den Protagonisten spielte. Wie die anderen Propheten ist auch er Kämpfer für den einzigen Gott Jahwe, setzt sich für dessen eindeutige Gebote ein, unnachgiebig für alle, die mit der sinnenoffenen polytheistischen Naturreligion des Baal liebäugeln. Um Elias Berufung zu verstehen, wenden wir uns kurz der Baal-Religion zu. In ihr, wie heute noch zum Beispiel im Hinduismus, spielt der polare Austausch zwischen dem Männlichen und Weiblichen die zentrale Rolle. Die Symbolik ist eine ähnliche wie in allen Naturreligionen der Erde. Baal ist der Gott des Himmels, der den Regen, seinen Samen, in die Göttin der Erde ergießt. Wenn die Blumen blühen, die Hügel sich mit Grün bekränzen, feiern Himmel und Erde, Baal und seine Gemahlin, die auch seine Schwester ist, den »Hieros Gamos«, die Heilige Hochzeit, und versichern sich gegenseitig ihrer Treue. In Zeiten der Trockenheit dagegen ist Baal in der Unterwelt gefangen. Seine Gemahlin steigt aus der Kraft ihrer Liebe zu ihm herab, führt ihn heraus und lässt sich von ihm erneut begatten: Ewiges Wechselspiel, immer währender Kreislauf zwischen den beiden kosmischen Polen. – In solcher Religiosität ist der Mensch ganz und gar Teil der vegetativen Natur, eingebettet und gefangen in ihren Zyklen. In seiner geistigen Natur und als Einzelner tritt er noch nicht in Erscheinung. Baal ist ein menschenfressender Gott, der das Aufkeimen von Individualität verschlingt. Wie das vorminoische Kreta und die präkolumbianische Religion der Azteken kannte auch die Religion des Baal das Menschenopfer. Angesichts dieser für uns schwer nachvollziehbaren Grausamkeit dürfen wir dennoch nicht vergessen, dass wir tatsächlich Teil des großen zyklischen »Stirb und Werde« sind, das sich unserer individuellen Verantwortung entzieht und über das wir keine Verfügungsgewalt haben. Die Naturreligion des Baal vertritt eine wichtige, ewige Wahrheit, einseitig zwar, doch auch die Antwort des jüdischen Monotheismus auf sie war eine einseitige Wahrheit.

In diesem geschichtlichen Zusammenhang taucht der Prophet Elia auf. Es ist nicht zufällig, dass gerade eine

Frau, dem Vegetativen und Zyklischen nahe, seine erbittertste und gefährlichste Feindin ist: die Königin Isebel, Gattin des israelischen Königs Ahab. Elia, der Verteidiger eines streng männlichen, geistigen, gesetzorientierten Monotheismus, verteufelt Baal, die Vergöttlichung der vegetativen Natur: Das Wort Beelzebub für Teufel stammt wahrscheinlich von Baal: Baals Bub. Die Berufung des Elia entspringt also einer kämpferischen, fanatischen Parteinahme. Geschichtlich gesehen ist sie sicherlich notwendig: Antithese zur unbewusst in sich kreisenden Naturreligion Kanaans zu sein, Botschafter des absoluten, oberen Gottes, der Entscheidung und innere Umkehr fordert und deshalb menschliche Freiheit erfahrbar macht. Wie später Jesus in seiner Brandrede vom Jüngsten Gericht zieht auch Elia eine scharfe Trennungslinie zwischen dem Guten und Schlechten, dem Hellen und Dunklen, weit entfernt von Yin und Yang im chinesischen Taoismus, wo sich das Helle und Dunkle miteinander in einer Fließbewegung der Wandlung befinden – wo mitten im Hellsten ein dunkler Keim und mitten im Dunkelsten ein heller Keim erscheint. Elias geht es nicht um Vereinigung, sondern Trennung der Gegensätze. Eine paranoide Grundstimmung überschattet den Monotheismus der Propheten. Gott ist ein Kriegsgott, der täglich droht. Will man sich nicht zu ihm bekehren, so hat er sein Schwert gewetzt, seinen Bogen gespannt und zielt.

Die magische Kraftprobe mit den 450 Propheten des Baal endet mit Elias Sieg: Das Feuer des Herrn kommt herab und verzehrt sein Brandopfer. Die Propheten des Baal haben vergeblich mit stundenlangem Geschrei und blutigen Selbstverwundungen um Feuer gebetet. Elia spottet, Baal befinde sich wohl gerade auf dem Abort – das ist die wörtliche Übersetzung. Dann lässt er die Baalpriester ergreifen und am Bach Kishon abschlachten. – Es liegt in der

Logik dieser Polarisierung, diesem Auseinanderbrechen der Gegensätze, dass nun wiederum er, Elia, von Isebel verfolgt wird. Er gerät in Angst und flüchtet in die Wüste, um sein Leben zu retten. Hier wünscht er sich den Tod. Dabei macht er eine einmalige mystische Erfahrung, in der sich sein kämpferischer Fanatismus für eine begrenzte Zeit in Nichts auflöst. Wir werden uns ihr gegen Ende des Buches öffnen.[12]

So wirkt die absurde, paranoide Logik aller Kriege durch die Menschheitsgeschichte. Zwar ist Letztere ohne parteinehmende, antithetische Berufungen wie die des Elias bisher kaum vorstellbar. – Doch zeichnet sich heute vielerorts ein neues Verständnis von Geschichte und Berufung ab: Ihr Gegenstand ist bei allen dialektisch notwendigen unterschiedlichen Akzentsetzungen die Ermöglichung von verbindender Resonanz. Dies hängt zweifellos mit der komplexeren Erfahrung des Einzelnen von sich selbst und der Gesellschaft, einer Erfahrung, in der Gegensätze miteinander in Beziehung gebracht werden, zusammen, wie auch mit den Bedürfnissen einer »vernetzten Welt«.

In der Kunst wurde diese neue, grenzüberschreitende Selbst- und Welterfahrung mit der Idee des Gesamtkunstwerkes eingeleitet. Kunst geht der Politik und Psychologie voran. In ihr kommt symbolisch zum Ausdruck, was geschichtliche Realität werden will und oft auch wird. Berufung nicht mehr im Sinne eines parteinehmenden Kämpfertums, sondern der Verdeutlichung von Entsprechungen und Verbindungen wird im Gesamtkunstwerk vorweggenommen. – Die Wortprägung Gesamtkunstwerk geht auf Richard Wagner zurück. Er verstand darunter seine Vision der Vereinigung der Künste »im Kunstwerk der Zukunft«. – Von der künstlichen Aufsplitterung des künstlerischen Ausdrucks in der Aufklärung setzten sich aber schon die

Romantiker ab. Deren Programmatik des Gesamtkunstwerkes – allerdings taucht der Begriff bei ihnen noch nicht auf – beginnt in der zweite Hälfte des 18. Jahrhunderts und wird in der Philosophie des Deutschen Idealismus im 19. Jahrhundert, vor allem bei Schelling, verstärkt. Das sind die geistigen Wurzeln fast aller künstlerischen Gesamtkonzeptionen vom späten 19. Jahrhundert bis in die Gegenwart. Den Anfang macht der Jugendstil in seinem Verlangen nach umfassender ästhetischer Gestaltung des Alltags. Am bisherigen Ende steht die »soziale Plastik« von Joseph Beuys, die Erweiterung des traditionellen Kunstbegriffs auf die sozialen, politischen, psychologischen Belange, die Einheit von Kunst und Leben. Das ist gemeint, wenn in der Gegenwart von Gesamtkunstwerk gesprochen wird.

In diesem Zusammenhang bewegt sich auch meine Auffassung von Berufung. Rilkes glühend nüchterne Feststellung in »Archäischer Torso Apollos« »du musst dein Leben ändern« ist gleichzeitig ästhetischer und ethischer Art. Sie ist das verbindliche Einverständnis in das Wunderbare einer neuen Verbindung. Auch im banalen Alltag wird das Aufblitzen eines isolierte Einzelheiten übergreifenden Bogens als eine uns rufende, berufende Offenbarung erlebt; erinnern wir uns an die Verbindung von Beruf und Partnerschaft in der gewöhnlichen Geschichte des Lastwagenfahrers. Diesem Vorgang zugrunde liegt eine neue Art von Wahrnehmung, die vereint, was vorher getrennt war, und die zu neuem schöpferischem Handeln auch im sozialen Raum führt. Ihr Grundgefühl ist das der Entsprechung, Stimmigkeit und Resonanz. – Unser Leben – ein gelingendes Gesamtkunstwerk: das Bild nicht mehr eines künstlich isolierten Individuums, sondern des Einzelnen im organischen Ganzen von Gesellschaft und Politik. Nicht Amokläufer einer monomanen Idee sind heute die Berufenen, auch nicht kühl berechnende Kommunikatoren, sondern die von einer bestimmten Verbindung durch Resonanz Ergriffenen, einer Verbindung, für die sie Talent haben und vor allem Hingabe aufbringen. Das Wunder solcher Ergriffenheit geschieht nicht, ich habe es betont, im Außergewöhnlichen, sondern durch die aus-dauernde Präsenz im Gewöhnlichen.

In seinem »Gedicht an die Dauer« schreibt Peter Handke: Dauer wird nur möglich, »wenn es gelingt,/ bei meiner Sache zu bleiben/ und dabei behutsam zu sein,/ aufmerksam, langsam,/ voll Geistesgegenwart bis in die Fingerspitzen.« – Die »Geistesgegenwart« äußert sich »in dem Bewusstsein einer Verbundenheit/ (und sei es bloß Einbildung)./ Diese Sache, sie ist nicht groß,/ nicht besonders, nicht ungewöhnlich, nicht übermenschlich«.[13]

Solange ich »bei meiner Sache bleibe«, befinde ich mich im Einverständnis mit dem Wunderbaren. Der Ruf, die Berufung, ertönt immer klarer und eindeutiger aus dem intensiven Dabeibleiben, aus dem Dasein im fließenden Augenblick.

3
Liebe

Welch ein Paradox: Wer sich selbst im Auge hat, leuchtet nicht; wer über sich selbst nachgrübelt, begreift nichts; wer die Regungen des eigenen Körpers belauert, spürt nur Beunruhigendes; wer in erster Linie etwas für sich will, verliert das meiste; wessen Sinn sich darauf richtet, möglichst viel zu bekommen, geht leer aus; wer nur sich »liebt«, liebt auch sich nicht! – Die Grundhaltung bei alledem ist defensiv: Verteidigung gegen eine äußere Bedrohung, sei diese real oder »nur« in der Vorstellung. Oft charakterisiert sie gerade solche Menschen, die meinen, alles für die anderen und nichts für sich selber zu tun, auch wenn von außen gesehen eher das Gegenteil zutrifft. Ihr Problem liegt meist woanders, nämlich darin, dass es ihnen schwer fällt, zentriert und ausdauernd mit dem identisch zu sein, was sie gerade tun, denken, fühlen, geben oder bekommen. Daher, nicht weil sie, wie sie meinen, nur andere fördern und sich selbst zurücknehmen, rührt ihr Gefühl, immer zu kurz zu kommen.

Was tatsächlich zu kurz kommt, ist ihre offene, klare, flüssige Aufmerksamkeit. Trugschluss ohne Ende: das ständige Bemühen, sich gegen vermeintliche Forderungen von außen abzugrenzen, um Selbstbewusstsein und Selbstvertrauen, einen gesunden Egoismus zu entwickeln, vielleicht auch Trennung von jenen Menschen, die solche Forderungen angeblich verkörpern, und dennoch: Unzufriedenheit und Unbehagen bleiben bestehen. Allmählich wird die Zerstörungswut zur Entmachtung vermeintlich äußerer Störfaktoren zur Sucht: immer noch mehr Abgrenzung, Trennung, Selbstverteidigung gegen scheinbar äußere Hindernisse zur Selbstverwirklichung. Eine Geschichte, die nie ein Ende, nie eine Lösung finden wird, weil sie am falschen Punkt ansetzt.

Der psychologische Jargon – eine grassierende Verbalepidemie unter anderem in Selbsterfahrungsgruppen – verrät diesen Trugschluss, zum Beispiel das verbreitete Sätzlein: »Ich muss jetzt für mich sorgen!« – Warum denn: »Ich *muss*« und nicht einfach: »Ich sorge jetzt für mich« oder noch einfacher ein entsprechendes Handeln, das keiner Worte bedarf? – Der defensive Zwang zeigt, dass im Moment, da dieses Sätzchen ausgesprochen wird, die Aufmerksamkeit nach außen, auf eine Infragestellung der Sorge um sich selbst durch andere gerichtet ist. In der Fixierung auf die Bedrohung von außen verschwindet das lustvolle Spüren der eigenen Lebensenergie. Mit dem Selbstimperativ »Ich muss« meinen wir etwas für uns zu tun. In Tat und Wahrheit jedoch treten wir unsere natürliche Mächtigkeit an das Bild eines äußeren Bedrohers ab. Der Lebensfluss stockt aus Angst vor der Vorstellung eines Hindernisses. Die eigene Lebendigkeit ist ausgewandert und verdoppelt die Energie des »bösen anderen«. – Wenn professionelle Helfer, gefangen in dieser »égomanie à deux«, in die gleiche Falle tappen, dann nähren sie, vielleicht über Jahre, die sich selbst vergiftende Pflanze eines hilflosen Narzissmus, nicht nur bei den Unterstützung Suchenden, sondern auch bei sich selbst.

Das bereits beschriebene leibliche Sich-selber-Spüren ist nicht mit der Abwehrhaltung eines Menschen, der verzweifelt um die eigenen Fassung ringt, zu verwechseln. Es bedeutet beiläufige, kontinuierliche Selbstwahrnehmung im Fluss einer wachen, doch zeit- und selbstvergessenen

Hingabe an etwas, das jenseits der eigenen Ichgrenzen liegt, Hingabe an ein Du nicht als Gegensatz zum Ich, sondern an ein umfassendes Ganzes, das dich und mich umschließt, an die einzige authentische Identität, nämlich die polare einer pulsierenden Beziehung: Seit dem ersten Augenblick unserer Existenz *sind* wir Verbindung und Beziehung. »Sich ganz zu geben, ist der einzige Weg, sich ganz zu sein« (Erich Fromm). Wichtig dabei ist, die polare Spannung zwischen mir und dir, mir und der Welt in keinem Moment zusammenbrechen zu lassen, sie nie aus dem Gespür zu verlieren: Die polare Selbstunterbrechung macht das Wesentliche an jedem Selbstverlust, jeder Selbstverlorenheit aus. Mich auf das zentrieren, was jetzt in mir Resonanz auslöst, überbrückt das Phantom einer vermeintlichen Trennung zwischen mir und der Außenwelt.

Wer sich in Gegenwart anderer leicht aus dem Gespür verliert und deshalb ungewollt mit diesen identifiziert, neigt dazu, sich in einem immer engeren Lebenskreis einzumauern. Was tut ihm Not? In der Verbindung nach außen das Gespür für die eigene Lebendigkeit nicht bloß zu behalten – das würde immer noch Ambivalenz zwischen dem Bedürfnis nach Verbindung und der Abwehr gegen diese bedeuten –, sondern zu stärken. Wie kann das geschehen? Indem wir weder ganz beim anderen, noch ganz bei uns selbst, sondern ganz im vibrierenden Zwischen der Verbindung, also in etwas Drittem da sind – jeder auf seine individuelle Art. Dann wandelt sich das gequälte, enge »Ich muss« und auch das aus diesem Folgende, meist an den Partner gerichtete »Du musst« in das befreiende, wunderbare »Es ist«.

Wer dieses kennt, begreift sofort den Titel meines Buches. Ein wahres Wunder! Der Zwang, uns oder andere ändern zu müssen, fällt weg. Ich liebe so, wie ich in Gottes Namen eben gerade bin, jemanden, der ebenfalls so ist, wie er halt gerade ist. Innerhalb meiner Grenzen liebe ich dich innerhalb der deinen und verspüre nicht den geringsten Drang, mich oder dich anders haben zu wollen. Nur im Einverständnis mit meinen und deinen momentanen realen Grenzen erblüht das Wunder, dass diese sich ausweiten, vielleicht sogar auflösen. Liebe macht frei von Forderungen an mich und an dich. Und siehe da: In Freiheit, unbeabsichtigt, gleichsam als Nebenprodukt der Liebe, wandeln sich zwei Einzelne im gemeinsamen Fluss: Das, was wir früher gefordert haben, wird, weil wir es nicht mehr fordern, uns vielleicht einfach gegeben – wenn nicht, dann ist es auch gut. Warum denn Dinge von dir verlangen, mit denen ich, gerade weil wir uns lieben, vielleicht sogar selber fertig werden kann? Außerdem bist du ja nicht der einzige Mensch, dem ich nahe bin, zwar der wichtigste, aber nicht der einzige. Auch andere schenken mir durch ihr Sosein vieles, das der Partner mir einfach nicht geben kann. – Liebende wollen nichts: sie lieben.

Wenn wir uns in einer Arbeit selbst vergessen, ist es das Gleiche: Nie spüren wir unsere Lebendigkeit stärker als in der Hingabe. Ziele und Strategien klären sich, wir sind präsent und wach im Kampf um etwas anderes als uns selbst, nicht auf den Sieg, also die private Genugtuung eines in sich isolierten Ich und somit auf Gegnerschaft und Rivalität fixiert. Liebe bedeutet Hingabe an den anderen und das andere, in Beziehungen wie auch in der Erfüllung unserer Pflichten. Durch die Aufmerksamkeit für den anderen oder das andere – Partner oder Arbeit – bekommen wir uns selbst, wie nebenbei, geschenkt. Nur durch dieses Wunder erfahren, finden und verwirklichen wir uns selbst: Lebendigkeit als das Erleben von Gnade. Dies ist der Ort einer natürlichen, jedem Menschen vertrauten, konfessions- und inhaltslosen Religiosität.

Auch Sorge, Fürsorge für einen anderen Menschen kann Ausdruck von Hingabe sein. Dass sie manchmal zu Aufdringlichkeit, Grenzüberschreitung, Ersatzleben in anderen, zur Macht über Bedürftige verführt, relativiert diese Aussage nicht. Sorge, Fürsorge ist in ihrem gesunden Kern frei von solchem Missbrauch und entsteht in Resonanz mit einem Menschen, der jetzt, in einer besonderen, prekären und schwierigen Situation, etwa nach einer Trennung oder in einer schweren Krankheit, unsere Liebe dringend braucht. In der Gegenwart eines solchen Menschen, besonders wenn dieser nicht aus dem engsten Familien- und Freundeskreis stammt, reagieren heute viele mit dem zwar in anderen Fällen richtigen, doch hier unangebrachten, weil zur Abwehr eingesetzten gestalttherapeutischen Satz: »Das ist dein Problem«, und setzen dadurch ihrer Lieblosigkeit einen aufgeklärten Heiligenschein auf. Die anteilnehmende, respektvolle, stille oder tätige Sorge um einen Menschen in Not kann viel Trost und Hilfe geben und Entscheidendes zum Überschreiten einer Lebensschwelle beitragen. Wer dazu nicht fähig ist, wird auch im Verhältnis zu seinem Partner und seinen Kindern da, wo es besonders nötig wäre, in der Hingabe erlahmen. »Sonntagsliebende« gehören zu den erwähnten Egomanen. Der Werktag erstarrt in trennender Kälte.

Ich werde nun zusammen mit Ihnen, meinen Leserinnen und Lesern, meinen Erfahrungs- und Gesprächspartnern in diesem Moment, das nie ganz fassbare Geheimnis, das wir, zu Recht zögernd, Liebe nennen, umkreisen. Möge es sowohl an Tiefe als auch an Konkretheit gewinnen. Zuerst eine kleine Geschichte, die zeigen soll, auf welch widersprüchlichen Wegen verloren geglaubte Liebe sich Partnern wieder aufzwingen kann.

Am Fenster im dritten Stock eines römischen Hotels, das auf den Innenhof ging, bin ich vor vielen Jahren unfreiwilliger Zeuge des folgenden Geschehens geworden. Zunächst, noch im Bette liegend, höre ich aus dem links mit meinem Hotel zusammengebauten Haus ein sich in Wellen steigerndes, unerhört lautes Geschrei, in dem sich eine Frauen- und eine Männerstimme zu gemeinsamer Intensität vereinigen: ein riesiger Ehekrach. Nur langjährige Partner können sich die Fähigkeit zu solcher vereinter Kraftentfaltung erworben haben! Ehen als Überlaufbehälter: lange Druck und endlich Entladung! Ein Krachen und Klirren reißt mich aus dem Bett zum Fenster: Soeben ist ein Fernseher, aus dem fünften Stock geworfen, im Hof zerschellt. Einige Augenblicke betroffener Stille. Dann setzt das wilde Duo wieder mit Gezeter ein, jetzt deutlich angeführt von der Stimme des Mannes. Also hat die Frau den kühnen Wurf getan. Doch der Ausgleich lässt nicht auf sich warten. Am Fenster erscheint ein halb nackter, wildschöner Mann mit einem schweren Gegenstand in den Armen. Während dieser an mir vorbeifliegt, sehe ich, dass es ein Kühlschrank ist. Von nun an kracht es kriegerisch Wurf auf Wurf unten im Hof, expressiv begleitet vom ekstatischen Duo im fünften Stock: Bänke, Stühle, ein Sofa, Teller, Gläser fliegen stimmlich untermalt und in zunehmend rhythmischer Abfolge nach unten, krachen und bersten auf Steinboden. Durch Jahre Erworbenes und Angesammeltes in wenigen Minuten durch Zerstörung vereint. Ich stelle mir gerade die leere Wohnung nach dieser Naturkatastrophe vor, da saust ein letzter Gegenstand einsam an meinem Fenster vorbei und zerspringt unten in tausend Stücke: der Deckenleuchter. – Oben ist es jetzt dunkel und still. Etwas verwirrt, doch entspannt lege ich mich wieder zu Bett. Der nun ungestörten Nachtruhe gewiss, lasse ich das Fenster offen. Doch nach etwa zehn Minuten vernehme ich erneut wilde Schreie, diesmal anderer Art. Kein Zweifel: Die Zerstörungsorgie von vorhin hat sich in eine Lustorgie gewandelt. Lachsalven und schrille Schreie im Wechselspiel. Nach dem gemeinsamen Zwist die orgastische Verschmelzung. ›Stimmt, das Bett haben sie behalten‹, sage ich zu mir selbst und fühle mich weniger entspannt und noch verwirrter als vorhin.

Diese Szene kam mir seither öfters in den Sinn, und ich knüpfte an sie mancherlei Phantasien und Betrachtungen. Zur erotischen Anziehung zweier Menschen trägt sicher das Verbindende bei, doch gäbe es nicht auch das Trennende, könnte sie nicht entstehen: Polarität lebt von gleichzeitiger Verbindung und Trennung der Pole. Die Kombination beider Faktoren macht aus Partnerschaften dynamische, zu ständiger gemeinsamer Bewegung »verurteilte« Organismen. Wird diese aus Angst oder Trägheit gebremst, so staut sich das unterdrückte Reibungs- und Bewegungspotenzial in beiden an, bis sich infolge des Überdrucks ein Ventil öffnet: entweder das Ventil des Trennenden, etwa in Form einer »Außenbeziehung«, wenn sich das Verbindende als Folge der langen Dämpfung abgeschwächt hat, oder, wie in meiner römischen Geschichte, das Ventil eines Jahrhundertkrachs, wenn in erster Linie das Trennende über lange Zeit ausgetrickst wurde. Spielen dagegen beide Faktoren – Verbindung und Trennung – einer Beziehung stets frisch und mutig zusammen, dann sorgen die von Zeit zu Zeit auftauchenden Konflikte dafür, dass das Verhältnis nie zu klebrig und pappig wird, wie andererseits das lebendig Gemeinsame es in vielen Fällen überflüssig macht, dass einer oder beide die Witterung nach neuen erotischen Erfahrungen mit anderen Partnern richten. – Das manchmal komplizierte Zusammenspiel von Verbindung und Trennung mag anstrengend erscheinen, doch erweist es sich schließlich als viel weniger anstrengend als die künstliche Unterdrückung einer der beiden Faktoren. Außerdem ist es Vorbedingung zum Wunder der gemeinsamen Ekstase: in der Sexualität und auch in der geistigen und seelischen Befruchtung.

Dass auch Trennung zur Liebe gehören soll, mag im ersten Überschwang einer Liebe unsympathisch scheinen. Später zwingt sich diese Tatsache den Liebenden auf; nach dem ersten kräftigen Streit reagieren sie meist bestürzt. Mittelalterliche Legenden wie die von Tristan und Isolde wissen darum, wenn sie zwischen die Liebenden ein blankes Schwert legen. »Die romantische Liebe ist keineswegs immer enthaltsam; doch die Distanz, die die Liebenden voneinander trennt, ist kein bloßer Zufall. Sie ist eine notwendige Dimension einer wandelnden ... Liebe.«[1] Denis de Rougemont meint, dass das trennende Schwert die Liebe der beiden noch steigert. In einem Traumseminar 1928 weist Carl Gustav Jung auf die Notwendigkeit der Trennung, nebst der Verbindung, in der Liebe mit: »Dieses Miteinander-identisch-Sein, dieses Sichaneinanderklammern ist ein großes Hindernis für eine Beziehung ... Ohne Trennung ist eine Beziehung nicht möglich.«[2]

Wie viele Schmerzen und Umwege nehmen doch Menschen auf sich, um das Wunder einer gemeinsamen Ekstase zu erleben, wenn ihnen der natürliche Weg des Zusammenspiels von Verbindung und Trennung verwehrt ist! Sexuelle Perversionen sind vom Grundbedürfnis nach ekstatischer Vereinigung her zu verstehen. Sadisten und Masochisten nehmen den Preis fremden oder eigenen Schmerzes auf sich, um sie zu erleben, Fetischisten suchen sie über einen erotisch aufgeladenen Gegenstand, der zugleich vom Geliebten getrennt und mit ihm verbunden ist. Keine »Störung« der menschlichen Seele ist ihr eigener Zweck; immer sucht sie auf leidvollen Umwegen den Kontakt mit einer menschlichen Grundtatsache. Davon macht nicht einmal die Schizophrenie eine Ausnahme. Sie setzt den Kranken mit der Todesdimension des menschlichen Daseins in Verbindung. Somit sind alle seelisch kranken Menschen tragische Zeugen einer notwendigen Wahrheit. Diese verkörpern sie einseitig und absolut, unfreiwillige Stellvertreter für die vielen, die ihr ausweichen. – Das Lehrbuch der Psychiatrie, welches diese Einsicht zum Ausgangs- und Angelpunkt seiner Darlegung der psychischen Krankheitsbilder und ihrer Behandlung macht, ist noch nicht geschrieben. Solange wir uns dieser Einsicht verschließen, fehlt es uns an Liebe zu den seelisch Kranken, das heißt an Resonanz mit ihrer wahren, gesunden Botschaft, und wir machen uns mitschuldig an ihrer noch kränker, in vielen Fällen sogar primär krank machenden Absonderung: die Ursünde der Lieblosigkeit gegenüber den Sensibelsten und Dünnhäutigsten der Gesellschaft.

Der scheinbare Widerspruch zwischen Anziehung und Widerstand, Verbindungs- und Trennungskraft, zentrifugaler und zentripetaler Richtung der Lebensenergie bleibt unverständlich, solange Liebe nicht am Werk ist. Nur Liebe kann das Widerstrebende binden; darüber hatten schon die mittelalterlichen Alchemisten ein intuitives Wissen. Nur die Liebe ist stärker als der Tod, das heißt hier als die einseitige Neigung zur Trennung der Gegensätze. Insofern ist Liebe »eine der großen Schicksalsmächte, die vom Himmel bis in die Hölle reichen«[3]. Die sexuelle Anziehung kann helfen, die widerständige Tendenz zur Trennung vorübergehend außer Kraft zu setzen; ich erinnere an den überraschenden Schluss des römischen Ehedramas. Wenn sie auch die Liebe wieder fließen lässt, kann die neu erfahrene Verbindung sogar von Dauer sein. Das ist bei Ehekrächen dieses Musters oft der Fall.

Der Naturtatsache abwechselnder Verbindungs- und Trennungsphasen im Verlauf einer Partnerschaft muss nicht das letzte Wort gegeben werden. Die Kombination der beiden Beziehungsfaktoren – Verbindung und Trennung – kann auch auf kulturellem Weg geschehen, das heißt durch gezielte Bemühung des menschlichen Geistes zur Wandlung der beiden Liebenden. Diese ist etwas Wunderbares, das die bisher »natürliche« Ordnung der Dinge verrückt. Was Jacopone da Todi, ein italienischer Franziskaner aus dem dreizehnten Jahrhundert, über sein Einswerden mit dem göttlichen Geliebten schreibt, trifft sicher für die Hingabe an einen geliebten Menschen zu: »Wenn ich verrückt bin, ist es dein Werk. – Ich bin es seit dem Tage, an dem ich mich der Liebe hingab, mein altes Ich abstreifte und dich in mich aufnahm und – ich weiß nicht wie – zu neuem Leben erweckt wurde.«[4] – Auch was der deutsche Mystiker Meister Eckhart über seine Beziehung zu Gott schreibt, lässt sich wörtlich über die menschliche Beziehung von Ich und Du sagen; auch dieser haftet ja das Göttliche, Wunderbare, auf Geheimnis und Sinn Verweisende an: »Wenn ich Gott so ganz unmittelbar wahrnehmen will, dann muss ich mich einfach in ihn verwandeln, und er muss sich in mich verwandeln. Und nicht nur das: Gott und ich müssen so vollkommen eins werden, dass dieses ›Er‹ und dieses ›Ich‹ zu einem einzigen ›Ist‹ verschmelzen und in diesem Istsein auch ihr Werk ewig eins ist.«[5]

Gegenseitige Wandlung durch unmittelbare, nur der Liebe zugängliche Wahrnehmung! Ohne die mystische Qualität der Liebe, nämlich das Loswerden des Ich in der Hingabe an das Ganze der Verbindung, also an ein Drittes – ich nannte es »Dritten Leib« –, gibt es keine menschliche Entwicklung, sofern diese nicht platt mit dem Plan- und Machbaren verwechselt wird. Selbst große wissenschaftliche Entdeckungen und Erfindungen erfolgten in selbstvergessener, tätiger Verbindung mit dem Werk. Durch Hingabe, in der wir bisherige Perspektiven der Anschauung, des Fühlens und Verhaltens radikal relativieren, werden wir selbst zum Werk, und was dabei sonst noch geschieht, entspricht nicht einer klaren Absicht, auch wenn es später revolutionär neue, rationale Zielsetzungen nach sich zieht. In einem Gedicht konstatiert der mittelalterliche Sufi-Mystiker Rumi nüchtern: »Manche Menschen greifen zu ihren Werkzeugen. Andere werden selbst zum Werk.«[6]

Von Technologen müssen wir zu »Erotologen« werden: zu Menschen, deren Verstand einen Bund mit dem Herzen schließt. Die heute viel gepriesene »emotionale Intelligenz« ist nur ein Aspekt dieses Bündnisses, und nicht einmal der wichtigste. Ihre Popularität erklärt sich aus ihrer Zielsetzung, nämlich auf noch effizientere Weise als bisher die immer komplexeren Aufgaben, die sich in einer hoch technisierten, vernetzten Welt stellen, lösen zu können. Sie verbessert die Möglichkeiten zur Vermarktung eines bestimmten Produktes. Von intelligenter Emotionalität oder Bewusstsein des Spürens – Spürbewusstsein – zu sprechen interessiert die Technokraten nicht, weil in dieser Umkehrung an Stelle der bekannten Zielsetzung und Möglichkeit zur Vermarktung ein unbekanntes Element tritt, ein Ziel, das nicht bereits vorgegeben ist, sondern erst in der Hingabe, in der Liebe, die alte Ordnungen verrückt, zu Tage tritt. Authentische Kreativität setzt den zeitweiligen Verzicht auf bekannte Zielsetzungen und auf Effizienz voraus. Der zielorientierte Steuermann muss weichen und seinen Platz einem demütigen, nackten Menschen überlassen, der sich selbst als Werk zur Verfügung stellt. Erst wenn sich im Tun die Wandlung des Tuenden ereignet und neue Perspektiven auftun, ergeben sich auch neue Zielsetzungen, zu deren Dienst emotionale und rationale Intelligenz aufgerufen ist. – Selbst zum Werk werden ist Ausdruck einer Resonanzbeziehung mit der Welt, aus der nichts von dem, was wir selber sind, ausgespart ist. Sufis bezeichnen solche Hingabe mit dem arabischen Verb »fana«, wörtlich: verschwinden, dahinschwinden, vergehen. »Fana« ist eine zentrierende Erfahrung, die ein Gefühl der Ganzheit vermittelt.[7]

Aufnehmen des anderen in sich selbst ist keine bloße romantische Metapher. Aus einer bestimmten Eigenart der erotischen Anziehung lässt sie sich auch rational erklären. Diese beruht nämlich zum Teil auf der Entsprechung zwischen dem, was der andere aus seiner Persönlichkeit heraus bereits aktiv lebt, und dem, was in mir zwar jetzt zur Entwicklung bereit ist, ich jedoch noch nicht in genügendem Ausmaße verwirkliche. Der eigene Entwicklungstrieb zieht mich zum anderen hin, und doch – gerade darin erweist sich die Liebe als Paradox – solange ich mir meine Entwicklung, also mich selbst zum Ziele mache, geschieht nichts Neues. Das Wunder der Wandlung durch Liebe bedarf der Hingabe. Je reiner der Verzicht auf eigennützige Ziele, desto umfassender die Offenbarung meiner jetzt anstehenden Entwicklung.

Hingabe bedeutet jedoch nicht »Hinweggabe«, das heißt Verlust eigenen wachen Spürens, Identitätsverlust, im Gegenteil: Verlegen wir das Zentrum unserer Aufmerksamkeit aus uns heraus in die Verbindung mit dem Du und werden im Wortsinne zu »Exzentrikern«, dann erhalten wir als nicht eingeplantes Geschenk eine bisher unbekannte Intensität eigenen Spürens. Dann löst sich der sehnsüchtige Ausruf »Ich liebe dich« in ein einziges Wort auf: »lieben«. Und dieses Wort überbrückt die Kluft zwischen Du und Ich, ohne sie zu beseitigen. Aber eben: Die Wachheit solchen Spürens bedarf der Übung. Vor allem darf Spüren nicht mit einer momentan auftauchenden Emotion verwechselt werden. Diese stammt vielleicht weniger aus der gegenwärtigen Erfahrung mit dem Partner als aus früheren, oft sehr frühen Erlebnissen mit Bezugspersonen.

Neben den auftauchenden Gefühlen gehört zum Spürbewusstsein jederzeit der bewusste leibliche Anker, damit wir von den anflutenden Emotionen nicht willenlos weggerissen werden und nicht den Kontakt mit unserer Realität verlieren. Wie oft legen Menschen im Strömen der Zuneigung zu einem Du ihre Hände unwillkürlich auf die Brustmitte, als möchten sie mit dem eigenen Herzen in Kontakt treten. Das »wollen« sie wirklich! Merken sie dies und bleiben sie dabei, so haben sie spontan ihren leiblichen Anker gefunden. Sich diesen in einem Moment der Gefährdung sachlich genau zu beschreiben, zum Beispiel den präzisen Ort, wo die körperliche Empfindung am deutlichsten zu spüren ist, oder die unterschiedlichen Druckstärken innerhalb der auf der Brustmitte ruhenden Hand, intensiviert das Spüren und stärkt den leiblichen Anker. Eigenberührung unterstützt also den Prozess des Spürbewusstseins. Natürlich kann nicht nur die Herzmitte, sondern jeder Körperteil zum leiblichen Anker eines Spürens, und in Verbindung mit ihm nicht nur Liebe, sondern jedes andere Gefühl empfunden werden. Erfahrungsgemäß verbinden sich oft bestimmte Gefühle mit bestimmten Körperstellen. Ist dies nicht der Fall, besteht der Verdacht, dass unter den bewussten Gefühlen sich andere verbergen, zum Beispiel unter Traurigkeit Wut. Die Zentrierung im leiblichen Empfindungsanker befreit nach und nach das tiefer liegende, authentische Gefühl: Oft weiß der Leib mehr als die gerade gefühlte Emotion. Abgesehen davon gibt es keine hundertprozentigen Entsprechung zwischen einem bestimmten leiblichen Anker und einem bestimmten Gefühl. – Zum Begriffsverständnis: Ich spreche meist von leiblichem und nicht von körperlichem Anker, um die Verbindung zwischen Körper, Emotion und Verstand im einen Leib hervorzuheben.

Geschieht Zu-Neigung in Verbindung mit einem leiblichen Empfindungsanker, so führt sie nicht zum Verlust des eigenen Gleichgewichts, ganz im Gegenteil: sie stärkt dieses. So verstandene Hingabe ist offene, durchlässige Resonanz mit dem Du: Etwas in dieser Art noch nie Dagewesenes gerät bei mir in Schwingung. Die passende Verwandlung des Ich zum Du hin, und, wenn die Liebe gegenseitig ist, auch vom Du zum Ich hin, hat ihren Anfang gefunden. Aus dem »ich liebe dich« hat sich »lieben« herausgeschält. – Dieser Prozess ereignet sich nicht nur in der Partnerliebe, sondern auch in der Freundschaftsliebe. Liebe hat ebenso viele Facetten wie die Welt. – Dabei geht es nicht um einen reibungslosen Spaziergang in einer von Menschenhand angelegten Parklandschaft, sondern um eine Expedition durch wilde Naturlandschaft mit vielen ungeplanten Hindernissen, die unseren Widerstand wecken und uns zum Umkehren bewegen wollen – das habe ich bereits betont. Die Kombination von Verbindungs- und Trennungsimpuls erfolgt bei jedem gemeinsamen Schritt neu.

Was die leibliche Zentrierung in Liebenden bewirkt, schildert 1953 der amerikanische Schriftsteller Saul Bellow, der aus dem spürenden Identischwerden mit den »Achsenlinien des Lebens« Folgendes ableitet: »Und alles Getöse, alles Schrille, alle Verdrehungen und aller Klatsch, alles Ablenkende, aller Krampf und alles Überflüssige, alles das zerstob wie etwas Unwirkliches ... Er (der Mensch) wird zentriert und ins Bild gesetzt. Er wird in wahrer Freude leben. Wenn sie wahr sind, werden selbst seine Leiden Freude sein ... Selbst die Erfahrung einer Enttäuschung nach der anderen braucht ihn nicht seiner Liebe zu berauben. Wenn ihm das Leben nicht wirklich schrecklich ist, wird es auch der Tod nicht sein. Die Umarmung anderer wahrhafter Menschen wird das Entsetzen vor der Nähe des Todes und einem kurzen Leben von ihm nehmen.«[8]

Zur gegenseitigen Verwandlung der Liebenden die folgende Geschichte: Unter mehreren möglichen wähle ich sie auch deswegen aus, um hervorzuheben, dass nicht nur die Liebe zwischen Frau und Mann, sondern gleichermaßen die zwischen zwei gleichgeschlechtlichen Partnern gesund und seelisch fruchtbar ist und nicht weniger als die erste in wechselseitige Entwicklung hineinführen kann. Davon zeuge ich mit meiner persönlichen Erfahrung seit neun Jahren, im Anschluss an eine sechzehnjährige, wenn auch nur zum kleinen Teil, unehrliche Anpassung[9], trotz einer in jener Zeit auch beglückenden, bereichernden, tief prägenden Liebesverbindung mit einer Frau. – Die Entpathologisierung der gleichgeschlechtlichen Liebe ist weder therapeutisch noch sozial abgeschlossen, auch wenn in der dritten Auflage des weltweit verbindlichen psychiatrischen Handbuchs – »Diagnostic and Statistical Manual« (»DSM 3R«) –, dem gesellschaftlichen Druck folgend, die Homosexualität von der langen, viel zu langen Liste geistiger und emotioneller Störungen gestrichen wurde. – Zwar fördert die Multioptionsgesellschaft der Postmoderne mit ihrem Beliebigkeitsdenken, das verschiedene Wahrheiten nebeneinander bestehen lässt – »everything goes« –, eine oberflächliche Toleranz auch sexuellen Minderheiten gegenüber; doch bräuchte es darüber hinaus die innere, Horizont erweiternde Resonanz mit Andersdenkenden und -fühlenden, damit diese nicht nur wie fremde Vögel neugierig beaugapfelt und, wenn sie lästig fallen, vom Tisch der Normentreuen verscheucht werden, sondern einen Platz im Herzen einer wachsenden Zahl von Menschen bekommen.

Zwei Männer, der eine zweiundvierzig, der andere einundreißig Jahre alt, lernen sich über einen gemeinsamen Freund in der Pause eines Konzertes kennen. Die Begegnung bewegt und erschüttert beide mit unerwarteter Plötzlichkeit – so sehr, dass sie noch im Konzerthaus und in dieser Pause eine Gelegenheit suchen, sich unbeobachtet zu treffen. Sie finden sie hinter dem Vorhang einer Garderobe. Wie in Trance küssen sie sich hier, nicht lange doch intensiv. Dann kehren sie wie durch Licht durchfluteten Nebel an ihre Plätze im Konzertsaal zurück, jeder zu seiner Begleitperson. Nach dem Konzert, in Gegenwart anderer, verabschieden sie sich voneinander, und es gelingt dem Jüngeren, dem Älteren unbemerkt seine Visitenkarte zuzustecken. Am nächsten Tag ruft dieser an. – So begann eine Beziehung, die bereits nach einem halben Jahr in eine Lebens- und Wohngemeinschaft mündete und nunmehr seit fünfzehn Jahren dauert. Der Beginn war alles andere als einfach, lösten sich doch beide aus langjährigen Partnerschaften, die, obschon durch wachsende Probleme wackelig, ja, unlebbar geworden, trotzdem Liebesbeziehungen waren: der Ältere aus einer Ehe mit zwei Kindern, der Jüngere aus einer Männerbeziehung. Die Hauptursache für die Schwierigkeiten lag jedoch in einem anderen Punkt. Dieser ist der Grund, warum ich die Geschichte ihrer Partnerschaft erzähle.

Was die beiden tief verband, war nebst dem Interesse für Musik und Literatur eine ungewöhnliche Intensität und Unmittelbarkeit des Erlebens, leidenschaftliches Interesse an anderen Menschen bis hinein in kleine, verborgene Details, und an einer lustigen, kräftigen Sinnlichkeit. Aber eben: Es gab auch das Trennende, und dieses war nicht minder ausgeprägt als das Verbindende. Ich überzeichne und vereinfache die Tatsachen: Während der Ältere eine große, auch im Beruf gut entwickelte Begabung für Struktur, Gesamtschau von Sachverhalten und Situationen besaß und sich durch Weitblick und Zuverlässigkeit auszeichnete, hatte der Jüngere eine außerordentlich gute Nase für das in einer bestimmten Einzelsituation Notwendige und Passende; er reagierte sensibel, beweglich auf Atmosphärisches in seiner Umgebung, sodass sich die Menschen in seiner Gesellschaft wohl und angeregt fühlten. Er war ein ekstatischer Mensch, auf der Suche nach Möglichkeiten außergewöhnlicher, Grenzen sprengender Erfahrungen. Beide waren sie flüssige, von innen heraus bewegte Männer, doch während den Ersten im Körperlichen und Geistigen natürliche, sich wiederholende Muster der Bewegung faszinierten, liebte der Zweite die improvisierte Bewegung des Augenblicks. Beide waren der Unterordnung unter soziale Diktate des Verhaltens und Denkens abhold, der Ältere des ungeachtet im konkreten, verbindlichen Bezug zu selbst widrigen äußeren Gegebenheiten und der Jüngere, Konflikte mit der Außenwelt zwar in Kauf nehmend, doch in vorrangiger Harmonie mit dem eigenen momentanen Fühlen.

Sie, meine Leserinnen und Leser, merken wohl, dass ich bis jetzt nur die sympathischen, differenzierten und entwickelten Seiten der beiden Liebenden beschrieben habe; waren es doch diese, durch welche sie sich gegenseitig so sehr anzogen, dass sie den völligen Umbruch ihrer Lebenssituation, den kompromisslosen Abschied vom Bisherigen auf sich nahmen, um ihr Leben miteinander teilen zu können. Doch wie immer brachte das Faszinierende auch das Bedrohliche und Angst Erregende – tremendum – mit sich, das Anziehende auch das Abstoßende, und zwar je länger desto mehr, erlebten und liebten sich doch die beiden bereits nach einem halben Jahr nicht mehr aus der sicheren Distanz von Partnern, die sich nach jeder Begegnung in die getrennten Höhlen ihrer jeweiligen Wohnungen zurückziehen können. Durch den gemeinsamen Wohnsitz verbanden sie sich auch in praktischen, alltäglichen Lebensbezügen – und kamen sich hier in die Quere. Es gab lauten Streit, ebenso leidenschaftlich wie ihre Zuneigung. Warf der Erste dem zweiten Unzuverlässigkeit und Verantwortungslosigkeit vor, auch die Bequemlichkeit, Zusammenhänge zu vernachlässigen und sich nur gerade um das zu kümmern, was vor der Nase liegt, so der Zweite dem ersten Prinzipienreiterei, Sturheit, Vernachlässigung der konkreten Bedürfnisse anderer, überwertige Sorge um die Erledigung eines Plansolls – und vieles anderes, Ähnliches mehr von beiden Seiten.

Im Anschluss an solchen Streit, der auch vor Trennungsdrohungen nicht Halt machte, flossen oft Tränen: Trauer über die Verletzung des noch zarten Organismus der gemeinsamen Liebe. Das seit allem Anfang an Verbindende – Intensität und Ekstase, Lust und Sinnlichkeit, Begeisterung für Menschen, Kultur und Kunst – reichte nicht mehr aus, um das Trennende zu neutralisieren. Es brauchte noch ein Weiteres, nämlich das, was ich theoretisch als wach spürende Resonanz und Leitbildspiegelung – jeder für den anderen Leitbild von dessen jetzt anstehender Entwicklung – beschrieben habe. Doch zur Rettung der Liebe war Praxis gefragt. Und diese bestand nicht in erster Linie im Befolgen einer Methode, in einem bestimmten Lernprozess, sondern in dem, was die beiden im gegenseitigen Hingerissensein, in der gegenseitigen Hingabe erlebten, und in den Konsequenzen, die sie daraus zogen.

Die Beschreibung solcher Hingabe kann nur mangelhaft und schematisch sein. Das Wesentliche ist nicht sagbar, doch vielleicht zwischen den Zeilen mitteilbar. Während sich die beiden lange und innig mit dankbarer Rührung umarmten, konnte es geschehen, dass das vordem trennend Fremde des anderen auf einmal wie durch ein

Wunder nahe und vertraut wurde. Nicht nur Gesicht und Gestalt des Du erschienen auf einmal in warmes, freundliches Licht getaucht, sondern sein Wesen wurde Teil des eigenen Wesens. Doch damit ist noch zu wenig gesagt: der andere, der sein Anderes offenbarte, erleuchtete das Eigene, der andere *war* das Eigene, nicht nur zum Teil, sondern ganz und gar, das alte Ich lustvoll entthront, das Du neues Zentrum des Sehnens und Strebens. Einen konkreten Punkt dieser gegenseitigen, progressiven Wandlung greife ich heraus: Der Ältere nahm mit Erstaunen wahr, dass er den gegebenen Augenblick mit all seinen Facetten und Erfordernissen anfing, wirklich wahr- und ernst zu nehmen, und der Jüngere erlebte eine über den Moment hinausreichende wachsende Verbindlichkeit und Zuverlässigkeit. Ihr Identitätserleben wurde zunehmend von Resonanz geprägt. Durch Hingabe im Einverständnis sowohl mit dem Du als auch mit sich selbst zu sein war für beide unerhört und wunderbar.

Auch wenn dieser seltsame Vorgang keiner vernünftigen Rechtfertigung bedarf, drängt sich mir dazu doch folgende Überlegung auf: Wir erleben unser Zentrum jederzeit in dem, was gerade am lebendigsten in uns ist, ganz vorne an der Front der eigenen Entwicklung. Hier, am Ort des Notwendigen, sammelt sich am meisten Lebensenergie an, wie vor einem Hochsprung in den Beinen dessen, der zum Sprung ansetzt. Wie im Körperlichen, so auch im Seelischen. In der liebenden Hingabe zentriert sich Ihre Entwicklungsenergie ganz im Du. In vibrierender Resonanz mit dem Geliebten befindet sich Ihr ganzes Wesen auf dem Sprung – Entwicklungssprung – zu dem hin, was sich nur dem sich Hingebenden erschließt. Wie im Evangelium das einzige verlorene Schaf für den um seine Rettung bemühten guten Hirten zum Stellvertreter der ganzen Herde wird, die tätige Hingabe an das eine gefährdete Tier zum momentanen Ausdruck der Hingabe an alle Tiere der Herde, so füllt die momentane Hingabe mein ganzes Leben aus, wandelt und orientiert mich neu. Die Hingabe an dieses eine ist die Hingabe an das Ganze, auch wenn dieses eine nur einen winzigen Punkt im Ganzen ausmacht, denn dieser eine Punkt ist der jetzt entscheidende und wird mich in Zukunft von alleine zu weiteren, später einmal entscheidenden Punkten führen. So webt sich der rote Faden eines Menschenlebens: durch eindeutige, ungeteilte Hingabe an die jetzt stattfindende Begegnung.

Viele Menschen erleben den Vorgang der Resonanz durch Hingabe nur unbewusst. Deshalb kann er für sie nur einen Teil seiner Fruchtbarkeit ins Alltägliche hinein entfalten. Mit meiner Beschreibung verfolge ich das Ziel größerer Bewusstheit. Unsere beiden Freunde entwickelten ein kleines, lustiges Ritual, das sie eine Zeit lang »zelebrierten«: Im Entzücken einer Liebesbegegnung »sangen« sie gegenseitig Lobeshymnen aufeinander: Sie priesen die Augen, das Gesicht, den Körper des anderen in vielen prickelnden Details und in den höchsten Tönen, doch nicht nur den Körper, sondern auch das Wesen des anderen ebenfalls mit vielen Einzelheiten: seine Begabungen, Eigenarten, Fähigkeiten und Fertigkeiten. Dann drückten sie sich fest aneinander, schlossen die Augen, blieben so fast ohne Regung und Atem lange verbunden, ließen sich schließlich ein wenig los und sagten: »Jetzt bin ich Du«, eine »tantrische« Begegnung mit Körper, Geist und Seele. – Durch solche auch rituelle Hingabe förderten sie die allmähliche Wandlung ihrer Persönlichkeiten.

Natürlich war der »alte Mensch« in ihnen nicht einfach weggefegt, doch aufgehoben und gewandelt in einem neuen Schwerpunkt, der größeren Einheit von Ich und Du. In diesem Zusammenhang bloß von Persönlichkeitserweiterung zu sprechen, verpasst den Erfahrungskern. Nicht Erweiterung, sondern Wandlung des Ganzen aus dem Ferment des Du im eigenen Herzen erlebten sie, nicht partielle Ausweitung, sondern Neuschöpfung. In beginnenden Krisen, bevor es zu spät war, gewöhnten sie sich an, über das, was jeden in einem gegebenen Moment beim andern zur Weißglut brachte, unter dem Gesichtspunkt der Hingabe an ihre gemeinsame Verbindung miteinander zu sprechen, das heißt, sie erinnerten sich an ihr kleines Ritual der gegenseitigen Lobeshymnen, und zwar gerade in Bezug auf den wunden Punkt, der in verzerrender Entwertung vom Ort der Hingabe zum Streitpunkt geworden war, werteten ihn wieder zur ursprünglichen, bejahenden Form und Formulierung auf und schlossen mit den vier Worten: »Jetzt bin ich Du«. Nicht selten mündeten solche Gespräche in die Ekstase einer sinnlichen Begegnung: Sinnenfreude ist auch Geisteslust, und oft führt die Zweite zur Ersten, wie auch die Erste zur Zweiten führen kann; für den sich Hingebenden sind Sinne und Sinn eins. Im Hebräischen heißt das Wort »jadah« zugleich »erkennen« und »sich in geschlechtlicher Liebe vereinigen«. Im orphischen Mythos wird Eros auch »Phanes«, Offenbarer genannt. Ohne Hingabe keine Erkenntnis. Auf dieser Tatsache gründet auch Hegels Dialektik: »Das wahrhafte Wesen der Liebe besteht darin, das Bewusstsein seiner selbst aufzugeben, sich in einem anderen Selbst zu vergessen, doch in diesem Vergehen und Vergessen sich erst selbst zu haben und zu besitzen.«[10]

Natürlich wurde die geschilderte gemeinsame Entwicklung der beiden Männer oft unterbrochen und zurückgeworfen durch Phasen übermächtiger Abneigung und giftigen Widerstands. Doch bisher ist es den beiden jedes Mal gelungen, durch gegenseitige Hingabe das eigene Zentrum spürend in die polare Ganzheit ihrer Beziehung hinein zu verlegen, das heißt sich nicht nur vom Ich, sondern gleichermaßen auch vom Du her als wieder gefundenen und daher jetzt entscheidenden zweiten Schwerpunkt zu erleben.

Ohne Hingabe in spürender Resonanz gibt es kein Verständnis des anderen. Auch dafür gilt: Die Erfahrung des Wunderbaren ereignet sich durch Liebe. Jung schreibt: »Es ist wohl eher das Erlebnis, welches in die Nähe des Verstehens führt«[11], doch nicht irgendein Erlebnis, sondern das der Liebe für das zu Verstehende. Die erwähnte Malerin Heidi Widmer legte für die Verbindung von Liebe und Verständnis – Verstehen des anderen – ein eindrückliches Zeugnis ab, eine extreme, erschütternde Geschichte zur Veranschaulichung eines allgemeinen Gesetzes:

Ein auch mir bekanntes Unternehmerehepaar, seit vielen Jahren mit ihr befreundet, wurde an Weihnachten von dem heimlich aus Spanien zurückgekehrten jungen Adoptivsohn ermordet, vordergründig mit dem Motiv, an das beträchtliche Erbe heranzukommen. Erst viele Monate nach seiner Verhaftung gestand er die Tat ein. Im Zuchthaus, in das er nach seiner Verurteilung eingewiesen wurde, leitete Heidi Widmer eine Malgruppe mit Strafgefangenen: eine wertvolle, wunderbare Möglichkeit des freien Ausdrucks, der Verarbeitung und Entwicklung für die eingesperrten Männer. Daran nahm auch der hoch begabte junge Mann teil; seine ausdrucksstarken, eigenwilligen Bilder wurden später zusammen mit anderen in einer Ausstellung gezeigt. Die Malnachmittage bedeuteten für ihn vielleicht das Lebendigste und Förderlichste, das er je erfahren durfte. Intensiviert durch den Ausbruch von AIDS wurde Malen zum Wichtigsten in seinem gefährdeten Dasein: die Sinnwurzel eines vom Tode bedrohten Baumes. – Als seine späteren Adoptiveltern ihn als Kleinkind in einem abgelegenen Waisenhaus in den Schweizer Bergen zum ersten Mal erblickt hatten, wurden sie von Mitgefühl ergriffen: Da lag ein apathisches, kleines Wesen fast ohne Regung und Bewegung und spiegelte durch die Abwesenheit von Emotionen uralte freud- und hoffnungslose Verlassenheit. Beim Malen erfuhr der nunmehr Erwachsene Ansätze einer eigenen Lebensbewegung. Diese hatte er schon durch die Wahl des Berufs eines Artisten und Clowns unbewusst gesucht und nicht gefunden. – Durch die Mordtat tief bestürzt empfand natürlich auch Heidi zunächst nur Trauer über den Verlust der Freunde und Empörung und Abscheu gegenüber dem ihr wohl bekannten Mörder. Doch dann, nach und nach ihr Herz dem mit ganzer Hingabe Malenden öffnend, ergriff inniges Mitgefühl sie wie ein warmer Strom. Solches Mitgefühl ist nichts anderes als Liebe, im Gegensatz zum bloßen Mitleid, dessen Reinheit durch ein verstecktes Machtgefälle getrübt ist: Ich bin stark, weil du so schwach bist. Wer sich hingibt, wertet einen anderen Menschen nicht mehr. Deshalb ist er bereit für das Wunder der Wahrnehmung dessen, dem er sich hingibt. In dieser Phase sprach Heidi mir gegenüber die erstaunlichen Worte aus: »Ich verstehe ihn«, obwohl sie natürlich weiterhin der Tat des Mannes fassungslos gegenüber stand. – Diese Worte, oft achtlos dahergesagt oder therapeutisch gezielt eingesetzt, bekamen in ihrem Munde volle Bedeutung: Verstehen als Auswirkung von Liebe. Zweifellos hätte sie mir im Einzelnen erklären können, was sie nun in der Persönlichkeit des jungen Elternmörders verstand. Doch wichtig war für sie und mich die Wurzel ihres Verstehens, nämlich die vorbehaltslose Bejahung auch dieses Menschen ohne Abstriche und Einschränkungen aus Hingabe, reine, von keiner Vorstellung getrübte wache Verbindung mit dem Tatsächlichen, authentische Mystik. – Als ich das merkte, sträubten sich mir die Haare; daran erinnere ich mich genau. Ein

Schauder des Geheimnisvollen hatte mich überlaufen. Ich erlebte uns im Einverständnis mit dem Wunderbaren. Nur noch in solchen Momenten kommt mir das Wort Gott über die Lippen, nicht als Ausdruck eines bestimmten Inhalts sondern eines unverwechselbaren Gefühls, das wir als das Gefühl des Wunderbaren bezeichnen können.

Vielleicht war der Gefangene zum ersten Male in seinem Leben wirklich glücklich. Heidis Hingabe an ihn, den sich Freimalenden, weckten in ihm Hingabe an sein, von außen gesehen, hoffnungsloses, tragisches Leben. Anfälle seiner zerstörerischen Krankheit schwächten ihn mehr und mehr. Als ich von seinem Tod hörte, trauerte ich um einen Menschen. Simone Weil meint, dass man nicht als Mensch geboren wird, sondern zum Menschen wird.

Alice Miller schreibt, man könne »sein Leben in Ordnung bringen ... auch dank Begegnungen mit fühlenden Menschen, die bereits das Glück hatten, in Liebe und Respekt aufgewachsen zu sein, als Kinder unbeschwert Lust und Freude zu erleben, und die daher später ein leichteres, glücklicheres Leben führen konnten.«[12] Das trifft zweifellos zu, und doch wird in diesem Text die Bedeutung der Kindheit einseitig überbewertet. Viele werden zu fühlenden Menschen, weil sie durch schwierigste Lebensumstände hindurch gelernt haben, Hingabe auch an diese zu üben. Das Wunderbare erblüht aus dem Einverständnis mit dem Gegebenen, mag dieses in Bezug auf die eigene Biographie noch so problematisch sein. Wenn eigene Liebe aus dem steinigen Boden der Lieblosigkeit anderer wächst, in der nur ab und zu, zum Überleben gerade ausreichend, Zuneigung zu dem nach Liebe Dürstenden halb verborgen aufkeimt, bekommt sie eine Qualität, die dem aufgrund günstiger Lebensumstände zum Fühlen fähigen Menschen unbekannt ist. Sicherlich bedarf auch solche sich nach und nach freischälende Liebe der Erweckung durch andere liebende Menschen, wenn nicht durch die eigenen Eltern, so doch vielleicht durch eine Tante oder einen Onkel oder später einen Freund oder Mentor. Doch zeigt die Episode meiner Freundin, der Malerin, mit dem mittlerweile verstorbenen Vater- und Muttermörder, dass zur Liebe, die im verwundeten, schuldig gewordenen Du seelische Befruchtung auszulösen vermag, Resonanz, spürendes, waches Mitschwingen, gehört. Zu solcher Resonanz aber sind nur Menschen in der Lage, denen aus ihrem eigenen Lebenslauf jene Gefühlstatsachen im Leben des anderen bekannt sind, die der Hingabe am meisten bedürfen, wenigstens ansatzweise. Zu diesen Menschen gehört sie zweifellos.

Wer infolge einer unproblematischen Kindheit, wie Miller meint, »ein leichteres, glücklicheres Leben« führt, spürt kaum den Drang, sich den Benachteiligten der Gesellschaft in offener, sensibler Resonanz tätig hinzugeben. Dadurch könnte nämlich ihr Leben schnell weniger leicht und glücklich werden. Mit dieser Bemerkung will ich natürlich nicht in Frage stellen, dass Kinder zu ihrem Wohl Liebe und Respekt brauchen. Hier geht es konkret um Erwachsene, die dieses Glück nicht ausreichend erleben durften. – Hängen wir nicht dem utopischen Paradies einer rundum glücklichen Kindheit nach! Sonst entmündigen wir uns selbst ein Leben lang, indem wir uns und die Welt immer noch aus der Perspektive des handlungsunfähigen Opfers betrachten. Zu glücklichen Tätern werden wir dadurch, dass wir uns ins Einverständnis mit dem nun einmal Gegebenen, da vergangen nicht mehr Änderbaren setzen, nicht weil dieses nicht hätte anders sein sollen, sondern einfach, weil es zu unserer biographischen Wirklichkeit, unserer Identität gehört. Das strömende Gefühl von Versöhnung, das sich dann einstellt, ist etwas Wunderbares! Zwar ist die Revolte populärer als das Einverständnis und zu ihrer Zeit auch notwendig, doch bedeutet sie erst das vorletzte Wort zu Befreiung und neuem Anfang. Das letzte Wort aber heißt Einverständnis.

Nur solche mit sich versöhnten Täter sind zu der vom Evangelium geforderten Feindesliebe fähig, denn im Verzicht auf Bewertung des eigenen Lebens ist auch die Fähigkeit eingeschlossen, andere nicht durch die Brille eines Urteils, sondern in unmittelbarer Hingabe an ihre Wirklichkeit wahrzunehmen. Streng genommen kann Feindesliebe, gerade weil sie Liebe ist, gar keine Feindesliebe, sondern »bloß« Menschenliebe sein: Angesichts dieses anderen, dem meine Hingabe gilt, tritt meine Wertordnung in den Hintergrund und bestimmt mich nicht mehr. Solange jemand mein Feind ist, kann ich ihn nicht lieben. Dieses Dilemma hat das Christentum durch seine ganze Geschichte hindurch nur rational – das Böse hassen, aber den bösen Menschen lieben –, nicht aber existenziell, von der Möglichkeit konkreter Verwirklichung her, gelöst. Wie hätte es sonst Inquisitionsgerichte, Ketzerverfolgungen, Religionskriege geben können?

Nicht Moral, nicht trennende Wertung darf das Hauptanliegen von Religion sein, sondern: Zugänge zur Liebe zu erschliessen. Warum dies nicht von einer Religion erwarten, die von Gott behauptet, dass er Liebe, also allumfassende Verbindung und Resonanz ist? Diese Aussage über das Wesen Gottes kann ihre Wahrheit nur in der Umkehrung beweisen, nämlich, dass Liebe göttlich ist, das heißt vom Ich weg hinein in größere Lebens-, Beziehungs- und Weltkreise hineinführt, mit dem Geheimnis eines nach vorne offenen Horizonts in Kontakt setzt und dabei die Erfahrung von Sinn vermittelt. – Dass Menschenliebe im Gegensatz zu einer unmöglichen Feindesliebe aus sich heraus Wandlung im Du bewirken kann, hat die Geschichte der Malerin mit dem Elternmörder gezeigt. Ein nicht zerstörbares Paradies erschließt sich dem, der sich dem Leben hingibt, besonders da, wo die Welt alles andere als paradiesisch ist. Das Wunderbare hat seinen primären Ort im eigenen Inneren. Deshalb macht es unerschrocken selbst vor dem Schrecklichen in der Welt und motiviert zum entschlossenen Zupacken auch da, wo erwachsene Säuglinge auf ein Wunder von außen warten.

Wie schwer haben sich doch Psychotherapeuten, besonders Psychoanalytiker, damit getan, ihre Arbeit schlicht im großen Zusammenhang von Begegnung und Hingabe zu sehen, zu erleben und zu beschreiben, und sie tun es immer noch! Die Tiefenpsychologie war in ihren Anfängen mehr bestrebt, die Unterschiede zu sonstigen, alltäglichen Beziehungen aufzuzeigen als das Gemeinsame. Und gerade da, wo sie meinte, die deutlichsten Unterschiede festzustellen, etwa in den Untersuchungen zur so genannten Übertragung (des Patienten auf den Therapeuten) und Gegenübertragung (des Therapeuten auf den Patienten), sind die Gemeinsamkeiten am greifbarsten, einmal abgesehen von der symptomatischen, ein Beziehungsgefälle suggerierenden Begriffswahl [13] – Allerdings zeigt der Entwicklungspfeil der Tiefenpsychologie auch in ihren Anfängen eine erfreuliche Verlagerung vom Trennenden zum Gemeinsamen, von analytischer Distanz zu schlichter Wahrhaftigkeit, die ein Kennzeichen jeder Hingabe ist. Ohne ins Einzelne zu gehen, zeige ich dies schematisch an drei Namen auf: Freud, Jung und Ferenczi, und zwar nur in Bezug auf die Tatsache der Liebe, welcher die drei, die analytische Beziehung betreffend, unterschiedliche Bedeutungen geben.

Freud schreibt an seinen damaligen Schüler Jung im Jahre 1906: »Ihnen wird nicht entgangen sein, dass unsere Heilungen durch die Fixierung einer im Unbewussten regierenden Libido zustande kommen (Übertragung) ... Es ist eigentlich Heilung durch Liebe.«[14] – Zum ersten Male begegnen wir hier in der Tiefenpsychologie einer Aussage, die uns von der Mystik, eindeutiger als von den Religionssystemen, in West und Ost bekannt ist: Heilung geschieht durch Liebe. Zwei Einschränkungen sind bei Freuds Formulierung anzumerken: Es handelt sich nicht um eine realistische Liebe, überträgt doch der Patient auf den Analytiker ein frühes Elternbild; diesem gilt die Liebe eigentlich. Konsequenterweise ist solche Liebe einseitig, nämlich des Ersten zum Zweiten. Auch wenn Freud später, in Aussagen über die Gegenübertragung, ebenfalls von Liebe spricht, so meint er selbst hier eine illusorische, eigentlich nicht diesem konkreten Patienten geltende Zuneigung. – Angesichts der Tatsache, dass in der Frühzeit der Psychoanalyse nicht nur Jung (in seiner Arbeit mit Sabina Spielrein[15]) sondern auch andere Schüler Freuds die »Abstinenzregeln der Kur« verletzten, sah sich dieser zu einer – auch heute noch – notwendigen Stellungsnahme gezwungen: »Für den Arzt bedeutet sie (die Liebe der Analysandin zum Therapeuten) eine kostbare Aufklärung und eine gute Warnung vor einer etwa bei ihm bereitliegenden Gegenübertragung. Er muss erkennen, dass das Verlieben der Patientin durch die analytische Situation erzwungen wird und nicht etwa den Vorzügen seiner Person zugeschrieben werden kann.«[16] – Ungeachtet dieser unerlässlichen Warnung stellt sich die Frage, ob Liebe von Seiten des Therapeuten nicht auch in einem ganz anderen, »die Spielregeln der Kur« nicht verletzenden, sondern im Gegenteil die Heilung fördernden Zusammenhang gesehen werden muss.

Bei Jung finden wir zwei Arten von Stellungsnahmen in Bezug auf die Liebe des Analytikers zum Patienten. In seiner Schrift »Die Psychologie der Übertragung« (1946) schwingt noch nach fast vierzig Jahren die berechtigte

Angst vor dem Liebeszauber mit, in den er sich mit Sabina Spielrein verstrickt hatte: »Ich persönlich bin jedes Mal froh, wenn die Übertragung milde verläuft oder sich praktisch nicht bemerkbar macht. Man ist dann viel weniger persönlich in Anspruch genommen und kann sich mit anderen therapeutisch wirksamen Faktoren begnügen.«[17] Hier bezieht sich Jung offensichtlich auf das Hemmende einer illusorischen Übertragungsbeziehung, die den Therapeuten zu folgenschweren Grenzüberschreitungen verleiten könnte. – Ebenso wichtig sind jedoch Jungs zahlreiche Hinweise, durch die er die therapeutische Beziehung als Ort gegenseitiger Wandlung charakterisiert, wie dies für jede Beziehung der Fall ist, in welcher von beiden Seiten Hingabe am Werk ist. Bereits der Anfang dieser Beziehung zeigt die beschriebene typische Mischung von Verbindung und Trennung, Anziehung und Widerstand: »Diese paradoxe Überkreuzung von Positivem und Negativem, von Zutrauen und Angst, von Hoffnung und Misstrauen, von Zuneigung und Widerstand charakterisiert die Anfangsbeziehung.«[18] Auch der Arzt wird also »affiziert« und verändert durch den gemeinsamen Prozess, zunächst eher unbewusst. Durch die Verarbeitung der nun aus dem Unbewussten beider aufsteigenden Bildmotive und der Unterscheidung von diesen wird die therapeutische Beziehung zunehmend realistischer. Die Hingabe des Therapeuten meint nun wirklich den anderen, sein Wohlergehen und seine Entwicklung, auch wenn dies natürlich, wie in jeder anderen Beziehung, nie ganz ohne Beimischung unrealistischer Projektionen der Fall sein wird. Im Ernstnehmen der gemeinsamen Beziehung ermutigt sie den anderen, eigene Schritte der »Individuation« – Selbstverwirklichung – zu tun. – Hier endet für Jung der therapeutische Prozess. Ich meine, dass er hier erst richtig anfängt, und dass der Beginn einer vorwiegend realistischen Beziehung durch Einbezug des beschriebenen leiblichen Ankers deutlich schneller erreicht werden kann als in den von Jung beschriebenen »Fällen«.[19] Das bedeutet aber auch, dass für Jung der Rollenunterschied zwischen »Arzt und Patient« bis zu Beginn der letzten Phase, die das Ende der Analyse bedeutet, bestimmend bleibt, ein Machtgefälle impliziert und eine Einschränkung der schlichten Hingabe nach sich zieht.

Für den ungarischen Psychoanalytiker Sandor Ferenczi gibt es keine Heilung ohne »Sympathie«. Deren Eigenheiten zeigen, dass es sich um Liebe in dem von mir beschriebenen Sinne handelt. Eine davon ist Wahrhaftigkeit, welche auch »die Möglichkeit, ja die Realität etwa der Müdigkeit, Eintönigkeit, selbst Langeweile zugibt. Unwillkürlich steigert sich aber das Interesse nach so einem qui pro quo (P. Sch: Verwechslung, Ersatz, hier einfach: Wechsel): Ton und Gebärde werden natürlicher, Rede und Gegenrede flotter, das Fragen und Antworten natürlicher und ergiebiger ... Die Natürlichkeit und Aufrichtigkeit des Betragens ... ist die zweckmäßigste und ersprießlichste Stimmung in der analytischen Situation ...«[20] Mit diesem Text wendet sich Ferenczi gegen die »Fühllosigkeit des Analytikers« und vertritt die »mutuelle Analyse«. – Nur der Liebende, sich Hingebende ist zu bezogener, das heißt nicht versteckt als Waffe gegen den anderen gerichteter Wahrhaftigkeit fähig. Verfolgen wir diese Richtung weiter, so verliert die therapeutische Beziehung im Wesentlichen ihre Sonderstellung und findet ihren natürlichen Platz im großen Thema Hingabe und Liebe in der Beziehung.

Zur Fruchtbarkeit einer wahrhaftigen, natürlichen, nicht professionell verfremdeten Haltung des Psychotherapeuten folgende kurze, amüsante Geschichte: Eine Yogalehrerin wagt es lange Zeit nicht, ihrem Therapeuten mitzuteilen, dass sie in Gegensatz zu dem, was sie ihre Schüler lehrt und diese selbstverständlich von ihr annehmen, keineswegs regelmäßig jeden Morgen in aller Herrgottsfrühe meditiert, ja, außerhalb der gemeinsamen Yogasitzungen seit geraumer Zeit überhaupt nicht meditiert. Eines Tages nun nimmt sie ihr Herz in beide Hände, schaut ihrem Therapeuten gerade in die Augen und spricht langsam mit Nachdruck folgende drei simple Worte aus: »Ich – meditiere – nicht.« Ihr Begleiter bricht sogleich in unbändiges, nicht endendes Lachen aus, in welches nach einer kurzen verdutzten Stockung auch die Frau einstimmt. Beide schütteln sich vor Lachen, und die Tränen laufen ihnen über die Wangen.

Im Nachhinein überlegte sich der Therapeut, was eigentlich mit ihm geschehen war, und es wurde ihm klar, dass er bei der Aussage: »Ich meditiere nicht« ein Gefühl herrlichster Freiheit empfand, den Einbruch von etwas wunderbar Lösendem, und dass er sich dabei in Resonanz mit der Yogalehrerin befand, das heißt in Verbindung mit einer Freiheit, die noch gefangen und jetzt bereit war, von ihr Besitz zu ergreifen. – Diese Reaktion hatte die Frau am wenigsten erwartet; sie machte sich eher auf eine Moralpredigt gefasst, also darauf, dass der andere in ihre Selbstverurteilung einstimmte. Denn Freiheit hatte für sie bisher die Färbung eines heimlichen, unerlaubten Raubs, für den sie allerdings eine gewisse Fertigkeit erworben hatte. Offenkundig, ohne Scham und Schuld, wollte sie sich von nun an mit dem, was sie wirklich war, auch vor den Augen anderer behaupten: die Freiheit, in zwischenmenschlicher Transparenz sich selbst zu sein.

Diese kleine Beziehungserfahrung der Yogalehrerin mit ihrem Therapeuten hatte eine große Wirkung, auch auf den Verlauf der Psychotherapie. Von nun an sprach sie offen Dinge aus, die sie verschwiegen hatte, bisher ein empfindliches Hemmnis für deren Fluss. Im gemeinsamen Lachen hatten die beiden die entscheidende Schwelle überschritten. – Vermutlich hätte der Psychotherapeut auch außerhalb der Ausübung seines Berufs mit jedem ihm nahen Menschen gleich reagiert, mit der gleichen Wirkung auf den anderen: gemeinsame Erfahrung mystischer Unmittelbarkeit auch hier. – In ihrem wertvollsten Kern bildet Psychotherapie wirklich keine Ausnahme zu dem, was jede menschliche Begegnung fördert! – Übrigens: In Freiheit, den inneren Konflikt zwischen Antreiberin und Rebellin losgeworden, meditierte die Yogalehrerin wieder regelmäßig auch außerhalb der durch ihre Pflichten vorgegebenen Zeiten.

Ein Leben aus der »erotischen Einstellung«[21], aus Wahrhaftigkeit und Transparenz macht verwundbar. Kein Liebender kommt um Wunden der Liebe ganz herum. Wer sich der Liebe aussetzt, wird früher oder später auch an der Liebe leiden, bleibt er doch auch dann mit dem Geliebten verbunden, wenn dieser unglücklich ist oder sich zeitweilig, gar endgültig von ihm entfernt. Wer sich vom Leben berühren lässt, kommt nicht ohne Wunden davon. In einer nicht nur von Todes-, sondern auch von Leidensphobie beherrschten Zeit ist die Welt voller Schutzwälle gegen die Liebe. Der Romancier Bellow beschreibt das Vertrautsein vieler mit der Liebesleere: »Und wenn sie nun nicht die Frau seines Herzens war? Vermutlich war er auch nicht der Mann ihres Herzens. Es gibt Leute, die einem von vornherein dazu raten, das Herz dabei ganz aus dem Spiel zu lassen. Jeder leistet dem Herzen Lippendienste, natürlich, aber jeder ist auch mit dem Fehlen von Liebe vertrauter als mit ihrem Vorhandensein und gewöhnt sich so an das Gefühl der Leere, dass es ›normal‹ wird.«[22]

Im Gefühlsbereich überwiegt der defensive Schutzreflex auf Kosten einer offenen, frischen, offensiven Haltung, die auch gelegentliche Verletzungen in Kauf nimmt: eine Gleichgewichtsstörung in allen Lebensbereichen. Zum Beispiel nimmt die Vorstellung von dem, was wir nicht essen dürfen, bei vielen mehr Raum ein als die Lust am Essen selber. Versicherungen gegen Schadensfälle werden wichtiger als mutiges Leben mit Schadensrisiko. Aus Angst vor dem, »was passieren könnte«, wagen es manche nicht mehr, einfach zu leben: eine um sich greifende Kollektivphobie, vermutlich gefördert durch die Massenmedien, die einseitig fast nur von Schadensfällen, Unglück, Verbrechen, Gewalt und Krieg berichten. Während sich die Welt technisch und elektronisch aufheizt, erkaltet sie affektiv: anstelle der prickelnden Liebe immer mehr vernünftig unterkühlte Kommunikation; Tantra-Lehrgänge statt alltägliche Begegnung. Urlaub in den Tropen statt Hitze im Bett; durchrationalisierte Ehen ersticken Improvisation und Phantasie; immer mehr rote Ampeln und immer weniger freie Fahrt. – Deshalb mache ich mich hier zum Anwalt der »Wunden der Liebe« – nicht aus masochistischem Leidensbedürfnis, sondern um des Lebens, um der Liebe willen.

Allerdings, und das schicke ich voraus, gibt es in der Liebe auch unnötige, vermeidbare Wunden. Offene, erotische Grundhaltung ist nicht zu verwechseln mit der Blindheit dessen, der sich willenlos berauscht jedem aufbrechenden Gefühl ausliefert. Romantische Liebe hat oft eine Schlagseite in Richtung solcher unbewusster Unmittelbarkeit, in welcher der reflektierende Verstand nichts zu suchen hat. In seinem Roman »Arc de Triomphe« charakterisiert Remarque seine Heldin so: »Sie gab sich ganz hin an das, was sie gerade tat. Es streifte ihn vage, dass darin auch eine Gefahr lag. Sie war nichts als Trinken, wenn sie trank; nichts als Liebe, wenn sie liebte; nichts als Verzweiflung, wenn sie verzweifelte; und nichts als Vergessen, wenn sie vergaß.«[23] Das ist nicht der Fluss eines wachen, unmittelbar spürenden Bewusstseins, sondern der flüssige Zustand eines süchtigen Menschen, in Bezug auf die Liebe: »Romanzensucht«[24]. Davon soll nun nicht mehr die Rede sein.

In jedem Menschen gibt es eine »Lücke«, durch die er besonders verwundbar – und auch heilbar ist. Sie hängt mit früheren Verwundungen der Liebe zusammen; mehr oder weniger gravierend, gibt es sie in jedem Menschenleben. Diese Lücke verschwindet nie ganz. Solange wir sie nicht verdrängen, sondern sie aufmerksam berücksichtigen, sie als einen kostbaren Teil von uns wahrnehmen, bejahen, auch leiblich spüren, ist sie Quelle von Lebendigkeit und Erneuerung: »Die Wunde der Ungeliebten ist der Schoß, aus dem wir viele Male geboren werden.«[25] Diese Deutung der Lücke bewegt sich auf der Achse des Lebendigen, im Gegensatz zu Verhärtung und Fühllosigkeit. Doch selbst wenn wir uns in spürbewusstes Leben eingeübt haben, kann es geschehen, »dass unsere Wunde, wenn wir erschöpft und unachtsam sind, unter Umständen so weit geöffnet und so schutzlos ist, dass wir daran sogar sterben können«[26]. In Extremsituationen drohen alte Liebeswunden wieder aufzubrechen. Überwundene Muster der Selbstzerstörung werden wieder virulent. Ein Wort des Geliebten, unerwartet oder in einer labilen Phase der Beziehung oder in einer komplexhaften eigenen Situation ausgesprochen, auch ein schockierendes Verhalten von seiner Seite, können uns gefährlich tief treffen, wenn wir selber uns gerade in einem Zustand körperlicher oder seelischer Erschöpfung befinden. Denn durch Stress wird die Schutzhülle um unsere »Lücke«, unsere Wunde dünner.

Doch gibt es für die Verwundbarkeit des Liebenden nicht noch einen anderen, fundamentaleren Grund? Leben wir nicht in einer verwundeten Welt mit vielen Liebeslücken, und zwar nicht erst heute, sondern seit jeher? Da wir Beziehungswesen sind, existenziell verbunden im Ganzen, sind die Liebeswunden der Welt bis zu einem gewissen Punkt auch unsere Wunden. Kriege, Verbrechen, Umweltverschmutzung, Vergiftung der Nahrungsmittel und Hungersnöte: Selbst wenn wir nicht oder nicht richtig über sie informiert und nicht unmittelbar von ihnen betroffen sind, schlagen sie uns Menschen auf dem Erdenrund Wunden, bei der wachsenden globalen Vernetzung mehr denn je. Es gibt nur eine Alternative: Entweder erleiden wir sie passiv und entmündigen uns zu bloßen Kollektivgeschöpfen, oder wir spüren Verbindung und Mitverantwortung für die kollektiven Wunden, für Lieblosigkeit, Gewalt, Isolierung unzähliger Einzelner in einer von Gesetzen der Wirtschaft und Finanzmärkte zunehmend bestimmten und entfremdeten Gesellschaft ebenso wach und lebendig wie alles andere in uns. Trotz der Bedrohung durch das Zerstörerische in der Welt klammern wir dieses aus unserer Liebe nicht aus. Durch den von innen her treibenden Keim tätiger Liebe zur Welt, wie sie eben im Moment konkret ist, kann sich individuelle und kollektive Selbstzerstörung punktuell auflösen. Heilendes wächst uns zu, für uns selbst und auch für andere. Gleichzeitig aber sind wir, in dieser Öffnung zu einer sich exponierenden Liebe, auch mit-gefährdet. Manche werden sogar zu Märtyrern aus Liebe. Dann erleiden sie einen auch für andere stellvertretenden Tod. Ich glaube, dass dies viel öfters der Fall ist, als wir gemeinhin annehmen. Selbst das Opfer der Gesundheit kann unter seltenen Umständen notwendig sein, um den eigenen Weg zu Verbindung, Liebe und Fürsorge zu bahnen. Nicht nur für sich allein lebt und stirbt der Mensch.

Natürlich sind in diesem Zusammenhang jederzeit feine Unterscheidungen angebracht, vor allem zwischen tätiger Liebe und der Sucht nach Selbstaufgabe. In der Faszination vieler Jahrhunderte für Jesu Kreuzestod war sicher nicht nur das Bedürfnis nach persönlicher Entlastung und die Projektion eigener masochistischer Neigungen am Werk, sondern im Kern auch das gesunde Gespür für die Notwendigkeit, in kleinen und großen sozialen Zusammenhängen im Extremfall bereit zu sein, Wunden der Liebe auf sich zu nehmen. Was in der Vergangenheit »große Einzelne« gelebt haben, kann heute Leitbildfunktion für viele bekommen. – Auch Mahatma Gandhi, in seinem gewaltlosen Kampf für Freiheit, musste damit rechnen, von Fanatikern der Gewalt umgebracht zu werden. Er suchte seine Ermordung nicht, ebenso wenig wie Jesus, aber er öffnete sein Leben so vorbehaltslos und verfügbar für das kollektive Anliegen der Befreiung Indiens aus der Kolonialherrschaft, dass eben diese Offenheit auch die Lücke war, durch die der Tod von außen, in Gestalt seines Mörders, eindringen konnte. Ich kenne eine Hand voll unscheinbarer, bescheidener Menschen, die ähnlich wie Jesus und Gandhi in intensiver, liebevoller Verbindung mit kollektiven Anliegen, im Dienst an vielen Einzelnen oder in sozialen Engagements, Leiden und Tod zwar nicht suchten, doch in konsequenter Hingabe auf sich nahmen und dadurch zur Heilung anderer beitrugen: anonyme Helden der Liebe.

Die Menschheit bildet einen einzigen großen Leib. Einige hören in sich den Ruf, das Leiden an kollektiven Wunden auch stellvertretend für andere aktiv und bewusst durchzustehen. Sie haben diese Berufung nicht freiwillig angestrebt, doch gehört sie zu ihrem Wesen und verkörpert ihren Lebenssinn. Was sie zum Wohle anderer tun, geschieht also auch zu ihrem eigenen Wohl. Im Symbol der Auferstehung Jesu kommt beides zum Ausdruck: Der »aufgefahrene« Jesus im »Himmel« ermöglicht auch anderen den Zugang zu diesem, eine durchaus diesseitige Angelegenheit: Liebe, die stärker ist als der Tod, nämlich als die Unlebendigkeit eines in Gesetzen, Ideologien, Religionssystemen, Vorurteilen, Wertungen, also in kollektiven Unfreiheiten eingemauerten Daseins.

Auch solche Hingabe, die vor Leiden und Tod nicht Halt macht, ist ein Aspekt, wenn auch ein seltener, der spürenden Resonanz mit anderen. Dies trifft nicht nur, wie bisher von mir beschrieben, für die Verwundbarkeit durch äußere sondern auch durch innere Faktoren zu. Auch gegen den Mörder von innen ist keiner ganz gefeit. Denn nicht nur lebensförderliche, zur Entwicklung bestimmte Kräfte des Kollektivs schwingen ja in uns mit, sondern auch hemmende, zerstörerische, vielleicht situativ ausgelöst durch bestimmte Mitmenschen. Die Wirksamkeit destruktiver Kräfte in uns vermögen wir zwar meist durch emotionale und körperliche Zentrierung einzudämmen, ja, sogar in eine förderliche Entwicklung zu leiten, doch kann es auch geschehen, dass sie uns Schaden zufügen, und dies nicht nur in Einzelfällen. Jeder »Held der Hingabe« hat seine Achillesferse, seine Lücke: den eigenen für Selbstzerstörung anfälligen Ort, wo er getroffen, verletzt, sogar umgebracht werden kann. Falls dies geschieht, dann vielleicht sogar zu seinem eigenen Wohl, wird er doch dadurch zum sterblichen, gewöhnlichen Menschen, zum »Anti-Helden«.

Oft ereignen sich im Verlauf einer Hingabe paradoxe, geheimnisvolle Dinge. Die griechische Mythologie weiß darüber eine merkwürdige Geschichte zu berichten: Der Kentaur Chiron, halb Mensch, halb Pferd, erster Wundarzt und Chirurg, wird bezeichnenderweise von einem Schüler, nämlich Herakles, dem er paradoxerweise die Heilkunst beigebracht hat, durch einen »unglücklichen Zufall« mit einer unheilbaren Wunde geschlagen. Muss der

Schüler den Lehrer, der Sohn den Vater, einer, der Förderung erfahren hat, den Förderer, der Liebende den Geliebten nicht manchmal verletzen, ihm ungerechtfertigte Vorwürfe, stellvertretendes Leiden zumuten, um sich von ihm lösen zu können, selbst noch zu schwach, um Last und Schuld der notwendigen Trennung auf sich zu nehmen, eine Schwäche, die sich nach erfolgter Stellvertretung durch den anderen vielleicht in eigene Stärke verwandelt? – Der pubertäre Ausspruch: »Das ist nicht mein, sondern dein Problem; wir sind uns einmal begegnet und gehen nun jeder seinen eignen Weg« überschreitet die Schwelle einer Liebe aus stellvertretender Hingabe nicht! In welch epidermische Vordergründigkeiten sich die Auffassungen von Liebe doch zurückgezogen haben: Verflachung des Erlebens, Vergessen uralter, beunruhigender und doch durch ihren Wahrheitsgehalt beglückender Weisheit!

Die unermüdliche, erfolglose Suche nach Heilmitteln für sich selbst macht Chiron zum Wundarzt für andere, auch zum Lehrer des Heilgottes Asklepios. Doch findet er erst Heilung, als er es auf sich nimmt, stellvertretend für Prometheus sich an den Felsen ketten zu lassen. Dadurch nämlich nimmt er Sterblichkeit an, wird von der unheilbaren Wunde erlöst und in den Hades aufgenommen. – Das Prinzip der Stellvertretung kann Dimensionen annehmen, die erschaudern machen. Doch auch mit ihnen haben wir, wenn es die Beziehung fordert, einverstanden zu sein.[27] Gerade dieses Einverständnis in das Letztmögliche schafft Verbindung mit dem Wunderbaren. Der Mythos der Auferstehung Christi nach dem stellvertretenden Kreuzestod entspricht dieser besonderen Erfahrung des Wunderbaren.

Im Kunstmärchen »Der selbstsüchtige Riese« schildert Oscar Wilde dessen Erlösung durch stellvertretendes Leiden auf berührende Weise. Ich gebe seinen Schluss wieder:

»... auf den Handflächen des Kindes waren zwei Nägelmale, und zwei Nägelmale auf den kleinen Füßen. ›Wer hat es gewagt, dich zu verwunden?‹ schrie der Riese; ›sage es mir, damit ich mein großes Schwert nehme und ihn erschlage.‹ ›Nein!‹, antwortete das Kind; ›denn dies sind Wunden der Liebe.‹ ›Wer bist du?‹ fragte der Riese, und eine seltsame Ehrfurcht befiel ihn, und er kniete vor dem kleinen Kinde ... Und als die Kinder an diesem Nachmittag in den Garten liefen, fanden sie den Riesen tot unter dem Baum liegen, ganz bedeckt mit weißen Blüten.«[28]

Meine Betrachtungen über die Wunden der Liebe haben uns in ein Spannungsfeld geführt, das nie ganz zugunsten einer ruhigen, vollständigen Harmonie aufgelöst werden kann. Nebst der möglichen Erfüllung trägt die Liebe in sich das Wesensmerkmal des Unmöglichen und Unerfüllbaren, über sich jederzeit Hinausweisenden. Deshalb gelten meine letzten Gedanken zur Liebe der Sehnsucht, und zwar ausschließlich im Zusammenhang mit Liebe und Hingabe. Wir beschäftigen uns also nicht mit den Inhalten der Sehnsucht, insofern sie die Stillung eigener Bedürfnisse betreffen, etwa Heimat, Abenteuer, Freiheit, Erfolg[29]. In einem Bedürfnis allerdings, nämlich dem nach Glück, wird deutlich, dass Hingabe an ein Du immer auch Hingabe an sich selbst einschließt. Wenn vom Leid gesagt wird, dass es, einmal geteilt, nur noch halbes Leid ist, so gilt für das Glück das Gegenteil: geteilt verdoppelt es sich, ja, wird erst eigentlich zu Glück. Die Sehnsucht nach Glück, die umfassendste all unserer Sehnsüchte, entspricht der nach Verbindung, nach wacher, bejahter Entmachtung des Ich zugunsten natürlicher größerer Lebenskreise, in denen wir aufgehoben – und verantwortlich sind. Und weil es erlebte polare Verbindung nicht ohne die Realität gleichzeitiger Trennung gibt, wäre der Anspruch auf Erlösung von der Sehnsucht illusorisch.

Die Erfahrung von Glück bewegt sich ständig im großen Spannungsfeld zwischen Glücklich- und Unglücklichsein, einmal stärker in die eine, dann wieder in die andere Richtung. Solange wir im Glück einer Beziehung nur das Glücklichsein suchen, verdrängen wir die Notwendigkeit, Einsamkeit, »Abkehr von der Welt«, Selbstbesinnung, »Furcht und Zittern« in der Leere unerschrocken durchzustehen. Schließlich können wir auch darin Glück erleben, auch darin mit anderen in deren Einsamkeit verbunden sein, sodass sich das »Eine« der Einsamkeit im Paradox der natürlichen Ganzheit von Verbindung und Trennung potenziell zur ganzen Welt hin ausdehnt. – Für Walter Benjamin bedeutet Glück, seiner selbst ohne Schrecken innezuwerden. Verschließen wir uns diesem einzig möglichen Weg zum Glück, so schließen wir uns selbst aus dem Glück aus: Das verteufelte Unglück tritt durch die Hintertür ein, überfällt uns von hinten, wird destruktiv, nimmt von uns, den Widerstrebenden, ganz und gar Besitz und raubt dem Glück seinen Spielraum. – Der Versuch, Unglück zu vermeiden, kann nie ganz glücken. Zum Glück gehört auch die beherzte, bejahende Wahrnehmung unvermeidbaren Unglücks. Weil also Glück in dieser vergänglichen Welt jederzeit die Möglichkeit des Unglücks durch Trennung, Einsamkeit, Krankheit und Tod einschließt, ist Sehnsucht eine Eigenschaft jedes Glücks, also auch jeder lebendigen Beziehung.

Das neuhochdeutsche Sprachgefühl verbindet Sehnsucht mit Sehne und Suche. Darin irrt es zwar doppelt, bedeutet doch »Sucht« etymologisch im Althochdeutschen Siechtum, also Krankheit, ähnlich wie »Sehnen« sich nicht von der Sehne ableitet, die einen Bogen spannt, sondern »schlaff, kraftlos und unlustig sein« bedeutet.[30] Doch bestimmt ja nicht die Etymologie, sondern unser derzeitiges Erleben eines Wortes, was es für uns konkret bedeutet. Die Tatsache, dass wir im Neuhochdeutschen von »Sehnsucht *nach* etwas« sprechen, veranschaulicht, dass wir unter Sehnsucht konkret das Suchen nach etwas, das uns fehlt und nach dem wir uns mit der Spannung eines Bogens ausstrecken, verstehen. Im entsprechenden portugiesischen Wort »saudade«, vor allem in der Weise, wie es in Brasilien erlebt und verstanden wird, bedeutet Sehnsucht sogar die wichtigste Eigenschaft der Liebe.

Versuchen wir doch hier, uns von Zielen und Inhalten der Sehnsucht zu lösen und deren Eigenart ausschließlich vom Suchen her: vom uns Hingeben an etwas, das wir suchen, als existenzielle Orientierung zu begreifen! In Bezug auf die Liebe gilt unsere Sehnsucht in der Tat weniger einer inhaltlich durch einen anderen Menschen zu ergänzenden Ganzheit – die bekannten beiden Kugelhälften Platos, die, in Urzeit voneinander getrennt, sich seither unablässig suchen –, oder der individuellen Vereinigung mit der eigenen gegengeschlechtlichen »Seele«[31], als der subjektiven Vollständigkeit eigener Hingabe: dem Lieben ohne Wenn und Aber, ohne ausschließende Trennung zwischen dem Liebenden und Geliebten, als Ausdruck höchsten, unmittelbarsten Glücks.

Auch diese existenzielle Sehnsucht findet keine letzte Erfüllung. Doch weil sie das Wesen der Sehnsucht erfasst, macht sie es möglich, Schritte in Richtung der Erfüllung zu tun. Dass Letztere sich allerdings bei jedem der Schritte auf sie zu ebenfalls einen Schritt von dem sich sehnsüchtig Hingebenden entfernt und ihn von einem noch bewegenderen Geheimnis her erschaudern macht, ist auch nicht zu verschweigen: Ebenso wie die Einsamkeit ist uns auch die Sehnsucht wesentlich. Weil Hingabe sehnsüchtig, also immer unvollständig bleibt – ein unablässiges Suchen –, wühlt sie uns auf und ist dem Erleben rätselhaft und wunderbar: eine Erfahrung, die Mystiker mit dem Wort Gott assoziierten, so Johannes vom Kreuz im sechzehnten Jahrhundert: Der Schmerz der Trennung wird immer glühender, je näher die Seele Gott kommt, denn diese Nähe führt dazu, dass man »das Fehlen Gottes immer intensiver in seinem Inneren erfährt«[32]. Je mehr wir uns einem Menschen oder einer Aufgabe hingeben, desto schmerzlicher erfahren wir das Fehlen unserer Hingabe: die Abwesenheit »Gottes«. – Im Einverständnis mit dem Wunderbaren zu sein, bedeutet auch Demut vor dem eigenen unauflösbaren Gefühl der Sehnsucht, vor dem Mangel eigener Vollkommenheit in der Liebe.

Ist uns die Unerfüllbarkeit der Sehnsucht, die Unvollständigkeit der Hingabe stets ohne weiteres bewusst? – Träfe dies zu, so wäre sie durch die Jahrhunderte nicht immer wieder zum ausdrücklichen Thema gemacht worden, zum Beispiel vom Philosophen Plato in der griechischen Antike, von der höfischen Minne im Mittellalter und von der Romantik in der Neuzeit. Es gibt eine eigentliche Kultur der Trennung oder Abwesenheit in der Liebe, der unauflösbaren Verbindung von Liebe und Tod durch die Geschichte. Deren Ziel ist es wohl, dass wir uns in keiner Situation mit dem momentanen, noch beschränkten Maß eigener Hingabe abfinden und uns so im Leben einrichten, als hätten wir das Ziel unserer Sehnsucht erreicht: Wahrhaftigkeit in der Sehnsucht im Gegensatz zu einem trägen, satten, stumpfsinnigen Genießen, das die Realität unüberwindbarer, schmerzlicher Trennung beiseiteschiebt, nicht zu verwechseln mit wirklichem Genuss, dessen Intensität im Bewusstsein der Vergänglichkeit zunimmt.

Plato beschreibt ein eigentümliches Verhalten des Mannes Sokrates dem Geliebten gegenüber, nämlich »jene Liebe, die mit voller Intensität sich auf den anderen richtet und sich doch zugleich zurückhält«, die so genannte platonische Liebe.[33] Indem er diese kultiviert, lernt der Philosoph, sich sowohl im Gefühl als auch im Denken die kreative Unruhe zu bewahren, zu der gleichzeitig eine unerschütterliche innere Ruhe – Zentrierung in der Bewegung – gehört. Der von Plato geprägte Kirchenlehrer Augustinus drückt dies um das Jahr 400 mit dem Satz aus: »Unruhig ist unser Herz, bis es ruht in dir, o Gott.« Allerdings ist die »Ruhe in Gott« nicht als etwas noch Ausstehendes, Zukünftiges zu sehen, sondern als die wichtigste gegenwärtige Eigenschaft des »unruhigen Herzens«: die Ruhe eines wahrhaftigen Menschen, der sich nicht vormacht, je am Ziel angekommen zu sein.

Mit der gleichen Absicht kultiviert die höfische Minne im Mittelalter die »Spannung des Liebenden, der die Sehnsucht nach seiner Dame verstärkt, ohne sie zu befriedigen, und damit eine Erfahrung ganz besonderer Art macht, die ohne weiteres einer mystischen Erfahrung vergleichbar ist«[34]. Der Zauber der Liebe kommt aus der Spannung im nicht ganz zu lüftenden Geheimnis des anderen und der Beziehung. – In einer Zeit, da Bedürfnisbefriedigung mit Glück, Erfolg mit Erfüllung, Haben mit Sein notorisch verwechselt wird, mag es heilsam sein, sich an die Kultur der sehnsüchtigen Hingabe und schmerzlichen Trennung zu erinnern, verkörpern Letztere doch Dimensionen jedes wirklichen, das heißt realistisch möglichen Glücks.

In diesem kulturellen Zusammenhang vermögen wir auch einen Sinn in einer nicht frei gewählten »unmöglichen Liebe« zu erkennen, einer Liebe also, die aufgrund der konkreten Beziehungssituation keine Erfüllung findet. Es gibt viele Formen der unmöglichen Liebe, etwa: Lieben ohne Wiedergeliebtwerden; sich einer zeitlich begrenzten Beziehung hingeben, wie zum Beispiel in der griechischen Antike im pädagogischen Eros vonseiten eines reifen Mannes zu einem Epheben; oder einen bereits in Liebe verantwortlich gebundenen Menschen lieben: deutliche Einzelfälle für eine Dimension, die weniger deutlich auch in jedem anderen Sichhingeben, in jedem anderen Lieben mit enthalten ist, also selbst da, wo die Neigung erwidert wird: Liebe als Mut zur eigenen Lebendigkeit in der Hingabe an ein Du. Dieses, weil mit dem Ich des sich Hingebenden nie identisch, bleibt fremd, geheimnisvoll und unheimlich, wunderbar anziehend und auch gefährlich, weckt grenzenloses Vertrauen und auch abgründige Angst. Es setzt uns mit der notwendigen Einsamkeit in Berührung, der sich vorsichtige, zum Leben teilweise distanzierte, wenn auch vielleicht gesellige Einzelgänger entziehen. Solche Hingabe zu riskieren, aktiviert Gefühle besonderer Art, intensivste, aus dem Alltäglichen herausgehobene Gefühle, die Menschen aller Zeiten mit dem Heiligen, »Göttlichen« in Verbindung gesetzt haben, nicht zu verwechseln mit der aus ihnen oft folgenden Verführung, sie in bestimmten Inhalten, bestimmten Religionssystemen hand- und dingfest zu machen. – In jeder wirklichen Hingabe ein Wittern des Grenzüberschreitenden, Zauberhaften, Ekstatischen, Rätselhaften und Wunderbaren: ein Wittern »Gottes«.

4
Gott

Neulich erwachte ich plötzlich mit folgendem prägnanten, soeben geträumten Satz: »Gott ist die Verbindung zwischen den Einzelheiten im Ganzen, weder ich noch du noch die Welt.« – Gott erfahren heißt Einheit zwischen Verschiedenen erfahren, nicht durch ein logisch beschreibbares »objektives« Band, sondern durch die eine, nicht durch Wertungen getrennte, sondern gleichzeitige, unbefangene, offene und direkte Wahrnehmung unterschiedlichster Dinge: die Wahrnehmung einer allgemeinen Resonanz. Ganzheit ist eine Kategorie der Wahrnehmung. – Dem Ich befreiend entrückt und enthoben, auch keinem Du, keinem Weltding, keiner Vorstellung, keinem Glaubensinhalt, keinem »Gott« verfallen, ganz und gar Hingabe an das Ganze, ganz und gar zwischen den Zeilen, Dingen, Menschen. In energiegeladenen Momenten eines innigen Realismus, eines ganzheitlichen Innewerdens ereignet sich die religiöse Ursprungserfahrung. Eine Übersetzung des Begriffs Religion bezieht sich auf das lateinische Wort »religare«: zurückbinden, wieder binden, neu verbinden. – Jiddhu Krishnamurti schreibt: »Der religiöse Mensch ist etwas ganz anderes als der Mensch, der einen religiösen Glauben hat. Sie können nicht religiös und zugleich ein Hindu, ein Moslem, ein Christ, ein Buddhist sein ... Im geistigen Zustand des religiösen Menschen gibt es keine Furcht und daher keinerlei Glauben, sondern nur das, was ist – was tatsächlich ist«[1]:

unmittelbare Wahrnehmung und Verbindung mit dem Tatsächlichen von Moment zu Moment. – Ab und zu fragen mich an ein bestimmtes Glaubensbekenntnis gebundene Menschen misstrauisch: »Was glaubst du eigentlich? Sag es mir endlich genau und ohne Umschweife!« – Universelle Resonanz ist keine Glaubens- sondern eine Erfahrungstatsache, allerdings mit der Tiefe eines nicht erschließbaren Geheimnisses. – Ich glaube nichts, aber ich beuge mich dem Geheimnis.

Bezieht sich Religion nicht auf ein Jenseits, bedeutet sie nicht Rückbindung an etwas, das nicht von dieser Welt ist? In einem gewissen Sinne ja. Doch was heißt »Jenseits«? Wie erfahren wir das, was Diesseitiges transzendiert, das heißt übersteigt? Alle Mystik, gleichgültig, ob ihr kulturell-religiöser Hintergrund nun monotheistisch, polytheistisch oder atheistisch ist, weiß auf diese Frage eine gemeinsame Antwort: Jenseitserfahrung besagt: die getrennte Wahrnehmung von isolierten einzelnen Menschen, Tieren, Pflanzen und Dingen übersteigend zur Einheit von allem Seienden, zur All-Einheit zwischen allen einzelnen Seienden, die zwar verschieden sind und verschieden bleiben, erwachen. Solche Einheit lehren zwar auch die Naturwissenschaften, unter anderem ausgehend von der allgemeinen Evolutionstheorie, doch das meine ich nicht. Das Einheitserleben, von dem ich spreche, ist anderer Art als Verstandeswissen, »übersteigt alles Begreifen«. Es existiert vermutlich schon, seit es Menschen gibt. Es stammt aus der intensiv erlebten Verbindung zwischen dem Menschen und der Welt, Letztere im Moment konkret vertreten durch dieses oder jenes Einzelne: einen bestimmten Menschen, ein besonderes oder auch gewöhnliches Ereignis, etwas Schönes oder Hässliches, etwas, das Leben fördert oder vernichtet; aus einer Verbindung, so glühend und umfassend, dass es für den, der sich in ihr befindet, weder sich selbst noch die Welt gibt, sondern bei allen Verschiedenheiten nur noch Verbindung. Deshalb scheint es manchmal, als würde Mystik in einem Rausch der All-Einheit reale Grenzen verwischen. Geschieht dies wirklich, so fällt ihr Schwung bald in sich zusammen: ohne gelebte Polarität keine erlebte Verbindung; nur im Zwischen von Grenzlinien zeichnen sich Berührungslinien ab. An den Beziehungsfrüchten lässt sich erkennen, ob wir es mit wacher, wahrer Mystik oder mit regressiver Verschmelzung zu tun haben.

Die Erfahrung der All-Einheit erzeugt keineswegs nur behagliche Harmonien und Konsonanzen, schon gar nicht ein Leben in satter Zufriedenheit. Sie beruht also nicht auf der Verdrängung realer Dissonanzen, beseitigt oder nivelliert nicht Leid, Schuld und trennende Gräben. Sie lässt sich nicht auf glückliche Stimmungen und Umstände zurückführen. Sie ist die bewegendste, befreiendste, existenziellste Erfahrung, eine Quelle grundsätzlicher Liebe, dynamischer als alte Wertungen, Trennungen, Lieblosigkeiten. Zwar bedarf sie noch der alltäglichen, geduldigen, vielleicht komplizierten Erschließung und Kanalisierung. Doch als Ursprungsquelle bleibt sie erschlossen. Die radikalste Schwellenerfahrung ist ein für alle Mal geschehen, selbst wenn wir sie wieder vergessen. Beim Überschreiten der Schwelle kommen uns unverwechselbare, besondere, »religiöse« Wörter über die Lippen, wie »Gott«, »heilig«, »Jenseits«, »Ewigkeit«, »Ehrfurcht«. Die einmal überschrittene Schwelle will wieder und wieder überschritten werden; auch deshalb: »*re*ligare«, also erneut verbinden: Identität einzig und allein im Ganzen durch Verbindung. Nach einer Phase entfremdender Isolierung frei machende und stärkende Ganzheitsidentität.

Eben das meinte der französische Naturwissenschaftler und Mystiker Pierre Teilhard de Chardin seit 1914 mit dem Sätzchen: »Tout se tient« – zu deutsch: »Alles hängt zusammen«. Für ihn motiviert die mit vitaler Glut erfasste komplexe Einheit der kosmischen Evolution – »vue ardente«: »glühende Sicht« – zur geschichtlichen Verwirklichung einer Einheit, die er mit dem Gesetz »Wachsende Komplexität – wachsendes Bewusstsein« definiert. Die Erde entwickelt sich zu einem globalen Ganzen, das er Noosphäre, Sphäre des Geistes nennt.[2] Mystik als verbindende Aktivierungsenergie menschlicher und menschheitlicher Entwicklung, notwendiges Gegengewicht zu einer bloß äußeren, äußerlichen Organisation, Kommunikation, Vernetzung, denn dieser, auf sich alleine gestellt, fehlt es an Seele. Sehnsucht als Dimension dieser Einheitserfahrung, weil sie in ihrer Unerfüllbarkeit eine Dynamik über die Möglichkeiten der Verwirklichung hinaus in Bewegung setzt: »Aus unendlichen Sehnsüchten steigen / endliche Taten wie schwache Fontänen,/ die sich zeitig und zitternd neigen« (Rainer Maria Rilke).

»Gott« meint also primär keinen neuen Denkinhalt, wohl aber einen neuen Erlebnishorizont, nämlich das geheimnisvolle, zauberhafte Selbsterleben im Zwischen einer unmittelbar wahrgenommenen Verbindung, »die verzückende Dynamik der Beziehung«[3] (Martin Buber). Was wir mystische Erfahrung nennen, ist die Ursprungserfahrung von Religion überhaupt. Im vorliegenden Buch geht es deshalb weder um Religionsgeschichte – »Religion« verstanden als kollektive, geschichtliche Folgeerscheinung mystischer Erfahrung bei mehr oder weniger ausgeprägter, unvermeidlicher Entfremdung von dieser – noch um die mythologischen, kollektiven Ausdrucksformen in den verschiedenen »Religionen« – für Jung »die ältesten therapeutischen Systeme der Menschheit« – in Bild, Ritus und sprachlicher Formulierung, sondern einzig um die Beschreibung dieses rätselhaften, allen unterschiedlichen

Religionssystemen zugrunde liegenden gemeinsamen *Seelenzustandes*, dessen reifste Form ich als »Einverständnis mit dem Wunderbaren« bezeichne.

Es lohnt zu erinnern, dass in Ursprungsgesellschaften das, was spätere Hochreligionen Gott oder Götter nannten, noch in keiner Weise inhaltlich festgelegt, schon gar nicht nach außen in einen »Himmel« verlagert wurde, sondern eine reine Energieerfahrung war: das, was die Ethnologie mit dem polynesischen Wort »Mana« bezeichnet: eine ungeheure Energieladung in was oder wem auch immer. Weil Mana so eindrücklich ist, können wir nicht anders als mit ihm in Verbindung zu sein, verdichtet sich doch in ihm zu einem bestimmten Moment magisch die ganze Welt. Im anziehenden und angstmachenden Kontakt mit Mana ist der Mensch nichts anderes als vibrierende Verbindung, ob das grenzenlos bewegliche Mana sich nun in einem Naturphänomen, im ekstatischen Tanzen, in einem besonderen Gegenstand – Fetisch – oder Menschen – einer so genannten »Mana-Persönlichkeit« –, in Krankheit oder Tod der Erfahrung aufdrängt.

Zu eben dieser Ursprungserfahrung »Gottes« kehre ich mit dem Bewusstsein eines Menschen unserer Zeit und Kultur zurück. Um deren Ausfächerung und Fruchtbarmachung in der Psyche heutiger Menschen, denen der Zugang zu einem konkretistisch mythologischen Verständnis von Religion, zu den Vergegenständlichungen des Religiösen in den Religionssystemen verwehrt ist, geht es mir, also auch nicht an erster Stelle um die von Jung psychologisch erschlossenen allgemein verbreiteten archaischen Grundmuster religiöser Bilder und Rituale. Die mystische, an keinen Inhalt fest gebundene, im Leib ekstatisch vibrierende All-Einheitserfahrung, die den verschiedensten bildlichen und rituellen religiösen Motiven zugrunde liegt, geht leicht verloren, und schon öffnen sich Tür und

Tor für theologisches, psychologisches oder esoterisches Sektierertum. Der geistige und gefühlshafte Fokus der mystischen Ursprungserfahrung könnte es möglich machen – so meine Phantasie –, dass nach Jahrzehnten der Stagnation, Rückzugsgefechte und defensiven Verschanzung zur bloßen Selbsterhaltung eine authentische Entwicklung der Religiosität auch innerhalb der christlichen Kirchen anhebt – außerhalb von diesen findet sie seit langem statt, allerdings meist ohne die notwendige Verwurzelung in der Geschichte des Abendlandes. Ohne diese aber mangelt es dem mystischen Einheitserleben an geschichtsformender Kraft. – Die Realutopie einer weltweiten Ökumene inner- und außerhalb der etablierten Religionen in West und Ost aus der Quelle der Mystik! Fehlt diese, so fehlt auch die Energie zu Wandlung und Entwicklung, und die gut gemeinten »ökumenischen Dialoge« werden zu peinlichen, anachronistischen Spiegelfechtereien und Scheinmanövern zwischen sklerosierten Religionssystemen. Niemand will so recht das, was doch alle Wohlmeinenden richtig finden, nämlich das Zusammenwachsen dessen, was »eigentlich« zusammengehört! Was fehlt, ist der freie Schwung und die Motivation zu schöpferischer Verbindung: die Wahrnehmung des Einen in den verschiedenen Bekenntnissen.

Am ehesten kommen wir der Sache der mystischen Einheitserfahrung näher, wenn wir uns an die Kindheit oder an eine Verliebtheit erinnern. In Verbindung mit einer nahen Bezugsperson, in der Versunkenheit des Spiels, der Verschmelzung mit einer Märchenfigur oder einer Melodie vergisst das Kind bis ins frühe Schulalter hinein sich selbst: entzückt, verzaubert, entrückt. Auch wenn Angst es überwältigt, ist sein noch schwaches Ich identisch mit einer bestimmten, sich ihm aufzwingenden Verbindung, etwa mit der Dunkelheit, einer »bösen« Traum-

oder Märchenfigur, einer angedrohten Strafe. Die »Einheitswirklichkeit« des Kindes[4], am intensivsten erfahren im Mutterleib, beruht aber nicht primär auf einer noch rudimentären Ichbildung, sondern zunächst auf der für jede Phase individueller und kollektiver Entwicklung geltenden Tatsache, dass unsere Identität wesentlich aus Resonanz in einem »Beziehungsgefäß« besteht. Verbundenheit des Einzelnen in größeren »Netzen« ist die wichtigste Eigenschaft von Identität. »Was wir in der Sprache unvordenklicher Traditionen Seele nennen, ist in seinem empfindlichsten Kernbereich ein Resonanzsystem, das in der audiovokalen Kommunion der pränatalen Mutter-Kind-Sphäre eingespielt wird.«[5] Gott in uns, die Erfahrung des Göttlichen ist das Identität stiftende Elementare, Anfängliche und Einfache, das »bereits als Resonanz zwischen polaren Instanzen« erscheint.[6] Indem wir Gott als grundsätzliche, allgegenwärtige Resonanz verstehen, knüpfen wir sowohl an die Erfahrung des Numinosen in Ursprungsgesellschaften als auch an das Selbsterleben einer wachsenden Zahl von Menschen an.

Auch Verliebtheit dürfen wir nicht einfach als unreifes, gar neurotisches Selbsterleben, als unrealistische Projektion abtun. Im Entzücken einer neuen Liebe wird das Du zum Tor, durch das die ganze Welt in uns einfließt[7] und wir uns in Resonanz erfahren, auch wenn diese noch mit vielerlei Projektionen vermischt ist. Schmelzende Verbindung sind wir dann: ein »göttliches«, ekstatisches Gefühl, Verheißung und Ankündigung des noch fehlenden mystischen Einverständnis in die Wirklichkeit, das im Gegensatz zur bloßen Verliebtheit natürlich einer langen Reifung und eines wachen Bewusstseins bedarf.

Religion meint also ursprünglich die ekstatisch getönte Erfahrung einer direkten resonanten Verbindung mit dem, was für den bloßen Verstand als von uns abgetrennt erscheint. In ihrem reinsten Ausdruck ist sie schlichtes, absichtsloses Lieben und Einverständnis mit dem Wirklichen. Religion als Verbindung bedeutet nicht die Summe der für die mystische Erfahrung verbundenen Teile, sondern etwas aus diesen nicht Ableitbares, und in diesem Sinne Jenseitiges, Transzendentes, Ewiges, Unendliches, wie ja auch in der christlichen Dreifaltigkeit die Verbindung von Vater und Sohn ein Drittes ist, nämlich der Geist als »dritte Person«. Dieser »weht, wo er will«, das heißt er ist reine Resonanz. – Das Dritte der Verbindung drängt wie erwähnt auch die Sprache zu neuen Wörtern: Gott, heilig, numinos, beten, Andacht und andere. Dabei soll nie vergessen gehen, dass solche Wörter in der beschriebenen mystischen Erfahrung wurzeln, außerhalb der erlebten und gelebten Resonanz folglich keine gesonderte Daseinsberechtigung haben. Sonst mästen sie mit ihren Buchstaben einen Popanz, der in der Einbildung träge gewordener Seelen ein Scheinleben führt, feist an Leib und hohl an Geist.

Weil das, was wir als Gott bezeichnen, reale Verbindung – in der entwickeltsten Form Liebe – ist, ereignet sich deren Erfahrung oft in menschlicher Gemeinschaft. »Gott« stiftet Gemeinschaft. Kein Wunder also, dass Religionsgemeinschaften entstehen, kein Wunder auch, dass diese wie alle ideologisch motivierten Gruppierungen riskieren, mehr und mehr zu verknöchern und zu engen Hüllen eines blutleeren, zwanghaften Denkens, Fühlens und Verhaltens zu verkommen. Im Gegensatz dazu ist die Ursprungserfahrung »Gottes« beweglich wie strömendes Wasser und in dieser Hinsicht anarchistisch ungebunden. Die dem Resonanzerleben eigene mobile Freiheit macht sie zum Wunderbaren schlechthin. – In diesem Dilemma befinden sich nicht nur Religionssysteme, sondern alle Gemeinschaften institutionalisierter Liebe, allen voran die

Ehe, sofern diese im Einzelfall überhaupt aus Liebe geschlossen wurde. Einesteils intensiviert Gemeinschaft die Erfahrung eines »Gottes«, der Liebe, und einer Liebe, die »göttlich« ist, andernteils erschwert sie Flusserfahrung und Fließexistenz, ohne die es kein mystisches, kein religiöses Erleben, keine Liebe, keine authentische menschliche Entwicklung gibt.

Und doch soll dieses Dilemma nicht entmutigen, im Schoß einer Gemeinschaft eine auch über diese hinausweisende, »göttliche« Verbindung zu suchen und zu stärken. Ich selber habe in der Atmosphäre mystisch gestimmter Gemeinschaft wertvolle, viele Wechselfälle überdauernde Freundschaften geschlossen, auch wenn ich seit langem kaum mehr Kontakt zu kirchlichen Gemeinschaften pflege, außer wenn ich in kirchliche Akademien zu Vorträgen eingeladen werde. – Auch in geistigen Gemeinschaften mit einem gemeinsamen Bildungsziel, in Gemeinschaften des Lernens und Forschens außerhalb eines religiösen Kontextes, habe ich oft, zur eigenen Überraschung, »Gott« gefunden. Gut verstehe ich die über dem Eingangsportal der ehrwürdigen Sankt Galler Klosterbibliothek angebrachte griechische Inschrift: »Psychès Iatreion«, »Seelenklinik«, oder »Heilmittel für die Seele«. Sich gemeinsam um Bücher, um Wissensinhalte bemühen kann ebenfalls in die Nähe der Schwelle führen, von der aus sich der Raum zu einem nährenden All-Einheitsgefühl öffnet. Das Gleiche gilt auch vom gemeinsamen Musizieren oder Musikhören, auch von gemeinsamen, langen Wanderungen, in deren Verlauf die Schritte sich mehr und mehr wie von selber tun und wir nichts anderes als dieses aktive Geschehenlassen der gemeinsamen Schritte sind. Im gemeinsamen, engagierten Tun bis an die Grenzen des Möglichen kommt Mystik besonders befreiend zum Vibrieren.

Die Sehnsucht nach mystisch motivierter Gemeinschaft lebt stark in mir. Manchmal schmerzt mich der unumgängliche Verzicht auf Kirche, auf institutionalisierte religiöse Gemeinschaft. Im Alter von etwa fünfzehn Jahren schrieb ich einen Aufsatz, der mit folgendem Bild endet: Ein alter Mann kehrt nach dreißig Jahren in der Fremde unerkannt in sein Heimatdorf zurück, setzt sich auf die Treppe der Kirche, ohne in diese eingetreten zu sein, und stirbt, eine Szene, die mich heute peinlich berührt, und doch klingt aus ihr trotz Kitsch etwas Wahres immer noch in mir an. Der schmerzlichste Moment bei meinem Abschied vom kirchlichen Amt war die letzte Messe, die ich in meiner Privatwohnung in München-Schwabing im Kreis einiger mir vertrauter Freunde aus der Hochschulgemeinde ohne Paramente – kirchliche Gewänder – und in freier Formulierung feierte. Damals ahnte ich bereits, dass ich nie einen gleichwertigen Ersatz für diese »Kommunion«, diese Gemeinschaftserfahrung finden würde, auch wenn ich seither, etwa in Psychotherapiegruppen, schon viele Male reinere, ehrlichere Intensität gemeinschaftlicher Resonanz und konkretere Auswirkungen der mystischen Einheitserfahrung auf Entwicklung und Heilung erlebt habe. Doch sind solche Gruppen bloße Übergangsgemeinschaften, deren Sinn im Überschreiten der Schwelle zu einem neuen, adäquateren In-der-Welt-Sein besteht, und müssen es auch sein, im Gegensatz zu kirchlichen Gruppierungen.

Oft kreisen meine Phantasien um die Möglichkeit mystisch motivierter Gemeinschaften ohne dogmatische und moralische Eingrenzungen. Im italienischsprachigen Schweizer Kanton Tessin, wo ich seit acht Jahren lebe, stehen überall verstreut am Wegrand kleine, offene Kapellen. Täglich begegne ich ihnen auf meinen langen Spaziergängen. Noch in meiner Kindheit wurden sie alle von frommen Frauen gepflegt und mit Blumen geschmückt. Heute stehen viele von ihnen verwahrlost da. Frische Blumen fehlen; tote Wachsblumen mit Staub überpudert; die Bilder manchmal so verblasst, dass ihre Motive kaum noch zu erkennen sind.

Auf einer Wanderung vor etwa einem Monat geschah mit mir eine seltsame, plötzliche Wandlung. Bislang schmerzte mich der allmähliche Niedergang einer alten religiösen Kultur, die mich als Kind und jungen Erwachsenen belebt und beflügelt hat. Der Schmerz engte mich ein, bedrückte die Brust, schwächte die Verbindung zu dem, was da unterging und verschwand. – Auf einmal nun tauchte in mir ein Zukunftsbild zusammen mit einer neuen Deutung auf: alle heiligen Bilder nicht nur verblasst, sondern gänzlich ausgewischt, und ich damit einverstanden: befreiende, wunderbare Abwesenheit; aus dem bergenden Hort der Apsen strahlende Leere; das Gefühl von Offenheit, Verfügbarkeit, Empfänglichkeit, Freiheit, Zukunftsfreudigkeit. Im gleichen Moment atmete es in mir wieder tief und kräftig; die Verbindung mit den alt vertrauten und manchmal etwas nostalgisch betrauerten Wegkapellen vibrierte in mir mit neuer, heiterer Lebendigkeit. Heimat, Geborgenheit, jede Apsis ein Tor zu einer Verbindung, die keiner Bilder und Sinnsprüche bedarf. Bald darauf stieg in mir der Wunsch auf, die vielen leer stehenden und sich leerenden Klöster mögen sich neu füllen; ihre Bilder, wenn nicht ausgewischt, so doch neu gedeutet; ihre Traditionen, wenn nicht beiseite geschoben, so doch wenigstens zum Teil in frischer Freiheit neu empfangen und sinnvoll, ohne autoritäre Verordnung gelebt, auch ergänzt durch fernöstliche Traditionen, so weit diese für uns lebbar, assimilierbar, fruchtbar sind; die Gemeinschaftsdisziplin erhalten, doch von gemeinsamem innerem Erleben her neu praktiziert und für Veränderungen auch in den Riten offen, nicht aus Bequemlichkeit, sondern »um Gottes willen«; die Gelübde der Mönche und Nonnen nicht für ewig, sondern wie im Buddhismus auf Zeit; die Gebete und Gesänge mit einem Kern überlieferter Texte und sinnvollen Erweiterungen und Veränderungen; in einigen Klöstern die Geschlechter gemischt, in anderen nur Frauen oder Männer; Klöster, in denen die meisten einer Berufstätigkeit »in der Welt« nachgehen; Klöster ohne zwingende Bindung an eine bestimmte Konfession oder Religion, ohne Geglaubtes, aus Glauben Fürwahrgehaltenes; Klöster, in denen Menschen zwar nicht konkretistisch, aber konkret in Kontakt mit nach wie vor energiegeladenen, kollektiven Symbolen treten, wie Himmel und Hölle, wie das göttliche Kind, dessen Ort schon für den Mystiker Eckehart im dreizehnten Jahrhundert in der Krippe des eigenen Herzens war, wie Totenerweckungen und Himmelfahrten, wie Gottessöhne und Wunder, wie der leidende und sterbende Gott, wie die jungfräuliche Mutter, wie der den kosmischen Tanz von Schöpfung und Zerstörung tanzende Schiwa, wie der an allem Mitseienden Anteil nehmende Buddha: Das Gegenteil des von den Kirchen übermäßig verteufelten interkulturellen Patchworks, vielmehr wache, kulturelle Resonanz auf dem Hintergrund einer allen Menschen gemeinsamen Wurzelerfahrung.

Da es für die Erfahrung des Religiösen, die Erfahrung von All-Verbindung und Resonanz keine passendere Sprache als die symbolische gibt, müssen wir uns nicht ständig um Übersetzungen der Symbole in die so genannte Realität bemühen; es reicht, uns der geheimnisvollen Tiefe unserer Seele, unserem Resonanzvermögen zu öffnen. Symbole sind in ihrem Kern ebenso wenig in Begriffe übersetzbar wie Musik. Deshalb ist Religion nicht »nur« symbolisch, sondern erreicht mit ihrer musikalischen, resonanten Sprache eine realistische Tiefe, die in unserer sonstigen Alltagssprache zwar heimlich ebenfalls gegenwärtig, doch für das Erleben meist verschüttet ist. – So hatte schon Platon die alten griechischen Götter symbolisch verstanden, und so verehren auch kultivierte moderne Hindus ihre Götter, ohne im Geringsten mit solchen Gläubigen in die Quere zu kommen, die rührend naiv, doch nicht weniger glühend und wirksam, an den Wortlaut der überlieferten heiligen Geschichten glauben: Entscheidend ist die innerlich fruchtbare Verbindung mit religiösen Gestalten und Geschichten. Der kulturelle Niveauunterschied in der Art und Weise der Annäherung an das Geheimnis ist völlig nebensächlich.

Alle Klöster wären also Orte von weder funktional noch ideologisch, sondern mystisch motivierter Gemeinschaft, Modelle menschlichen Zusammenlebens, offen für experimentelles gemeinsames Probehandeln. Klöster wie zur Zeit des Benedikt von Nursia und seiner Nachfahren als Impulsgeber für soziale Entwicklungen, die zu erreichen bloßes wirtschaftliches Denken nicht ausreicht. Klöster, in denen alte, erprobte Riten mit neuer Inbrunst, Leiblichkeit und Freiheit gelebt, und durch neue, gemeinschaftlich gefundene und »geprobte« Riten ergänzt werden. – Zu Letzterem eine kleine Geschichte: Vor kurzem weilte ich als Dozent zur Ausbildung italienischer Psychotherapeuten in Mailand. Während einer Mittagspause betrat ich die herrliche byzantinische Kirche San Lorenzo Maggiore, wo ein mich zunächst fremdartig anmutender Gottesdienst von Filippinos stattfand. Doch mehr und mehr faszinierte mich die leibliche Intensität in den gemeinsamen Gebärden, welche die Gesänge und Gebete begleiteten. Die hoch erhobenen Arme und die nach oben geöffneten Handteller vermittelten direkt die Erfahrung von Gnade, das heißt empfangenem Leben, von Begeisterung, Vertrauen und kindlichem

Einverständnis. Die Gesänge inbrünstig und mit Seele gefüllt. Gewärmt, bewegt, zuversichtlich, getragen von einem Strom der Verbundenheit verließ ich die Kirche, und meine »Knochenarbeit« an diesem Nachmittag wurde genährt von empfangener Mystik. Ohne lebendige Rituale keine lebendige Gemeinschaft.

Zurück zu meinem Spaziergang vorbei an Tessiner Wegkapellen. Es phantasierte in mir weiter. Wie zum Beispiel können die »übergewichtigen« christlichen Leidensmotive umgedeutet werden? Zunächst einmal durch eine Diät, bis sie das ihnen zustehende Gewicht erreichen, also durch eine Verlagerung des Schwerpunktes. Stehen nicht auch im Schatz christlicher Tradition Motive der Geburt, Mütterlichkeit, der Auferstehung und Befreiung aus Gefangenschaft, der Kontemplation, Herzensliebe und Mahlgemeinschaft zur Resonanz bereit? Und warum in christlichen Kirchen nicht auch Nischen für Motive aus anderen Religionen bereitstellen, die in der abendländischen Überlieferung bisher fehlten: »tantrische« Verbindung von Frau und Mann im Sinnlichen und Geistigen zugleich, Lebensbund zweier Freunde oder Freundinnen, Bilder nicht nur von Anbetung, sondern auch leiblich zentrierter Meditation? Und all diese Motive, so weit möglich, in Anknüpfung an geschichtlich Gewachsenes. – Jede lebendige Epoche in der vergangenen Geschichte des Christentums hat den Schwerpunkt der überlieferten Kollektivsymbole, zeitspezifischen Erfahrungen und Erfordernissen folgend, neu verlagert. In unserem Zeitalter der Globalisierungen gesellen sich zur jüdisch-christlichen Tradition mehr und mehr auch Impulse aus anderen Kulturen und Religionen. Es geht darum, die passenden unter ihnen in Verbindung mit den eigenen kollektiven Wurzeln sorgfältig und verantwortungsvoll zu assimilieren, damit wir uns an ihnen nicht überessen und sie unintegriert eines Tages wieder ausscheiden, eine bekannte Gefahr der schnelllebigen Postmoderne auch im Religiösen.

Und wie begegnen wir den wundervollen Kunstschätzen in unseren Kirchen, wenn sie für unser Zeitempfinden zu viele Darstellungen des Leidens und Sterbens aufweisen und wir sie nicht einfach entfernen oder verhüllen wollen? Diese Schätze sind vorhanden und werden es hoffentlich auch durch die kommenden Jahrhunderte noch sein. – Ein etwas provokativer Ansatz zu einer Antwort: Haben nicht viele unter uns die Neigung, allem, was nach Leiden und Tod riecht, auszuweichen? Verteufeln sie nicht auch deswegen die Motive des Leidens Christi, des von Pfeilen tödlich getroffenen wohlgebildeten Jünglings Sebastian, des auf einem Rost bratenden Laurentius, der auf einem Tablett ihre Brüste tragenden Agatha (missverstanden als Brötchen; deshalb Agatha als Patronin der Bäcker), der um ihren ermordeten Sohn trauernden Schmerzensmutter? Sind solche Bilder nicht auch heute, vielleicht sogar in besonderem Maße, heilsame Spiegel einer zerstörerischen Wirklichkeit? Und trifft dies nicht gerade für die manchmal sadistische und masochistische Tönung dieser Motive zu? Leben wir nicht *auch* in einer von subtiler Grausamkeit vergifteten Welt? Wir brauchen solche Bilder nicht unbedingt mit einer zu überwindenden, lebensfeindlichen Sündentheologie, mit einem zornigen Gott, der versöhnt werden muss, in Beziehung zu setzen. Sprechen wir nicht vorschnell von »Gottesvergiftung«, wenn es doch um die Tatsache der Weltvergiftung geht? Sind denn Menschen, die Darstellungen von Leid, Grausamkeit und Tod in und außerhalb von Kirchen meiden, besser gegen die Angst vor Schmerz, Kränkung und Tod geschützt? Auf die letzte Frage lautet die klare Antwort: Nein! Ganz im Gegenteil. Die phobische Vermeidung gibt dem Vermiedenen zusätzliche Macht.

In meinem Haus hängt ein großes Gemälde aus dem siebzehnten Jahrhundert, das den Märtyrer Sebastian darstellt, und es fördert meine Lebensfreude! Nicht wegen einer etwaigen Kontrastwirkung und zur eigenen Entlastung, sondern weil es mich mit einer Dimension meiner eigenen Wirklichkeit konfrontiert. Auch dazu gilt: »Die Wahrheit wird euch frei machen« (Johannes). Wer äußeren Schreckensbildern ausweicht, obschon sie innere Tatsachen spiegeln, nährt ihre Zerstörungskraft. – Natürlich umgebe ich mich auch mit anderen religiösen – nebst vielen profanen – Motiven: zum Beispiel mit Bildern des Auferstandenen; der drei Engel, die bei Abraham und Sarah zu Gast sind; einer zarten mütterlichen Maria mit Kind, Skulpturen der sich zugewandten Liebenden Schiwa und Parvati, des flötenspielenden Krischna, des im Feuerkreis von Schöpfung und Zerstörung tanzenden Schiwas, des meditierenden Buddha, eines lustvollen balinesischen Teufels, eines gemütlichen, friedlichen Stiers – Schiwas Tragtier –, eines Uroboros (Schwanzbeißers, Symbol des kosmischen Energiekreislaufs): insgesamt ein vielseitiger Spiegel von meiner und meines Partners innerer Wirklichkeit, ein Resonanzkörper mit vielen zusammenwirkenden Organen.

Bilder und Skulpturen von Leiden und Tod in unseren Kirchen haben auch heute noch ihre Daseinsberechtung, allerdings nur in Verbindung mit anderen Motiven sowohl aus dem jüdisch-christlichen Kulturkreis als auch aus anderen Kulturen. Utopische Phantasien im Zusammenhang mit »Gott« müssen wagemutig sein, denn die bremsenden, ängstlich bewahrenden, lebensfeindlichen Kräfte gehen im kirchlichen Milieu besonders aktiv zu Werk. Nicht nur Schutz des ungeborenen, sondern mehr noch, entwicklungsorientierte, experimentierfreudige Förderung des geborenen Lebens wünsche ich beispielsweise von der katholischen Kirche. – Die mystische Erfahrung radikaler Freiheit, Verbindung und Toleranz habe ich weniger innerhalb als außerhalb der Kirchen kennen gelernt, und wenn in Kirchen, dann nicht in formulierten Lehren sondern durch ein Klima von Stille, Sammlung und Schönheit, oft auch durch alte Texte und Darstellungen, die meine Phantasie bereits in der Kindheit und bis zum heutigen Tag in viele unorthodoxe, offiziell nicht vorgesehene Richtungen frei schweifen ließen.

Mit dem Gebet ist es eine merkwürdige Sache. Als ehemaliger Priester pflege ich noch einige Kontakte zu Theologen, auch katholischen Priestern und evangelischen Pfarrern. Ich wundere mich, wie viele unter diesen, zum Teil seit Jahrzehnten, nicht oder nur selten beten. Ebenso wundere ich mich über eine Anzahl von Menschen, die der Kirche und dem Glauben seit langem entfremdet immer noch ab und zu beten. Im Laufe mancher Gespräche begann ich zu begreifen, dass die Ersteren, die »Berufs-Religiösen«, trotz eines manchmal sogar ziemlich aufgeklärten theoretischen Bewusstseins, unbewusst eine eher magische und keine symbolische Auffassung von Gebet haben und deshalb begreiflicherweise nicht mehr beten können: Gebet als beschwörendes Gefügigmachen Gottes, um mit seiner Schützenhilfe den eigenen Willen durchsetzen zu können. Außerdem ist vielen von ihnen die befreiende mystische Erfahrung des Einverständnisses mit den gegebenen nackten Tatsachen und somit der Resonanzidentität im Ganzen der Welt fast unbekannt. Erstaunlicherweise trifft beides für die zweite Kategorie – unkirchliche, meist auch ungläubige Menschen, die ab und zu beten – weniger häufig zu: Ihr Gebet hat selten mit Magie zu tun; oft beten sie aus einem Gefühl innigster Gemeinschaft mit anderen Menschen heraus oder um ihr Einverständnis mit schwer zu ertragenden Lebensfakten zu ermöglichen und zu stärken: »Dein Wille geschehe!«

Vermutlich wird Gebet seit seinen Ursprüngen durch diese beiden gegensätzlichen Tendenzen bestimmt: Magie und Mystik. Beide haben ihre Berechtigung: Wer versucht, die Gottheit magisch zu beeinflussen, zentriert sich unbewusst im Blick auf eine bestimmte Zielsetzung, stärkt seine Entschlossenheit und aktiviert seine Phantasie. Nicht nur das gesamte Leben von Menschen in Ursprungsgesellschaften, sondern oft auch Kinderspiele und manchmal sogar erwachsenes Denken und Handeln haben magischen Charakter. Richtig Fuß fasst Magie allerdings nur in einem noch schwachen, labilen Ich oder, bei sonst psychisch stabilen Menschen, in außergewöhnlichen Belastungssituationen. Mit Magie ist immer auch die Neigung zu zwanghafter Starre gegeben. – Mich beschäftigt im Rahmen unseres Themas vor allem die zweite Prägung des Gebets durch Mystik. Dieses gehört nicht einem zu überwindenden Entwicklungsstadium an wie das magische Gebet, sondern fördert im Gegenteil Reifung und Identität.

Im Geheimen, ohne dass meine Eltern und Geschwister darum wussten, habe ich als Kind und noch viele Jahre lang auch in meinem Leben als Erwachsener jeden Abend in einer festen Reihenfolge für alle jene Menschen gebetet, die mir lieb und wichtig waren: Familienangehörige, Freunde, Lehrer und andere, doch nicht nur für diese, sondern auch für solche, mit denen ich Schwierigkeiten hatte. Heute noch lasse ich vor dem Einschlafen eine stattliche Anzahl von Menschen in ruhiger geistiger Verbindung Revue passieren, mit dem gleichen warmen, stärkenden Gefühl wie in meiner Kindheit, und immer noch neige ich zu einer festen, nur selten veränderten Reihenfolge. Damals wie heute füge ich am Schluss solche Menschen hinzu, mit denen ich an diesem Tag besonderen Kontakt hatte, allerdings ohne sie in die feste Liste aufzunehmen. Auch heute noch empfinde ich dieses persönliche Ritual als Gebet; der Anruf »Gott« steigt dabei ab und zu immer noch in mir hoch. – Schon in meiner Kindheit merkte ich, dass ich etwas Besonderes, durch nichts anderes Ersetzbares tat. Im Wesentlichen handelte es sich dabei bereits um eine mystische Erfahrung: Weder wollte ich etwas nur für mich, noch nur für den anderen; im Gebet war ich meistens ganz und gar Verbindung, und ohne darüber nachzudenken, spürte ich, dass ich gleichzeitig mir und dem anderen etwas Gutes tat: dank dem Dritten, dem Zwischen, der Resonanz, dank »Gott«, mit dem ich tendenziell identisch wurde.

Jeden Abend erfolgte so von alleine eine Korrektur meiner alltäglichen Beziehungen. Am folgenden Tag konnte ich manchmal einem Klassenkameraden, mit dem ich mich am Vortag gestritten hatte, mit Wärme begegnen; »Gott« stiftete Versöhnung und Gemeinschaft, ohne dass ich es merkte. Vielleicht ist es diese Erinnerung, die heute ebenfalls dazu beiträgt, dass ich mystische Erfahrung mit menschlicher, mitmenschlicher Entwicklung in Beziehung setze. Motivierend zum Gebet war sicher auch meine intensive Liebe zu vielen Menschen, meine leidenschaftliche Sehnsucht nach Verbindung, die ich im Alltag nie so weit leben konnte, wie sie in mir angelegt war. Dank dem Gebet konnte ich mit Ruhe in der Liebe sein. Für Menschen, die meine Liebe nicht oder kaum entgegneten, betete ich besonders kräftig, als wollte ich die äußere Asymmetrie durch intensivierte innere Symmetrie ausgleichen. Auch das Leid von Menschen, oft mehr erahnt als erfasst, motivierte mich zu besonders flehentlichen Gebeten. Als Achzehnjähriger las ich Dostojewskis Roman »Der Jüngling«. Ein einziger Satz prägte sich mir bis zum heutigen Tage ein: »Erbarme dich Herr auch aller jener, die niemanden haben, der für sie betet.« Das schien mir damals das Allerschlimmste, das einem Menschen passieren konnte.

Im Zusammenhang mit der Anrufung »Gottes« stelle ich mir jetzt die Frage, was damals in mir vorging, als ich Gott, seltener Maria und die Engel, sporadisch auch Jesus im Gebet anrief. Ich erinnere mich nicht, dass dabei Bilder oder bestimmte Vorstellungen in mir aufstiegen. Als kleines Kind muss ich sie beim Beten zweifellos gehabt habe, doch, so weit meine Erinnerung zurückreicht, später nicht mehr. Mein ritualisiertes, heimliches Beten begann ich etwa im Alter von acht Jahren. Dabei stellte sich meist das beruhigende Gefühl ein, dass »alles gut« war, ohne zu verdrängen, dass vieles nicht gut war. Auch wenn ich manchmal bei der Vorstellung eines Richtergottes Bedrückung, Angst und Schuld empfand, so waren mir im abendlichen Gebet diese lähmenden Gefühle fremd. Solange es dauerte, befand ich mich wirklich in dem, was ich heute mystisches Einverständnis nenne. Dabei lösten sich Trauer, Einsamkeit, Angst, Schuld und Ungenügen meist auf, und das empfand ich als wunderbare Befreiung: »Gott« war heilend gegenwärtig. Wie ich schon angedeutet habe, betrachte ich bis heute Gebet – ob es so genannt wird oder nicht – als eine spezifische Form von Kontaktaufnahme, weil es aus einer unverwechselbaren, besonderen Verbundenheit heraus erfolgt: der mystischen Erfahrung von Einheit durch Resonanz. Daher ist auch das spezifische Wort Gebet angebracht; es lässt sich ebenso wenig in andere Wörter auflösen wie das Wort Gott.

Das Besondere am Gebet hängt noch mit etwas Weiterem zusammen. Wer betet, geht davon aus, dass er mit etwas Kontakt aufnimmt, das bereits vor ihm da ist. In der Tat schaffen nicht wir die Verbindung, sondern wir finden sie bereits vor, wenn wir uns im Gebet in sie hineinbegeben. In der Bibel gibt es nur wenige Sätze – weniger als in der sonstigen Literatur – , die mich einmal ansprangen und nie mehr losließen. Einer von ihnen stammt aus einem Johannesbrief: »Er (Gott) hat euch zuerst geliebt«. Nicht die Tatsache, dass »jemand« mich zuerst geliebt hat, berührte mich, als ich diesem Satz mit siebzehn Jahren durch den Mund eines »Beichtvaters« zum ersten Male begegnete, sondern die Aussage, dass Liebe vor mir da war, ich also nicht um sie kämpfen, sondern ihr, die schon da war, bloß in mir Raum geben musste. Ich glaube nicht, dass der Hauptgrund für diese meine Faszination aus der bedrückenden Tatsache kam, dass meine Mutter in entscheidenden Momenten meiner Pubertät nicht in der Lage war, mir Liebe, Begreifen aus Liebe, zu geben. Das mag mitgespielt haben, doch den wichtigsten Grund bildete und bildet noch heute die mystische Erfahrung einer »seit Ewigkeiten« vorgegebenen Verbindung. Die Wörter Vertrauen und Urvertrauen (Eric Erikson) erfassen das Wesentliche daran nicht. Denn manchmal geht sie auch mit Misstrauen und Angst einher, obgleich sie zu deren Auflösung beitragen kann. Gar nichts hat sie zu tun mit dem Glauben an ein göttliches Subjekt, eine göttliche »Person«, zeigt doch die Religionsgeschichte, dass sie auch in solchen Religionen beschrieben wird, wo der »personale Gottesglauben« fehlt. Die mystische Erfahrung enthält zwar auch etwas Fremdes und anderes, doch ist dieses so geheimnisvoll, dass zu seiner Kennzeichnung das Wort »Person« geradezu banal anmutet. Auch wenn wir im Gebet »du!« rufen, meinen wir nicht ein bestimmtes Gegenüber, sondern die befreiende Sprengung sowohl des eigenen Ich als auch der Fixierung an ein konkretes Du. Es ist ein wunderbares, ekstatisches Erlebnis, du zu rufen und niemanden zu meinen. Unser Ruf weckt die Energie der geheimnisvollen Resonanz im Ganzen, die jenseitiger und abgründiger ist als jede Theologie. – Manchmal spüre ich das Bedürfnis, danke zu sagen, doch sage ich einfach »du« und fühle mich voller Dankbarkeit ohne bestimmten Grund.

Im angerufenen Du schlummert ein anarchistisches Potential. Manchmal kam es bei Tabuübertretungen über meine Lippen, die, wären sie publik geworden, unangenehme Folgen für mich gehabt hätten. Einmal in meiner Lebensgeschichte, vor dreißig Jahren, war dies tatsächlich auch der Fall. Doch jedes Mal hat mir das Leben schließlich zugestimmt, wenn auch oft erst nach Jahren, und das, was zuerst geheim war, konnte öffentlich werden und fand bei vielen Anerkennung. Das zentrierte, energetisch geladene, spontane und doch zielsichere Du hat mich zum eigenen Erstaunen nie im Stich gelassen! Oft konnte ich es nicht aussprechen, doch wenn es sich aus mir sprach, überschritt ich eine Schwelle. Jedes Mal war es reine, klare, sichere Bewegung, die ein Gefängnis sprengte. »Wer sich nicht bewegt, spürt seine Fesseln nicht« (Rosa Luxemburg); doch bewegt sich nur einer, der etwas spürt, das stärker als seine Fesseln ist.

Zusammen mit den heilenden und befreienden Erfahrungen des Wunderbaren zwang sich mir zeitweilig auch ein »Gott« auf, der mir einigen Schaden zufügte. Ich verdeutliche dies durch mehrere Geschichten über einen ehrenwerten, längst verstorbenen Priester, der die Kehrseite meines religiösen Lebens bis ins frühere Erwachsenenalter hinein prägte. Ich erzähle sie, weil ich weiß, dass ähnliche Erlebnisse viele kirchlich geprägten Menschen belasten. Ich gebe diesem Mann keine Schuld, war er doch bloßer Exponent dessen, was damals nebst Erfreulichem ebenfalls Kirche ausmachte und heute noch ausmacht, wenn auch nicht mehr so unverhohlen. Im Alter von drei oder vier Jahren sah ich zum ersten Mal den bereits weißhaarigen, groß gewachsenen, stattlichen »Herrn Dekan« während einer Fronleichnamsprozession unter dem reich verzierten goldenen Baldachin mit der kostbaren Monstranz in den Händen würdig schreiten. Meine Tante Julia erzählte später, ich habe den prächtigen Herrn anstaunend ausgerufen: »Jetzt weiß ich, wer der liebe Gott ist!« Damals verstand ich unter dem »lieben Gott« eine unter mehreren Märchenfiguren und nicht einmal die wichtigste; er hatte nichts mit dem zu tun, was das Wort Gott wenig später anfing in mir wachzurufen. An diese erste Begegnung erinnere ich mich selber nicht mehr, wohl aber an die Tatsache, dass ich diesem Mann Gottes gegenüber seit jeher ein zwiespältiges Gefühl empfand: einesteils Verehrung und Ehrfurcht, zu denen ich heute noch neige und dadurch auch viel Wertvolles, Förderungswürdiges von den Menschen, vor denen ich mich innerlich verbeuge, in mich aufnehme; andernteils Enge, Bedrängnis, Mief, Fluchttendenzen. Fünf Jahre später, in der Vorbereitung zur Ersten Kommunion, gab der Herr Dekan ein Echo auf meinen ersten kindlichen Ausruf, indem er sagte: »Damit ihr wisst, wie groß Jesus war, schaut mich an!« Diese Selbstapotheose war mir eindeutig peinlich und unangenehm. Zum ersten Mal spürte ich Abneigung gegen banale Konkretisierungen des Geheimnisses. Auch dem Menschen Jesus gegenüber empfand ich später oft etwas von dieser Abneigung, bei gleichzeitiger Verehrung.

Vor allem aber fixierte der geistliche Herr sich und uns völlig auf das sechste Gebot: »Du sollst keine Unkeuschheit treiben«. Ich erinnere mich, dass mich in dieser Formulierug des Beichtspiegels besonders das Wörtchen »treiben« dunkel erregte und beschäftigte: Irgendetwas in mir wollte es kräftig treiben! – Dem frommen Mann verdankte ich bereits mitten im Kindesalter detaillierte, die Phantasie beflügelnde Informationen über Selbstbefriedigung, vorehelichen Geschlechtsverkehr und Homosexualität. Im Beichtstuhl ging ich auf Nummer sicher und nannte ihm astronomisch hohe Zahlen meiner sexuellen Verfehlungen. Dabei wurde ihm offensichtlich selber etwas mulmig zumute, sagte er doch mir, dem mittlerweilen Zwölfjährigen, an einem Samstagnachmittag bei der Beichte: »Das kannst du doch alles gar nicht«, zum Beispiel, meines Nachbarn Hausfrau zu begehren. Beleidigt antwortete ich ihm, dass ich das sehr wohl könne, und meinte in diesem Falle, dass ich durchaus mit meiner Nachbarin »aufzubegehren«, das heißt zu streiten fähig war.

Noch problematischer wurde es mit der von mir angestrebten Verlagerung des sexuellen Begehrens von schweren zu lässlichen Sünden, bei denen man nur mit Fegefeuer, nicht aber, wie bei schweren »Todsünden«, mit der Hölle zu rechnen hatte, es sei denn, man bereue Letztere noch »in ultimis«, im Moment des Todes, mit einer vollkommenen Reue, das heißt aus dem Bedauern heraus, die Liebe Gottes verletzt zu haben. Die unvollkommene Reue, die nur aus Angst vor der höllischen Strafe empfunden wird, würde zur eigenen Rettung nicht ausreichen. Hochwürden gab uns in der frühen Pubertät eine kleine Hilfe, mit der ich allerdings nichts anzufangen wusste; er lehrte uns nämlich, dass alles, was mit der »Lust vorne« zu tun habe, schwere Sünde sei, während die »Lust hinten« nur als lässliche Sünde angerechnet werde. Trotz aller Bemühungen gelang es mir nicht, die mir bereits wohl bekannte Lust vorne nach hinten zu verlagern.

Übrigens auch zu meiner »Lust vorne« trug er das Seinige bei: Seit meinem zehnten Lebensjahr nämlich fragte er mich bei jeder Beichte, ob ich den nächtlichen Samenerguss bereits erlebt habe und fügte jedes Mal hinzu, ich solle »ein Reiner« bleiben. Das wachsende Minderwertigkeitsgefühl, die spontane Pollution noch nicht erlebt zu haben, half mir dabei, diesem Mangel schließlich aktiv nachzuhelfen.

Die geistliche Einflussnahme auf mein junges Sexualleben wurde mir offensichtlich bald zu viel. Während einer Fronleichnahmsprozession – zehn Jahre nach der bereits erwähnten – trug ich als bevorzugter Ministrant, dem Herrn Dekan voranschreitend, eine lange Holzstange, an deren oberem Ende ein metallenes Kreuz befestigt war. Es war ein heißer, schwüler Tag. Auf der Festwiese, wo der feierliche Zug zu weiteren Gebeten und Gesängen zum Stehen kam, wurde mir auf einmal schwarz vor den Augen. Während ich in Ohnmacht fiel, fiel auch die Stange, und ein spitzer Seitenarm des Kreuzes sauste auf den Kopf des Herrn Dekan zu. Der Sakristan, so erzählte man mir später, sprang herbei, packte die Stange und rettete den geistlichen Herrn davor, vom Kreuz erschlagen zu werden. – Der »Vatermord« gelang mir wenig später immerhin zum Teil, indem ich mich von Schuldgefühlen in der sexuellen Lust mehr und mehr frei machte und nichts mehr davon beichtete.

Schwieriger gestaltete sich die Entmischung meiner tiefen und schönen Verehrung für den Herrn Dekan einerseits, und andererseits der Abhängigkeit, in die er mich drängte, indem er mich von Anfang an vor allen Kindern bevorzugte, meine Fähigkeiten und Zukunftschancen in den Himmel hob, bis mir wirklich im Kopf schwindelig wurde, nicht zuletzt auch durch seine überstarke Zuneigung. Diese wusste er zwar vor Übergriffen zu beherrschen, doch schlug sie mich in einen lähmenden Bann, sodass ich unfähig war, mich aus seinen zwar »reinen«, doch zu nahen Umarmungen zu lösen. – Den Gipfel dieses Zwiespaltes erlebte ich am Ende seines Lebens. Ich, einundzwanzigjähriger Theologiestudent, stand an seinem Bett im Krankenhaus, und er, wenige Tage vor seinem Tod, bat mich um meinen priesterlichen Segen. Ich mochte ihm noch so sehr entgegenhalten, dass ich diesen Segen vor der Priesterweihe gar nicht erteilen dürfe. Er gab mir, fast schon röchelnd, die Befugnis, es trotzdem zu tun. So segnete ich ihn denn priesterlich, verließ darauf fluchtartig das Krankenhaus und kippte mir im Niederdorf – dem Zürcher Vergnügungsviertel – einige Schnäpse herunter. Seither ließ ich mich nie mehr in solche Abhängigkeit ziehen. Die kostbare Tischuhr, die ich von ihm erbte, tickt noch heute in meinem Wohnzimmer, und ich schaue sie gerne an. Frei geworden, empfinde ich wieder ein bisschen Zuneigung für den Herrn Dekan. Bin nicht auch ich, obgleich anders als er, ein blinder »Gottessucher«?

In diesen Geschichten erlebte ich die verbreitete Mischung authentischer und verfremdeter Gefühle des Religiösen. Was die Ersten betrifft, so habe ich Ehrfurcht, Verehrung, Dankbarkeit, Feierlichkeit erfahren, die für mich nach wie vor zu »Gott« gehören: zum mitschwingenden Selbsterleben in einer umfassenden Liebe, wie ich es bereits beschrieben habe. Solche authentischen religiösen Gefühle erwachen im mystischen Erleben von Resonanz. Gott bedeutet für mich das erfahrene Eine als Verbindung in der Vielfalt. Er ist für mich die eine Musik, die aus den verschiedenen Instrumenten der Welt gemeinsam erklingt, eine Musik, die sich in unterschiedlichsten Melodien durch die Zeiten ergießt. Die Erfahrung »Gottes« wird möglich durch Einverständnis ins Ganze, situativ vertreten durch das Einverständnis in ein von Abspaltung bedrohtes, befremdliches Einzelnes: Die dissonante Tonfolge bewahrt die Lebensmelodie vor Unwahrhaftigkeit. Die Gleichsetzung »Gottes« mit dem mystischen Erleben der All-Resonanz bedeutet keine unstatthafte Subjektivierung von Religion, geht es doch um eine universale, von kulturellen Prägungen unabhängige Erfahrung. Zentraleres und Klareres lässt sich von »Gott« wohl kaum sagen, sicher nicht vonseiten einer als Rechtfertigung des »rechten Glaubens« instrumentalisierten Theologie.

Das Gleiche gilt von den Gefühlen, die diese Erfahrung begleiten. Das grundlegendste ist, wie ausführlich dargestellt, das der Identität in der Resonanz: in einem das Einzelne umgreifenden Ganzen, in der polaren »Beziehungsidentität«, die in ihrer entwickeltsten Form Liebe, in weniger entwickelten, unbewussten Formen auch Angst, Abhängigkeit, Überwältigung, Rausch, blinde Faszination, Wahnsinn bedeuten kann. Der reifen Beziehungsidentität im mystischen Erleben zugeordnet sind eine Anzahl anderer Gefühle, denen sich zuzuwenden ich Ihnen, meinen Leserinnen und Lesern, jetzt vorschlage. Bereits erwähnt habe ich Ehrfurcht und Verehrung, zu denen auch Demut gehört: die gefühlshafte Bereitschaft, sich vor dem Geheimnis zu verneigen, das heißt sich in etwas Umfassendes, von dem wir nichts wissen, außer dass es ein Ganzes ist, einordnen zu lassen: spürendes Einverständnis mit der Wirklichkeit, auch wenn uns der isolierte Verstand deren Widersinnigkeit suggerieren will. Sobald dieses Einverständnis unser Denken, Fühlen und Tun ganz und gar ausfüllt und wir nur noch ein einziges Ja sind, von diesem Moment an empfinden wir das Leben, unsere Begegnungen, die Natur als etwas, das uns schließlich heil macht: als wunderbares Geheimnis, das Wunden heilt, wie immer sich unsere konkreten Lebensfakten »anfühlen«: angenehm oder unangenehm, erfreulich oder traurig. Ebenfalls erwähnt habe ich die Dankbarkeit, welche mit dem wunderbaren Einverständnis verbunden ist: Dankbarkeit für alles, was ist, weil es ist – paradoxerweise eine wirksame Voraussetzung zum tätigen Einsatz für notwendige Veränderungen. Ohne Liebe zu dem, was ist, kein Engagement für das, was werden will.

Was hat es mit dem religiösen Gefühl von Feierlichkeit und Erhabenheit auf sich? In »Gott« sein, nur noch »Gott sein« stimmt feierlich. Es ist ein erhabenes Gefühl, nicht mehr wie blinde Wühlmäuse sich in Einzelheiten hineinzubohren, sondern aus etwas zu leben, das nichts Einzelnes ist, wohl aber in allen Einzelnen deren Verbindung und gemeinsame Melodie, das Eine als Resonanz zwischen den Vielen. Deshalb ist wirkliche Liebe, bejahte lückenlose Verbindung ein erhabenes, feierliches, »göttliches« Gefühl. Sie macht nicht blind, sondern sehend für den großen Zusammenhang. Einzelne Probleme finden ihre praktische Lösung dank dem alles beherrschenden Einverständnis, in das geheimnisvolle Ganze eingeordnet zu werden. Jeglicher Lebensschwung kommt aus diesem.

Ein anderes religiöses Gefühl ist Toleranz, nicht aus oberflächlicher Kompromissbereitschaft, nicht aus der Wurschtigkeit wurzelloser Menschen, sondern aus dem wachen Empfinden heraus, dass alles Leben eins ist und folglich jede Äußerung von Lebendigkeit, jede Kultur, jede Religion, jeder Mensch Daseinsberechtigung hat, auch wenn wir dies im Einzelfall mit unserem begrenzten Horizont oft nicht begreifen. Solche Toleranz ist fundamentaler, mit mehr Energie geladen als Wertungen und Urteile, obschon diese auch im toleranten Menschen, entsprechend dem in der jeweiligen Anlage und Prägung Vorgegebenen, gleichzeitig weiterbestehen, allerdings abgeschwächt und auf den zweiten Platz verwiesen. – Wie gottlos intolerant sind oft Gottesmänner und -frauen! Wie viele Areligiosität gerade in Religionsgemeinschaften! Wie hausbacken und klein kariert denken und fühlen oft gerade so genannte bekennende Christen, himmelweit entfernt von der mystischen, »göttlichen«, zu wachem, verantwortlichem Leben motivierenden Ursprungserfahrung! – Als Kind empfand ich große Liebe zu einer feinsinnigen, kultivierten Tante, die vor kurzem fast hundertjährig gestorben ist, auf dem Papier protestantisch, doch im Herzen freidenkerisch. Von meiner Mutter wusste ich um ihr Ketzertum. Mehrmals durfte ich Ferien bei ihr und ihrem Mann, einem kinderlosen Ärzteehepaar, in einem stattlichen Haus am Zürichsee verbringen. Eines Abends im Bett weinte ich, weil ich daran dachte, dass die geliebte Tante nach ihrem Tod in die Hölle kommen würde. Am nächsten Morgen beim Frühstück brach es aus mir heraus: »Tante, ich bin so traurig, dass du nicht in den Himmel kommst.« Sie stutzte und lächelte dann: »Dummerchen, ich komm doch in den Himmel!« Sofort glaubte ich ihr und war überglücklich. So trug im achtjährigen Kind die Toleranz aus Liebe ihren ersten Sieg über die kirchliche, lieblose Intoleranz, die mich bisher geprägt hatte, davon.

Wie viele Menschen habe ich später unter dem kirchlichen Sektierertum leiden sehen! Dazu zwei Geschichten: Zweimal feierte ich als junger Priester meine »erste Messe«, einmal in meiner Heimatstadt Winterthur, das zweite Mal in einem kleinen Dorf im italienischsprachigen Tessin, wo meine Familie ein Ferienhaus besaß. Hier gehörte es zu den Aufgaben des Primizianten, in aller Herrgottsfrühe vor der ersten Messe Beichte zu hören. Menschen, die es nicht wagten, bei ihrem Ortspfarrer zu beichten, kamen an diesem Morgen zu mir: eine Schauergeschichte nach der anderen, drei Stunden lang, sodass ich hernach beim feierlichen Einzug in die Kirche zum ersten Messopfer mit Gesängen, Ministranten, Blumen und Glockenklängen an diesem strahlend sonnigen Frühlingstag betäubt und halb krank zum Altar schritt. Die erste Beichte stammte von einer unverheirateten Frau aus einem Nachbardorf. Sie bekannte, seit fünfzehn Jahren jede Woche mindestens zweimal – Todsünden sind mit genauen Zahlen anzugeben! – Geschlechtsverkehr mit dem Dorfpfarrer zu haben. Ich fragte sie, ob sie diesen liebe, aber sie nahm meine Frage gar nicht zur Kenntnis, sondern schluchzte, von Schuldgefühlen gequält, und wartete auf die Absolution. – Zwei Jahre hernach vernahm ich, dass die beiden »Sünder« auf einem großen Motorrad bei Nacht und Nebel mit unbekanntem Ziel verschwunden seien. Immerhin!

Nur wenige Monate später arbeitete ich, während meines Studiums in Paris, nebenbei als Aushilfepriester in der Pariser Banlieue. Jeden Morgen las ich um sechs und der fünfzigjährige Gemeindepfarrer um sieben Uhr die Messe. Und fast jeden Morgen um zehn vor sieben beichtete mir dieser in der Sakristei stets das Gleiche: Er habe mit »einer Frau« – er sagte nie: »mit meiner Freundin« – geschlafen. Dann, von der Todsünde des Liebesaktes durch meinen Mund freigesprochen, feierte er am Altar für einige Klosterfrauen und andere jungfäulich wirkende Gestalten das Liebesmahl! – Nach etwa drei Wochen sprach ich ihn an und sagte ihm, meiner Ansicht nach sei diese Beichterei sinnlos, da er ja doch wieder mit seiner Freundin schlafe, und außerdem würde ich es nicht mehr ertragen, ihn bei seinem Bekenntnis so zerknirscht und unglücklich zu sehen. Von da an kam er nicht mehr zur Beichte. Vor seiner täglichen Messe sah ich ihn nun verkrampft und verzweifelt in der vordersten Kirchenbank knieen, und seine Lippen bewegten sich in stummem Flehen. Einmal hielt ich es nicht mehr aus und wollte mit ihm sprechen, doch winkte er ab. – Das Traurigste ist die Intoleranz dem eigenen Herzen gegenüber. Eine Religion der gepredigten Liebe und der praktizierten Intoleranz, subtile Selbstzerstörung vieler einzelner Gut-Gläubiger. Toleranz verträgt sich nicht mit konfessioneller Abhängigkeit, genau so wenig wie Mystik mit unberechtigten Schuldgefühlen und Liebe mit Zwang.

Der »Gott in uns« macht uns staunen: So befreiend also ist die Liebe, so vieles also ist möglich, so »wunderbar sind deine Werke«[8]. Auch das Staunen ist ein religiöses Gefühl. Plötzlich zerreißt ein Vorhang und wir erwachen: wundern uns über das Unerhörte, Ungesehene, Unbegriffene: eine Musik, ein Mensch, eine Einsicht, ein Schicksalsschlag. Verblüfft nehmen wir zur Kenntnis, dass wir bisher in einem Gefängnis saßen, obschon die Welt so groß ist (Rumi). – Ein Schlüsselwort im Neuen Testament war für mich während des Theologiestudiums das altgriechische Verb »thaumazein«: sich wundern, staunen. Es gab mir den Schlüssel zu den für heutige Ohren zum Teil skurrilen und anachronistischen, aus vorwissenschaftlichen Zeiten überlieferten Wundergeschichten: Nicht um deren Wortlaut geht es also, sondern um das Wunder des sich Wunderns. Um Letzteres zu vermitteln, setzen nicht nur die Bibel, sondern auch schriftliche Zeugnisse aus anderen Religionen als der jüdischen und christlichen die vielfältigsten Wundergeschichten in Szene. Einen letzten rührenden Rest aus dieser von Wundern gefüllten, vergangenen Welt sehen wir im nach wie vor notwendigen medizinischen Nachweis von mindestens drei Wundern, damit ein frommer Katholik vom Papst heilig gesprochen werden kann. Sicherlich: »Wunder und Zeichen«, die wissenschaftliches Verständnis sprengen, sind auch heute noch möglich, doch treten sie hinter dem Wunder des sich Wunderns zurück, ob sich dieses nun auf ein wissenschaftlich erklärbares Faktum bezieht oder nicht. – Jesus bringt uns Liebe näher; was brauchen wir da seine Wundergeschichten: Liebe ist erstaunlich genug. Da liegt uns das Staunen der von Sokrates Befragten näher, wenn ihnen ein Licht aufging. Auch die mystische Ursprungserfahrung ist des Staunens voll. Wer staunt, hat den wichtigsten Schritt schon getan: Er wird in Zukunft anders denken, fühlen und handeln: wird selber Wunder und Zeichen sein in unserer entzauberten, entgeisterten Welt!

Viele Menschen brachten mich im Verlauf meines Lebens zum Staunen, und jedes Mal intensivierte dieses die Liebe in mir. Manchmal wurde es auch durch Figuren aus einem Buch oder Film in mir ausgelöst. Als Jugendlicher im Walliser Saint-Maurice, wo ich das Gymnasium besuchte, sah ich François Truffauts Film »Les quatre cents coups« (deutscher Titel: »Sie küssten und sie schlugen ihn«). Er handelt von einem fünfzehnjährigen Heimjungen, der nach vielen Wechselfällen schließlich ausbricht, um sich den Traum zu erfüllen, das Meer zu sehen. Er geht und rennt allein durch eine einsame Landschaft der Normandie bis zum Meer. Einige Schritte tut er ins Meer hinein, dann bleibt er unbeweglich einfach stehen und schaut über die Weite des Wassers. – Das war für mich ein unglaublich bewegender, wunderbarer Moment: Ich selbst war dieser Junge, zitterte und staunte vor der Größe und Schönheit der Welt, fühlte meine unendliche Sehnsucht nach Freiheit. Noch hatte ich das Meer nicht gesehen. Ein Jahr später, bei einem Freund in Florenz zu Gast, unternahm ich mit seiner Familie einen Ausflug nach Forte dei Marmi an der toskanischen Küste. Damals gab es auf dieser Strecke noch keine Autobahn. Auf kurvenreichen Straßen fuhren wir hoch über den Apennin. Auf einmal lag unter mir das in die Abendsonne getauchte Meer. Wiederum staunte und zitterte ich, doch schämte ich mich der Tränen, die mir ob der Ergriffenheit in die Augen schossen. Dass ich vorher das Meer noch nie erblickt hatte, behielt ich als Geheimnis für mich. Manchmal ist mit Staunen auch Scham verbunden, denn im Staunen erleben und zeigen wir uns neu, als wären wir nackte Neugeborene.

Ein weiteres Gefühl, das »Gott« in uns weckt, ist Andacht. Es verdeutlicht das über die Ehrfurcht Gesagte. Ich verstehe darunter nicht einen als Andacht bezeichneten Gottesdienst, sondern das Gefühl eines feierlichen Zusammenhangs: Andacht stammt aus der mystischen Einheitserfahrung. Sie kann uns zu archetypischen Gebärden inspirieren, durch die sie dann weiter intensiviert wird: Verbeugungen, Heben der Arme und Hände, Kreuzen der Arme auf der Brustmitte, Falten der Hände, Kniebeugen, sich Hinknien, sich auf dem Boden mit dem Gesicht nach unten ausstrecken, Auflegen der Hände zum Segen, und andere mehr: uralte Gebärden, zu finden in den verschiedensten Religionen. In besonders geladenen, »heiligen« Situationen überraschen sich Menschen manchmal selber beim spontanen Ausführen einer solchen Gebärde. Dann ist es heilsam, darin lange und spürend zu verweilen und unter Umständen die Gebärde mehrmals achtsam und sorgfältig zu wiederholen. Der leibliche Ausdruck verstärkt die Wirkungen der Andacht auch in den banalen Alltag hinein. Auch Psychotherapie sollte sich vor Gebärden der Andacht nicht verschließen, im Gegenteil das Spürbewusstsein in ihnen fördern, allerdings nur dann, wenn sie spontan auftreten, denn die äußere Anregung, gar Verordnung von Urgebärden kommt Manipulation gefährlich nahe. – Andacht ist wache Zentrierung und Aufmerksamkeit nicht im Blick nach vorne zu noch ausstehenden Zielen hin, sondern in dem schlicht jetzt Gegebenen und Geschehenden. Wer sich diesem auftut, öffnet sich auch nach und nach mit Herz und Geist dem Einverständnis mit dem Ganzen und den Einzelheiten im Ganzen.

Neben dem Kasperletheater, das ich für alle möglichen Leute improvisierte, war mein Lieblingsspiel als sieben- bis zehnjähriger Knabe das Zelebrieren der Messe an einem selbst gebastelten und geschmückten Hausaltar. Dabei zogen mich vor allem die rituellen Gebärden an. Führte ich sie langsam und feierlich aus, so fühlte ich mich getragen von etwas, das mein Leben überstieg und ihm Sinn gab: eine Andacht, zwar rituell gebunden, doch im Gefühl befreiend erlebt. Andacht führt zum Erleben von Gnade, sie lässt uns empfangen, was wir sind und gerade tun.

Ein weiteres Gefühl, das in der religiösen Erfahrung mitschwingt, ist das des Geführtwerdens. Darunter verstehe ich nicht den manchmal an Bedeutungswahn grenzenden magischen Glauben, von einer äußeren Macht sicher durch alle Unbilden des Schicksals hindurch richtig gelenkt zu werden, sondern die – dank dem identitätsstiftenden Erleben einer allgemeinen Resonanz – durch keinen Schicksalsschlag ganz zu erschütternde Geborgenheit in der Welt, wie verloren wir uns in dieser gleichzeitig erleben mögen. Was uns im Einzelnen isoliert gesehen als falsch erscheinen würde, erfahren wir im Zusammenhang mit dem Ganzen als richtig. Am leichtesten einzusehen ist diese Grundhaltung in Bezug auf die bereits hinter uns liegende, vergangene Lebensgeschichte. Es gibt Menschen, die sich ein halbes Leben lang oder mehr mit dem Gedanken quälen, dass sie etwas Wichtiges verpasst haben, dass sie zum Beispiel diesen bestimmten Menschen nicht hätten heiraten, von jenem sich nicht hätten trennen sollen, oder, noch weiter zurück, dass ihr ganzes Leben durch diesen Vater, diese Mutter, oder durch einen frühen Missbrauch verpfuscht wurde. – Seltsamerweise fixieren sich oft auch solche Menschen auf isolierte Einzelheiten in ihrer Lebensgeschichte und leiten daraus ein Todesurteil über ihre gesamte Existenz ab, denen glückliche Lebensumstände zuzuschreiben selbst nahe Freunde geneigt sind. Führung und »Vorsehung« im Gefühl zu erleben hängt letztlich nicht von »glücklichen« Lebensfakten, sondern von der mystischen Erfahrung eines »Feldes«, einer geheimnisvollen, schwingenden Verbindung in den vielen Einzelheiten – von der mystischen Erfahrung »Gottes« ab.

Eng verbunden mit dem Wort Führung ist das Wort Segen, das ebenfalls zu »Gott« gehört. Wenige religiöse Gebärden berühren und bewegen mich so tief wie Segensgebärden. Hände auflegen oder aufgelegt bekommen – die Urgebärde des Segens – weckt ein Gefühl von Liebe, Zuversicht, Stärke, Offenheit für das, was kommen mag. Vielleicht scheuen wir vor Segensgebärden zurück, weil wir sie mit missionarischem Proselitismus, mit moralischen und dogmatischen Hintergedanken assoziieren, und dies manchmal zu Recht: Eine bestimmte Segensgeste will uns im konkreten Fall vielleicht einer Lebensnorm unterwerfen, die nicht zu uns passt. Das auf den Standarten des gegen Maxentius kämpfenden Kaisers Konstantin angebrachte Signet XP – die beiden ersten griechischen Buchstaben des Namens Christus –, von dem der spätere Herrscher des gesamtrömischen Reiches mit dem Hinweis geträumt hatte: »in hoc signo vinces« – »in diesem Zeichen wirst du siegen«, bedeutete den Beginn des Christentums als repressiver Staatsreligion im vierten Jahrhundert. Bald darauf fingen auch die Zwangstaufen mit der Segensgebärde des Kreuzes an.

Trotzdem: Das Kreuz ist ein Ursymbol der Menschheit! Wie auch das Auflegen der Hände eignet es sich deshalb zur Erteilung eines Segens. Ich wünsche Ihnen, meinen Lesern und Leserinnen, wieder zur vorkonfessionellen, vorkirchlichen, vor- oder überchristlichen Erfahrung des Segens als wirksame Urgebärde zu gelangen. Im Segen, den wir von anderen bekommen oder anderen geben, erleben wir konkrete Gnade. Ich hätte mir gewünscht, von meinem verstorbenen Vater ein einziges Mal gesegnet zu werden, wie dies von Vätern ihren Söhnen gegenüber in der Bibel berichtet wird. – Die schlapsige, populäre Aussage der Transaktionsanalyse: »Ich bin o.k., du bist o.k.!« vermittelt, wie erwähnt, nur einen kleinen Schimmer von dem, was Segen existenziell beinhaltet: grundsätzliche Bejahung der eigenen Wirklichkeit und der des anderen aus dem gleichzeitigen Gefühl von Freiheit und Verbundenheit heraus, einem Gefühl, das nur dann wahrhaftig sein kann, wenn wir uns in einem gemeinsamen Wurzelgrund eins wissen.

Vielleicht können wir als ersten Segen den nährenden Blick der Mutter auf ihr Kind auffassen. Doch auch die Mutter wird vom Kind gesegnet: Der intensiv und unmittelbar verbindende Blick eines Säuglings kann im Herzen der Mutter einen längst versiegten Lebensquell wieder zum Sprudeln bringen! – Liebende segnen sich ebenfalls mit ihren ineinander tauchenden Blicken. Wie Mutter und Kind erleben auch sie das nährende Geheimnis des verbindenden Einen. Nicht zufällig gehört in diesen beiden Beispielen der spürende Leib zum Segen: Nach dem nährenden Blickkontakt nimmt die Mutter das Kind und nehmen Liebende sich gegenseitig in die Arme, innig verbunden in einem Dritten Leib[9], der ihnen aus der Verbindung geschenkt wird und sie das All-Eine erahnen lässt. – Vor kurzem erzählte mir ein Dirigent vom Segen der Musik: Manchmal vermögen Musikerlebnisse Konventionen und Angelerntes befreiend zu durchbrechen, und wir erwachen mitbewegt im Einen: ganz in uns selbst und ganz Resonanz.

Heilung ist das nächste Urgefühl, das mit der mystischen Erfahrung »Gottes« verbunden ist. Besonders intensiv empfinden wir es in dem uns bejahenden Segen durch andere – mit oder ohne Gebärde. Heilung ist nie mit Gesundung gleichzusetzen: Es gibt heil-lose gesunde, wie auch heile kranke Menschen. Allerdings trägt nichts zur Gesundung so viel bei wie Heilung im beschriebenen, tieferen Sinne, nämlich durch die mystische Erfahrung der bejahenden Verbundenheit, selbst in der Krankheit: Diese wird heilsam relativiert, wenn sich der eigene Schwerpunkt vom bedrohlich umzingelten Ich weg und hin zur Resonanz in einem größeren »Leib«, letztlich in der Welt als Ganzes verlagert. Diese neue, realistische Lokalisierung im sich ausdehnenden Großraum der Welt stiftet Sinn und Identität. Die Gesundung, so skandalös das zunächst klingen mag, wird durch viele, nach wie vor notwendige Kämpfe hindurch schließlich zur Nebensache für den, der heil, das heißt ganz: mit dem Ganzen, also auch mit seiner Krankheit verbunden ist, sodass er diese nicht mehr negativ wertet.

Die lebendige Verbindung mit »Gott« wird in der Bibel oft durch Engel verkörpert: diese meinen die Kontaktaufnahme »Gottes« mit den Menschen. Deshalb enden die Namen der vier Erzengel mit der hebräischen Silbe »el«, die in der deutschen Übersetzung Gott bezeichnet. So bedeutet Michael »wer ist wie Gott?«, Gabriel »starker Gott«, Raphael »Gott, der heilt« und Uriel »Feuer Gottes«. Aus dem gleichen Grund werden sie als »Söhne Gottes« und als »Wächter, die – wie Gott – nie schlafen« bezeichnet. Auf der Himmelsleiter, die der Patriarch Jakob im Traume erblickt, steigen Engel auf und ab, für den jüdischen Glauben ein Bild des Bundes Gottes mit dem Volk Israel, für uns auch das vorgängig zum jüdischen Glauben wirkende Urbild, das die heilende mystische Erfahrung der Verbündung mit dem All-Einen durch die Verbindung von oben und unten wiedergibt. Dass die biblischen Engel ab dem vierten Jahhundert mit Flügeln dargestellt werden, symbolisiert ihre Fähigkeit, zwischen den oberen und unteren Zonen zu vermitteln, ähnlich wie Hermes und Eros aus der griechischen Mythologie, die beide Flügel tragen. Die Zeltstange, an welcher der Schamane hoch und niederklettert, spiegelt die gleiche Erfahrung. – Es gilt, Engel nicht an sich vorbeigehen zu lassen, das heißt Gelegenheiten zur Verbindung mit »Gott«, der »alles in allem« ist, nicht zu verpassen. Schwellensituationen des Lebens sind solche Gelegenheiten.

Engel sind wieder in Mode gekommen. Hängt dies damit zusammen, dass in unserer zerrissenen, sich zersplitternden, zu einseitig auf nützliche äußere »Connections« und »Fusionen« fixierten Gesellschaft die Notwendigkeit von Religion, das heißt Rückbindung an das Ganze und Verbindung mit diesem aus der eigenen Seelentiefe, von vielen gespürt wird? – Zufällig geriet ich letztes Jahr, am 30. September, dem Fest der Engel, in eine zum Bersten mit Menschen gefüllte Kirche auf der Tiberinsel in Rom, wo gerade ein Gottesdienst zu Ehren der Engel gefeiert wurde. Aus dem nahe gelegenen Krankenhaus waren viele Kranke, zum Teil auf Rollstühlen und Liegen da, auch viel Pflegepersonal und Außenstehende. Das überaus festliche Hochamt zelebrierte ein Kardinal, der in einer klugen Predigt auf die Notwendigkeit der Verbindung zu »Gott« und in »Gott« hinwies. Diese übersteige unsere alltäglichen, immer mehr instrumentalisierten Beziehungen wesentlich, die besonders kranken Menschen nicht genügen können, und eben diese Verbindung werde durch Engel verkörpert. Selten habe ich in einem Gottesdienst so viel ursprüngliche Frömmigkeit und Freude erlebt. Raphael, der Tobias von seiner Augenkrankheit geheilt hatte, der erste »Schutzengel«, war gegenwärtig.

Ein für das mystische Einheitserleben typisches anderes Gefühl ist das der Verzauberung: Auf einmal ist alles anders, obwohl alles immer noch gleich ist. Ein gemeinsamer Zauber liegt leise schimmernd über Dingen und Menschen; die Natur – ein großes atmendes Tier; selbst die Steine von heimlichem Leben beseelt; Aufklingen einer Melodie, in der sich die ganze Welt versöhnt; alle soeben noch getrennten Töne klingen zusammen; Aufblitzen von neuen und doch uralt empfundenen Beziehungen; neuer Blick auf alt vertraute Menschen; Verwandlung der Liebenden; Entsprechungen zwischen allen Sinnen: »Les sons et les lumières se répondent« – »Die Töne und die Lichter antworten sich« (Charles Beaudelaire); das sattsam Bekannte auf einmal unheimlich oder ein offenbartes Geheimnis; das eben noch Verachtete nun geliebt; Ewigkeit in der Zeit; Entzücken selbst im Kleinsten; abwesend und doch ganz da; entrückt, doch in die eigene Mitte: So und anders erfahren wir das Wunder der Verzauberung.

Handelt es sich dabei bloß um »das romantische Lebensgefühl«, das wir analysieren und als begreifliche Reaktion auf die »Déesse raison«, die Göttin der Vernunft in der Aufklärung, einordnen können? – Viel mehr: Die Romantik war gezwungen, nach innen zu verlegen, was für den Blick nach außen nicht mehr sichtbar wurde; für die Erlebbarkeit des Einen fand sie so den richtigen Ort. Gott zwar auch in der Natur, doch zuerst im eigenen Inneren. Überwältigt von dieser Entdeckung, fanden die Romantiker noch nicht zur paradoxen Nüchternheit und präzisen Wachheit, die der Ergriffenheit der mittelalterlichen Mystiker und Ekstatiker eigen waren. Viele riss ein das Bewusstsein raubender, dionysischer Rausch mit sich ein gefährlicher, oft Tod bringender Zauber, eine Gefahr auch der »Participation mystique« (Lévy Strauss), der Verschmelzung mit der Natur in den Ursprungsgesellschaften. – Die Geschichte des bösen, Verstand und Sinne raubenden Zaubers gibt nicht nur den Leidensweg vieler Romantiker wieder, sondern auch den der Menschheit. n den Strudel einer Verzauberung unbewusst hineingesaugt zu werden kann Zerstörung bedeuten: Anfälligkeit für Ideologien, Verführbarkeit durch selbst ernannte Führer, Opfer der Freiheit. Die daraus entstehende blutdampfende Welt gilt es zu entzaubern.

Gleichwohl: wir können nicht auf die innige Begeisterung im Resonanzgefühl verzichten. Auch uns, besonders uns, tut »Gott« not, zwar nicht mehr so wie im Zeitalter der Väter und Söhne, der Fremdunterdrückung und Selbstunterwerfung, sondern in einem sich hoffentlich ausbreitenden Zeitalter des frei machenden, nicht nur männlichen, sondern auch weiblichen Geistes, dessen Idee nicht zufällig in der Athmosphäre der mittelalterlichen Mystik des dreizehnten Jahrhunderts, mit Joachim da Fiore als Hauptexponenten, geboren wurde. Damals wie heute ist es wesentlich, sich daran zu erinnern, dass die wach verzaubernde Einheitsmystik eine Mystik der Liebe mit allen konkreten Folgen ist, von denen ich bereits eine Anzahl beschrieben habe. Das Gespür für Liebe entlarvt ethnische, rassische, nationale, religiöse Intoleranz als faulen Zauber. Die Verzauberung durch Mystik fördert die Liebe.

Das mystische Erleben ereignet sich in einem Klima von innerer Sammlung, Schweigen, Stille und Leere, selbst unter dramatischen, bewegten Umständen. Neues Leben beginnt immer als ein »Fast-Nichts« und bedarf unserer gesammelten Aufmerksamkeit. Großes Getöse ist nie schöpferisch, wohl aber ein Laut, den man zunächst nicht von der Stille unterscheiden kann. Innen muss es schweigen, damit wir den durch die Stille gezeugten Ton der Schöpfung hören können. In der großen Stille ist alles verbunden. Die Leere ist die Mutter der Fülle. – Ich bin dankbar für die jährlichen Exerzitien, denen ich mich als Jugendlicher und junger Erwachsener unterzogen habe, denn in ihnen habe ich schweigen und hören gelernt. Dies beides gehört zur Disziplin der Liebe. – Wie schwierig wird es heute, sich der Kollektivsucht pausenloser Töne und lückenloser Bilder zu entziehen! Technik und Elektronik kennen ihr eigenes Maß nicht, sondern nur der Mensch, der sie benutzt: eine banale, oft wiederholte Wahrheit, doch meist ohne Wirkung. Deshalb sehne ich mich manchmal nach Klöstern und Kirchen: nicht nach dem, was sie füllt, sondern dem, was sie leer macht. Betrete ich kunsthistorisch interessante Kirchen, in denen pausenlos alte Musik aus Konserven läuft, sträuben sich mir die Haare. Eine dem »horror vacui«, dem Entsetzen der Leere entgegengesetzte Zivilisationspanik mit klaustrophobischen Zügen treibt mich dann in die Flucht.

Mehr und mehr fehlt es an heiligen Räumen, in denen Leere zu erfahren erleichtert wird. Äussere »Témenoi« – heilige Bezirke – sind immer seltener zu finden. Viele Menschen schaffen sich mit ihren Neurosen zum eigenen Schutz innere geheime, isolierte Räume, doch um den Preis des bedauernswerten Verlustes von Gemeinschaft, Wohlergehen und Entwicklungslust. Wir brauchen heute die Achtsamkeit buddhistischer Mönche, um nicht nur das nackte seelische Überleben zu sichern, sondern darüber hinaus in der postmodernen Gesellschaft mit innerer Beweglichkeit, Freiheit und Intensität leben zu können! Der Einzelne muss im Innenraum üben, was die Welt als Außenraum erschwert: kontinuierliche Aufmerksamkeit im eigenen Leib, das heißt gleichzeitig in Körper, Geist und Seele: *Spürbewusstsein.* Dieses nimmt wahr, ohne einen Teil des Wahrgenommenen abzuspalten. Wahrnehmen, ohne sich stören zu lassen, wache Ekstase mitten im Alltag. – Vom indischen Weisen Ramakrishna wird erzählt, er habe mitten in der lärmigen, dreckigen, stinkenden, heißen Stadt Kalkutta stunden- und tagelang in Verzückung fast nackt meditiert, ohne sich von den Fliegen stören zu lassen, die ihm schwärende Wunden zufügten. – Spürbewusstsein im Leib ist nicht mit Reformhauskost und Hygiene zu verwechseln: In erster Linie ist es eine geistige Angelegenheit, nicht in dem Sinne, dass der Geist sich gegen den Körper wenden würde, sondern dass er spürend jede Zelle des Körpers füllt. Besonders deutlich erleben wir dies in der mystischen Erfahrung »Gottes«, des All-Einen in der Vielfalt. In ihm spüren wir uns mit dem Ganzen ganz verbunden, sodass selbst die Perspektive des eigenen Todes ins Leben der Welt eingewoben bleibt. Die ahnende Annäherung an diese Erfahrung reicht bereits, um das Glück nicht im Kampf gegen das vermeintliche Unglück, das Leben nicht im Kampf gegen den Tod zu suchen.

Nur in einem »geistigen Leib« werden wir stärker als der »Horror vacui«, die panische Angst vor dem Abgrund der Leere. Erst jetzt sind wir fähig, uns den »unbegrenzten Möglichkeiten der Leere zu öffnen«[10]. Wollen wir die Bühne der Welt als freie Menschen durchqueren und verlassen, so müssen wir stärker als unsere Angst werden. Die Unbestimmtheit – Leere – dessen, was uns in der Außenwelt erwartet, kann uns nicht mehr davon abhalten, deren Bühne stets neu zu betreten: Die Leere innen antwortet dann auf die Leere außen, die innere Ungewissheit auf die äußere. Die Welt wird unsere Bühne und wir werden zu Spielern, die dazu beitragen, dass die Liebe neue, zahlreichere Spuren durch sie zieht.

Ein bereits ausführlich beschriebenes Gefühl, das mit dem Erleben des Wunderbaren, dem vorbehaltslosen Einverständnis auftritt, ist das der Klarheit und Helligkeit. Fast immer taucht es nach überwundener Konfusion und Dunkelheit auf. – Im Alter von etwa dreißig Jahren weilte ich zweimal zu einem mehrwöchigen Aufenthalt auf dem

Berge Athos, einer weitgehend autonomen Mönchsrepublik in Griechenland südlich von Thessaloniki, vor drei Jahrzehnten und heute noch fast ohne Straßen, Autos, Elektrizität und Geld. Die damals mit einem besonderen »Diamonitirion« – Visum – noch möglichen Wanderungen zu allen Klöstern, Mönchsdörfern und Einsiedeleien gehören zu meinen prägendsten Erlebnissen. Eine Zeit lang wanderte ich gemeinsam mit dem damaligen griechischen Kulturminister, einem Intellektuellen mit der freien und symboltiefen Religiosität eines gebildeten Griechen aus der Antike. Er verschaffte mir Zugang zu sonst verschlossenen Türen. – Die Ostertage verbrachte ich im größten Kloster »Megisti Lavra« ganz im Süden. Am Karfreitag und Karsamstag gab es fast nichts zu essen. Die Nacht vom Karsamstag zum Ostermorgen wurde vollständig in der Klosterkirche verbracht. Beim Schein einer einzigen Kerze lagen zunächst alle Mönche auf dem Steinboden, das eine Ohr auf den Boden gepresst, und lauschten dem Herzschlag Christi, der auf seiner Höllenfahrt tief unten in der Erde weilte. Und dann lange Zeit nur noch stockfinstere Nacht ganz ohne Kerzenschein, durch die Dunkelheit gespenstig huschende Mönche, nicht endende dumpfe monotone Gesänge. Fremdartig fühlte ich mich in eine lichtlose Unterwelt versetzt – in dieser nicht geborgen, sondern verloren, zu müde, um »da rauszuwollen« oder ein Ende der Zeremonie zu wünschen, aufgelöst im endlos gedehnten Gesang, aufgesogen in einen weder kleinen noch großen, sondern einfach dunklen Raum, Ewigkeit nicht in Gegensatz zu Zeit, sondern wie Anhalten des Atems. – Irgendwann kam Bewegung in die Mönche: einzelne aus dem Einheitsbrei der Töne plötzlich ausbrechende Stimmen, leidenschaftlich skandiertes Gemurmel, aufblitzende und schnell wieder erlöschende Kerzen, insgesamt ein langsames Anschwellen verhaltener

Lebendigkeit in der Mutterhöhle des Tempels, sich intensivierende Spannung vor der Geburt. Und auf einmal mit unglaublicher Geschwindigkeit sich ausbreitender Schein, brennende Kerzen in den Händen aller, ekstatisches hölzernes Pochen auf der Stundentrommel, laute glockenhafte Klänge. Und dann stürzen alle zum Hauptportal und aus der Kirche auf die Terrasse im Freien, unter der das Meer rauscht, und schauen mit aufgrissenen Augen schweigend in starrer Verzückung in die gerade jetzt am Meereshorizont aufgehende Sonne: »Christòs anesti ek nekròn« – »Christus ist von den Toten auferstanden«. – In diesem Moment waren wir alle der Auferstandene, Lichtgebadete: nur noch Verbindung und Licht. Was kümmerten mich da die Unterschiede in den Glaubensbekenntnissen, oder zwischen der wörtlichen und der »nur« symbolischen Auslegung des österlichen Mysteriums: Im Erleben herrschte bloß das lichtvolle Eine, ekstatisch, energisch und unmittelbar in allen und dem ganzen Kosmos, die große Vibration des Wunderbaren. – Ein ungeheures Menschheitspotential an schöpferischer Entwicklung, leider ungenutzt aufgrund dogmatischer Enge und Unbeweglichkeit, nur im religiösen Sonderraum in außergewöhnlichen Momenten ekstatisch erlebbar.

Das eine Licht! – Schon fünf Jahre früher hatte ich es, nicht wie später auf Athos aus symbolischem Tod und Dunkel, sondern aus der Spannung von Prüfungsvorbereitungen befreiend kennen gelernt. Der Hitze und Zerstreuung Roms überdrüssig hatte ich mich in das Trappistenkloster von Frattochie am Fuß der Albanerberge zur Vorbereitung des theologischen Lizenziats zurückgezogen. Im Gästehaus, früher Eigentum der römischen Adelsfamilie Colonna und jetzt verwahrlost, mit einer Treppe, die einer Rutschbahn glich, arbeitete ich konzentriert und nur durch einen Spaziergang unterbrochen den ganzen Tag.

Jeden Morgen um fünf Uhr fand ich mich zum Gottesdienst in der Kirche ein: ein harmonisch gegliederter, weiter Sakralraum, strahlend weiß getüncht und außer einem alten Kreuz ohne jeden Schmuck. Weiße Tauben gurrten vor den Fenstern und flogen manchmal durch die Kirche. Die gleißende Sonne in langsam durch den Raum wandernden Lichtbündeln. Klare einfache Gesänge. Und in mir ein schwer zu schilderndes Gefühl von Licht und Wahrheit, jenseits von all dem, was ich zu lernen hatte. Grenzenlose Freiheit bei aller Disziplin, der ich mich unterzog, nach zum Teil zwielichtigen, konfus faszinierenden Tagen in Rom, wo ich mich in den letzten Monaten nur wenig meinem Studium gewidmet hatte. Und jetzt, in der zentrierten Bündelung des Augenblicks, im Fluss totaler Gegenwärtigkeit intensiv empfundenes Einswerden mit allem, was mir begegnete: mit den schweigenden, mir manchmal kurz zulächelnden Mönchen, die tagsüber auf den Feldern innerhalb der weiten Klostermauern arbeiteten, mit den blendend weißen, gurrenden Tauben, dem Wissensstoff, den ich gerade zu assimilieren versuchte, Kindern, deren Spiel ich auf meinen Spaziergängen zuschaute, mit dem aus der Ferne rauschenden Rom und dem Wind, der von den Albanerbergen über Castel Gandolfo streichend frisch zu mir herab wehte. – Vier Wochen ununterbrochenes Erleben von Licht, Zusammenhang und Glück, im völligen Einverständnis mit dem Wunderbaren, eine meiner nachhaltigsten religiösen Erfahrungen, Kraftquelle für spätere dunkle und schwierige Lebensphasen bis heute.

Ich erinnere mich noch genau, wie ich mich in dieser Phase fühlte: als wäre ich mir selbst enthoben, als würde ein anderer wie eine Erleuchtung in mir leben und ich dadurch endlich bei mir zu Hause sein. Zwar kannte ich das Wort des Apostels Paulus: »Nicht ich lebe, Christus lebt in mir«, doch sträubte sich etwas in mir, diesen anderen in mir in der Person Christi festzuschreiben. Die gleiche Identifizierung des »anderen in mir« mit Christus störte mich als Einziges im Denken Teilhard de Chardins, mit dem zu beschäftigen ich damals anfing. Viele Jahre später lernte ich den Sufi-Mystiker Rumi aus dem dreizehnten Jahrhundert kennen und seinen Satz: »In mir lebt ein anderer, durch den meine Augen strahlen.«[11] Von diesem anderen schreibt er: »Ich suchte ihn bei Kreuz und Christen ... Er war nicht am Kreuz ... Ich schaute in mein eigenes Herz, da sah ich ihn.« Und: »Ich kenne mich selbst nicht mehr. Ich bin weder Christ noch Jude, weder Perser noch Moslem. Ich bin vom Osten nicht und nicht vom Westen ..., denn ich gehöre dem Geliebten. Alles Endliche wird so unendlich. Ich habe alle Trennung überwunden.«[12] Dieser andere in mir ist der Geliebte: geschenkte Liebe, die mich als Einzelnen übersteigt und den Zusammenhang von allem erfahrbar macht. Rumi ist der mystischen Liebe zuerst in Gestalt des jungen, unkultivierten, wilden Derwischs Schamseddin aus Täbriz begegnet, in dessen Schönheit er göttlichen Glanz zu erkennen meinte. Er vernachlässigte Unterricht und Predigt und widmete sich nur noch den Gesprächen mit ihm über Mystik und dem gemeinsamen ekstatischen Tanz. Rumis Jünger wurden eifersüchtig und brachten den geheimnisvollen Derwisch schließlich um. Der verzweifelte Rumi war gezwungen, die mystische Liebe von der Person des ermordeten Geliebten zu lösen, und er begann, seine tiefsinnigsten und leidenschaftlichsten Verse zu schreiben. Durch das Dunkel des persönlichen Verlustes fand er zum Licht der reinsten Liebesmystik, die vielleicht je gelebt und gepriesen wurde[13]. – Der »andere in mir« ist keine bestimmte Person, auch wenn ein Meister, Guru, geistiger Führer, Geliebter eine Zeit lang die Rolle des geheimnisvollen anderen übernehmen kann und vielleicht muss. Doch bleibt es dabei, wir überschreiten so die entscheidende Schwelle zu »Gott«, dem Ursprungseinen, nicht: zum Geheimnis, von dem wir nichts Persönliches erfahren können außer den großen Zusammenhang in der Vielfalt.

Das Geheimnis des großen Zusammenhangs, das viele »Gott« nennen, heißt im chinesischen Taoismus »Tao«, wörtlich: Weg. Das Gefühl des Unterwegsseins gehört zu »Gott« im mystischen Erlebnis. Zunächst bedeutet es ständigen Aufbruch: »Der Menschensohn hat keinen Stein, auf dem er seinen Kopf betten könnte«. Vor dem Zerfließen in der ständigen Flussexistenz bewahrt uns allein die spürbewusste Präsenz im Augenblick. In diesem strömen und ruhen wir gleichzeitig. Der Augenblick ist der Punkt, in dem sich alle Linien der Welt schneiden. Außerhalb von ihm gibt es keine Erfahrung des verbindenden Einen. Zerstreute, zersplitterte, konfuse, hastige Menschen kennen »Gott« nicht, es sei denn in der unerfüllbaren Sehnsucht nach einem Ort des Glücks, den sie immer an einem anderen Ort vermuten als da, wo sie sich gerade befinden. Sie hetzen vom Augenblick weg, statt im fließenden Augenblick unterwegs zu sein. Gott als Weg bedeutet also das Gleiche wie Gott als Punkt, das heißt in diesem Zusammenhang: zentrierte Achtsamkeit im Augenblick. Durch Mystik erleben wir die Identität von Gegensätzen, hier von Weg und Punkt: Einheit also auch der Begriffe, »Coincidentia oppositorum«, das heißt Zusammenfallen der Gegensätze, jedoch nicht als bloßes Gedankenspiel sondern Ursprungserfahrung. – Wir kommen auf den Punkt, indem wir im Bleiben unterwegs sind. Wer sich dagegen auf seinem Wege selbst unterbricht, gerät »außer sich«.

Im Christentum hat das Pilgern eine lange Tradition: Pilgerfahrten zu Wallfahrtsorten oder ins Heilige Land.

Das Ziel scheint gegeben und der Weg nur ein Mittel zu ihm, ganz anders, als das Ideal der Heimatlosigkeit auch im Alten Testament es will: das geistige Nomadentum der sesshaften Juden in der Erinnerung an den Auszug aus Ägypten. – Doch hat nicht auch die biblische Heimatlosigkeit das Gelobte Land und später das Himmlische Jerusalem zum Ziel? In der Tat kann ein wörtlicher Glaube dazu verführen, den Weg als solchen zu entwerten und Sinnen und Trachten einzig auf das ferne, noch ausstehende Ziel zu richten, im Gegensatz zur fernöstlichen Weisheit, dass der Weg, und zwar genau dieser Schritt auf ihm das Ziel ist. – Wer schon an Pilgerfahrten teilgenommen hat, weiß aus Erfahrung, dass nicht der Weg ein Mittel zum Ziel, sondern im Gegenteil das Ziel ein Mittel zum Weg ist. Das Ziel motiviert zum Unterwegssein; im Letzteren liegt das eigentliche typische Erlebnis des Pilgerns.

Ich muss das »sakrale Wandern« im Blut haben. Von einem Ururgroßvater hörte ich, dass er jeden Frühling seinen Frisörladen in Winterthur-Töss schloss, seine große Familie verließ und auf Ostern zu Fuß nach Rom pilgerte. – Während meines Studiums in Paris nahm ich zusammen mit über tausend anderen Studenten zweimal an einer nächtlichen Pilgerwanderung zur gotischen Kathedrale von Chartres teil. Etwa drei Stunden vor der Ankunft erblickten wir im Morgengrauen bereits die Wallfahrtskirche, welche, auf einem Hügel liegend, die weite Ebene überragt. Im Einerlei des Schreitens, Betens, Singens, Schweigens geriet ich in eine Art Trancezustand, noch verstärkt durch die Müdigkeit, waren wir doch bereits am Vorabend aufgebrochen. Mein Kopf surrte, und in mir setzte sich die Vorstellung fest, die Kathedrale von Chartres sei nicht nur vor, sondern auch in mir, und dies immer stärker, je länger wir wanderten: Das äußere Ziel wurde zum inneren Motor. Wir brauchen den Trick unserer äußeren Ziele gar nicht zu durchschauen; es reicht, dass wir mit energischer Lebendigkeit unterwegs sind, mit dem Ziel als unbewussten inneren Motor im Herzen. Eben das meint die »Entelechie«, das im Inneren lokalisierte Ziel. In solchem Unterwegssein stellt sich nach und nach ein Gefühl von Verbundenheit und Resonanz mit den Menschen und der Natur ein. Die Annäherung an das eine Ziel der Wallfahrt ist eigentlich eine Annäherung an die mystische Erfahrung des Einen in der Vielfalt. Deshalb wohl liebte ich als junger Erwachsener so sehr Pilgerfahrten: Ich pilgerte über die Via Appia Antica zum Santuario del Divino Amore etwa dreißig Kilometer südlich von Rom, von München aus südwärts mit meiner Studentengemeinde zum Kloster Schäftlarn an der Isar, zum ökumenischen Kloster in Taizé, wo ich einige Jahre später dessen charismatischen Prior Roger Schütz, einen authentischen Mystiker, persönlich kennen lernen durfte, nach Santiago di Compostela und auch zu Pilgerstätten in Indien und Sri Lanka. Und immer war es die Erfahrung des Einswerdens im Unterwegssein, die mich zu solchen meist nächtlichen, im erwachenden Licht endenden Pilgerfahrten trieb.

Zum Unterwegssein gehört nicht nur ständiger Aufbruch, sondern auch ständiger Abschied, nicht nur Neuem zusagen, sondern auch ihm, dem wenig später alt Gewordenen, wieder entsagen, nicht nur Zupacken, sondern auch Verzicht. Denn durch Festhalten würden wir die Liebe verlieren, und wir wären keine Mystiker mehr, sondern trotzige Kinder, die ihre Spielsachen nicht an andere weitergeben wollen. Rumi schreibt dazu: »Ich werde mich von vielen Dingen fern halten, nicht aus Überdruss, sondern aus Furcht, dass mein anmutiger Geliebter mir sonst entschwindet.« Und: »Willst du ihn in einer Form festhalten, wird er dir entfliehen.«[14] – Reifer Verzicht setzt allerdings voraus, dass wir auch richtig zupacken können. In seinen Bekenntnissen formuliert Augustinus dazu eine amüsante Bitte: »Gott, schenke mir Keuschheit und Enthaltsamkeit, aber nicht sofort!« – Beide, Zupacken und Loslassen, Welt und Weltlosigkeit, gehören nicht nur zu einem gelungenen Leben, sondern auch zur mystischen Erfahrung des großen Zusammenhangs, in einigen Lebensphasen mehr das Erste, in anderen stärker das Zweite, doch jederzeit beide im Selbsterleben verbunden: Liebe und Tod, kein Widerspruch, sondern ein natürliches Paar.

5
TOD

»Meine Verrücktheit ist die Liebe zur Menschheit«, schrieb 1919 zu Beginn seiner schizophrenen Erkrankung der geniale Tänzer Waslaw Nijinskij, für den Strawinsky eigens Ballette komponierte, in sein Tagebuch, nach dessen Abschluss er vollends in geistige Umnachtung versank. Wie Hölderlin, van Gogh, Nietzsche war auch er ein hoch begabter Schizophrener; wie diese drei gelangte auch er am Beginn der Psychose zu einer letzten Steigerung der geistigen und künstlerischen Produktion – in sensibelster, sensitivster Weise über die Grenze der geistigen Gesundheit hinaus, schutzlos mit den Menschen, mit der Menschheit seiner Zeit verbunden und ihre Not seismographisch präzise registrierend, und auch er dem ihn mit besonderer Wucht Anfallenden nicht gewachsen. Unerschrocken wach und aufmerksam dem »Tremendum«, mit Überwältigung Drohenden standzuhalten, dazu war er psychisch nicht mehr in der Lage. – Der sich zu Liebe und mystischer Verbindung, zu »Gott« berufen Fühlende ging schließlich im Wahnsinn unter. Um diese sich ihm unheimlich nähernde Gefahr abzuwenden, wird er selber zu Gott, statt wie die authentischen Mystiker mit nüchterner, aufmerksamer Kraft »Gott« als verbindendes Band in allem wahrzunehmen, als allgemeine Resonanz. – In gewisser Hinsicht ist Nijinskij wirklich »Gott«, das heißt, darin den Mystikern gleich, tatsächlich im Innersten nur Verbindung, nur Resonanz im energetischen Ganzen der Welt – das merkt er klarer als die meisten »Gesunden«. Doch im Zerfall seines Ich spürt er nicht mehr, dass er, um »Gott« nicht nur im Wesenskern zu sein, sondern ihn auch seiend: in fruchtbarer, alltäglicher Liebe zu leben, die dem Mystiker eigene Demut, Nüchternheit, Freiheit und bewusste Wachheit bräuchte. Etwas in ihm weiß es wohl, doch vermag er nicht, dahin zu kommen. Sein überempfängliches Naturell, der Vater, der für ihn nur Gefahr und Drohung bedeutet und von dem sein erstes, tief erschreckendes Angsterlebnis ausgeht, die menschliche und künstlerische Isolierung in Folge einer wahrscheinlich zu seiner Veranlagung unpassenden Eheschließung und des damit verbundenen Verrats an seinem Geliebten und Förderer Diaghilew, seine abnorme Existenz: von einem glühenden künstlerischen Willen bis zur Erschöpfung erfüllt und sich zu Höchstleistungen antreibend, Geldnöte, Sorgen, hastige Reisen, überwältigende Erfolge, Einsamkeit: All dies trägt dazu bei, dass der zum Mystiker Berufene zum großen Leidenden, der große Liebende durch Not und Bedrohungsangst zum kranken Egozentriker wird, den unverbundene, sprunghafte Gedanken, Halluzinationen, absurde Banalitäten jagen und der seine Frau an den Rand psychischer Erschöpfung treibt. Und zwischendurch immer wieder, wie aus heiler Tiefe, wie aus »Gott«, strömende Liebe, Verbindung, Einverständnis selbst in den geistigen Zerfall, in den geistigen Tod, in seine Verkörperung des Todes als conditio humana.

Schizophrenie gibt es zwar schon seit alters her, doch in unserer Zeit droht sie, allerdings nur in Analogie mit dem psychiatrischen Krankheitsbild, zur eigentlichen Kulturkrankheit zu werden, heute noch mehr als zur Zeit Nijinskijs, auch wenn das isolierte Ich der meisten Menschen, den seelischen Tod durch emotionale Kontaktlosigkeit und Gleichgültigkeit unbewusst auf sich nehmend, in genügendem Ausmaß Überlebensstrategien zu entwickeln vermag, um nicht im individuellen Wahnsinn zu versinken. Diesen oder jenen vordergründigen Anliegen, wie Selbstbehauptung, Durchsetzungsvermögen, Optimierung der eigenen Begabungen, Arbeits- und Beziehungsfähigkeit nachzugehen ist zwar unerlässlich, doch unter dieser Oberfläche liegt eine Ur-Sache, die es wie einen Schatz zu heben gilt, um über die Symptombekämpfung hinaus Heilung zu finden. Schizophrenie legt die Haupteigenschaft dieser Ur-Sache, dieses Grundes bloß, allerdings ohne ihn zu erreichen: das mystische Gefühl der All-Verbundenheit. Da der Kranke diesem nicht in wacher Individualität standzuhalten vermag, sondern von ihm überflutet wird, unterscheidet er nicht mehr zwischen sich und anderen und wird zum Opfer eines All-Zerfalls: Die Verheißung intensivsten Lebens wandelt sich in nackten seelisch-geistigen Tod. Dabei erleidet er ungewollt, auch stellvertretend für unzählige andere, extreme Auswirkungen einer Kulturkrankheit.

Trotz Wohlstand und immer dichterer Oberflächenkommunikation mit der Außenwelt, zum Beispiel durch Handy, Internet und E-Mail, sind wir vom inneren Tod bedroht. Diese Wahrheit wirft der Schizophrene uns, den scheinbar Gesunden, zu. Das furchtbare Leiden der Gottesferne, der höllischen Isolierung quält uns ungenannt und unerkannt von innen. Auch für uns bedeutet Heilung in erster Linie, aus unserem heilen Kern heraus durch lebendige, unmittelbare, gefühlshafte Resonanz im Ganzen der Welt neu geboren zu werden, aufmerksame Verbindung selbst im Leiden an der Isolierung und am inneren Zerfall. Deshalb besteht auch die Psychotherapie mit Schizophrenen zuallererst in der »schöpferischen Verinnerlichung des Leidenden« vonseiten des Therapeuten, in seiner »inneren Resonanz« und seiner »gestaltenden Antwort«, in deren Medium der Kranke »zur eigenen Heilung gelangen« kann. – Die schizophrene Erkrankung Einzelner macht das Leiden Unzähliger, die in dieser Welt unfrei bloß funktionieren, in extremer Überzeichnung sicht- und fühlbar. Indem sie die »Erlebnisseite des Ich-Zerfalls« nach dem Zusammenbruch der inneren Bezugswelt offenbart, zeigt sie zweierlei: erstens die erwähnte Kulturkrankheit der Bindungslosigkeit, der Gleichgültigkeit in der inneren »Zerstreuung«, des verdrängten Leidens an der seelischen Isolierung und Verödung, doch zweitens auch die überzeitliche Realität der Todesdimension im menschlichen Dasein.[1]

Gegen Schluss seines erschütternden Tagebuchs kommt Nijinskij zu einer letzten Einsicht seines Leidens: »Ich lege keinen Wert darauf, dass man mich für einen großen Schriftsteller hält, auch nicht für einen großen Künstler – nicht einmal für einen großen Menschen. Ich bin ganz einfach ein Mensch, der viel gelitten hat – mehr sogar, glaube ich, als Christus gelitten hat ... Das Übermaß des Schmerzes, von dem meine Seele überfließt, hindert mich, mir durch Tränen Erleichterung zu schaffen. Denn nicht mein Verstand ist krank, sondern meine Seele ... Ich bin unheilbar – ein armer Mann mit gelähmter Seele, ein Elender, ein Unglücklicher ... Ich bin ... nur ein Mensch, voller Fehler, dessen Liebe sich auf die ganze Menschheit erstreckt ... Wenn wir einer den anderen suchen, werden wir uns endlich begegnen. – GOTT UND NIJINSKIJ.«[2] – Diese letzten Sätze Nijinskis legen bloß, wie auf geheimnisvolle Weise der Verlust der inneren Bezugswelt einerseits, und andererseits die intensivste, wahrhaftigste, durchlässigste Bezogenheit, All-Verbundenheit, Resonanz, Liebe, Begegnung sich in diesem letzten schöpferischen Moment berühren, der Offenbarungsmoment der Einheit von Liebe und Tod.

Die natürliche Verbindung von Leben und Tod, von Liebe und Tod, wird zwar im Zusammenhang mit der schizophrenen Erkrankung und der ihr analog entsprechenden Kulturkrankheit überdeutlich, doch gilt sie für alle Menschen. Manche habe ich im Sterben begleitet. Nach anfänglichem Kampf und begreiflicher Angst und Rebellion gegen Leiden und Tod kam es oft zum Überschreiten einer lautlosen, unauffälligen, fast beiläufig anmutenden Grenze. Jenseits von ihr zeigte sich ein radikal gewandeltes Wesen. Viele Kennzeichen der mystischen All-Einheit, der alles verbindenden Liebe, waren auf einmal wie durch ein Wunder da: einfache, wahrhaftige, direkte Kommunikation, angstfreie Durchlässigkeit für das jetzt Geschehende, schlichtes Einverständnis, das keiner Worte bedurfte, in die Wirklichkeit des Sterbens, das dadurch einen jenseitigen, wunderbaren Glanz bekam, Milde und Weichheit bei früher oft harten, Offenheit bei bisher verschlossenen, strömende Liebe bei vordem kühl berechnenden Menschen. Hier war die namenlose, mystische, geheimnisvoll und präzise wie in einem elektromagnetischen Feld die Vielfalt menschlicher Wirklichkeit neu anordnende All-Einheit am Werk, die selbst das Wort Gott nur ahnungsweise erfasst. Endlich stieß sie nicht mehr auf Widerstand.

Ich kenne einige Menschen, die nicht erst im Angesicht des nahenden Todes, sondern bereits »mitten im Leben vom Tode umfangen« solche unmittelbare, verbundene Menschlichkeit ausstrahlen. Bei ihnen begegnen sich die zwei Dimensionen einer wach bewussten Vergänglichkeit: notwendiger Abschied und neue schöpferische Empfänglichkeit, so rein und reif wie bei manchen – keineswegs allen – Todkranken. Diese wenigen dürfen wir ruhig als Weise bezeichnen. Oft sind es innere oder äußere, fast immer unbequeme Herausforderungen, die zu

Schritten kreativer Weisheit drängen, über Schwellen der Angst und des Bedürfnisses nach »verdienter Ruhe« hinaus. Bertold Brechts »Legende von der Entstehung des Buches Taoteking – Auf dem Weg des Laotse in die Emigration« gibt für das Letztere ein geistreiches, sinniges Beispiel ab. Es beginnt mit der Strophe: »Als er Siebzig war und gebrechlich / Drängte es den Lehrer doch nach Ruh / Denn die Güte war im Lande wieder einmal schwächlich / Und die Bosheit nahm an Kräften wieder einmal zu. / Und er gürtete den Schuh.« – Doch ein Zöllner verwehrt ihm und dem Knaben, der ihn begleitet, den Weg, will er doch unbedingt von Laotse erfahren, wie es geschehen kann: »Dass das weiche Wasser in Bewegung / Mit der Zeit den mächtigen Stein besiegt«/ und »das Harte unterliegt«. So fordert er den Alten auf: »Schreib mir 's auf! Diktier es diesem Kinde! So was nimmt man doch nicht mit sich fort.« Und dann: »Und von seinem Ochsen stieg der Weise / Sieben Tage schrieben sie zu zweit.« – Die Quintessenz der notwendigen, der nötigenden Herausforderung verrät Brecht in der letzten Strophe: »Aber rühmen wir nicht nur den Weisen / Dessen Name auf dem Buche prangt! / Denn man muss dem Weisen seine Weisheit erst entreißen. / Darum sei der Zöllner auch bedankt: / Er hat sie ihm abverlangt.« – Schöpfung ist nicht Handstreich eines genialisch Einsamen kraft seiner Isolation, sondern immer auch eingebettet in ein soziales Feld.

Wer das Eigenste in gültiger Form zur rechten Zeit mitteilt, verbindet sich in aktiver Resonanz mit der geschichtlichen Situation der Welt, und eben darauf beruhen Kreativität und Weisheit. Weiche Durchlässigkeit und ordnende Gestaltung, Sich-ins-Leben-Hineinsterben und strukturierendes Leben, Hingabe an den alles verschlingenden Tod und eigenständiges Leben in der einen Flussexistenz fügen sich zusammen. Von dieser Verbindung zeugen –

ich habe es ausgeführt – geniale, schöpferische Schizophrene und manche Menschen in der letzten Phase vor dem Tod.

Flucht vor dem Tod, vor dem Sich-ins-Leben-Hineinsterben-Lassen, also »Thanatophobie«, das heißt zur Gewohnheit geronnene Angst vor dieser entscheidenden Hingabe, ist das Hauptsymptom der erwähnten Kulturkrankheit[3]. Ein Großteil der psychologischen Literatur vermittelt den Eindruck, dass alle psychischen Probleme im Prinzip lösbar sind: Die Machbarkeit des Lebens bleibt zwar im Einzelfall eingeschränkt, doch scheint es möglich zu wissen, wo es eigentlich langgeht. Mit der prometheischen Mentalität, die dieser Auffassung zugrunde liegt, versuchen Zeitgenossen, den Tod aus dem Leben zu vertreiben: das nie ganz lösbare Rätsel der Existenz, die Offenheit auf Vergänglichkeit, Leere und Tod hin und letztlich die Unverfügbarkeit menschlichen Schicksals. Adrenalinstöße in der geschickten Ausübung von Extremsportarten ersetzen für viele die existenzielle Ergriffenheit in einer Liebe, die nichts mehr mit erlernbarer Technik gemein hat. Die Reduzierung auf das Machbare isoliert von der Tiefendimension des Lebens und verunmöglicht die verbindende Liebe im Ganzen der Welt. Große Liebende waren sich der Vergänglichkeit alles Seienden und somit auch der Relativität ihrer Problemstellungen und Lösungsansätze stets bewusst. Wie schrecklich, dass in dieser Zeit, die vom Götzen der Konstruierbarkeit regiert wird, die Psychologie der Liebe weitgehend an die Stelle einer Existenz in Liebe getreten ist, dass Theorien über die Liebe das Risiko von deren Erfahrung einzäunen, ins Erreichbare zurückzähmen, dass Liebeslyrik seltener als dümmliche Rezepte von Partnerschaftsratgebern geworden ist. – Bewusste Sterblichkeit ist der Angelpunkt eines wahrhaftigen, verbundenen Lebens; sie abstrahiert das

Geheimnis des Nicht-Seins, das Rätsel des Todes nicht weg.

Flucht vor dem Tod, Flucht vor dem unberechenbaren, unvorhersehbaren Leben! Kurz vor einer Krebsoperation träumte eine 49-jährige Frau diesen Traum: »Aus dem Fenster sehe ich einen fahlen Leoparden mit einem auffällig langen und buschigen Schwanz herumschleichen und denke: ›Gott-sei-Dank befindet er sich außerhalb des schützenden Hauses!‹ Doch auf einmal gleitet er durch ein Durchschlupfloch für Katzen in den Raum, wo ich mich aufhalte und verwandelt sich in einen jungen, kalt-schönen, faszinierenden Mann mit schweflig glänzenden, grüngelben Raubtieraugen. Wir umarmen uns. Gemeinsam sinken wir, er unter mir und mich hinabziehend, zu Boden. Er umschlingt mich und trommelt auf meinem Rücken herum. Ich erschrecke: Das können nicht seine Finger sein! – und richte mich auf. Da erblicke ich in seinen Händen schwarze Trommelstäbe mit gelben, runden Enden und weiß: ›Es ist der Tod!‹ Panische Angst packt mich; ich schreie gellend auf und weiche, ununterbrochen weiter schreiend, zurück, den Tod im Auge behaltend, bis ich die Schwelle zum hinteren Zimmer mit einer verschiebbaren Zwischenwand rückwärts überschreite. Mit der Angst, ob ich diese noch hinter mir schließen könne, bevor mich der Tod einholt, wache ich schweißgebadet auf.«

Der Rücken als Trommel, auf welcher der Tod seinen Rhythmus trommelt: ein Schauder erregendes Bild für den Tod, der die Fliehende von hinten anfällt und der Widerstrebenden seinen Takt aufzwingt. Doch ist es der letzte Tod, vor dem die Träumerin zurückkrebst? Meint folglich der Traum, sie überlebe die bevorstehende Operation nicht oder falle später doch ihrer Krankheit zum Opfer? Dies war ihre erste unwillkürliche, durch Angst motivierte

Deutung, noch ganz im Traumerleben gefangen. Doch schauen wir uns den Traum näher an: den langen, buschigen Schwanz des Raubtiers, die kalte, zugleich anziehende und abstoßende Schönheit des jungen Mannes, die sexuelle Note der Begegnung mit ihm, die schwarzen Trommelstäbe, denen die runden, gelben Enden das Aussehen unheimlicher Phallusse gibt, die dazu passenden gelb-grünen Raubtieraugen des Todes, die Flucht aus der Umarmung in das hintere Zimmer, also den Versuch, den ganzen Vorfall zu verdrängen!

In faszinierender Verdichtung zeigt der Traum, wie Angst vor dem Tod und Angst vor dem Leben zusammenspielen, ja miteinander identisch sind. Flüchtet die Frau nicht vor dem raubtier-, also triebhaften Aspekt der Begegnung mit dem sexuell anziehenden Manne, meidet das Leben und rennt in die Arme des Todes? Und trommelt nicht der Tod sein Lied auf ihren Rücken, weil sie »wie eine Bekloppte« lange versucht hat, ihn vom Leben zu trennen? Holt er sie nicht von hinten ein, weil sie es versäumt hat, ihm von vorne zu begegnen? – Das Leben ohne unzähmbare Wildheit ist eine Vorstellung, welche die Angst gebiert, das melancholische Ideal der mit dem Leben Unverbundenen – ferne Sehnsucht statt naher Liebe. Hingabe ist ein Fluss auch mit gefährlichen Klippen, ein fortwährendes Sich-Sterben-Lassen vor lauter Leben. Den, der ihn meidet, erreicht das Schicksal des blind und absolut gewordenen Triebes. Dann geschieht mit ihm Zerstörerisches von außen, Selbstzerstörerisches von innen. »Ducunt volentem fata, nolentem trahunt« – »Den Willigen führt das Schicksal, den Unwilligen zieht es« (Ovid, Metamorphosen). Die Abspaltung gibt dem Tod unheimliche, destruktive Macht, weil sie ihn aus dem Lebensganzen aussondert: eine Todsünde im Wortsinn. Einseitiger Todessog statt zweipoliger Spannung zwischen Leben und Sterben! – Aber noch ist es nicht nicht zu spät: Die im Traum erzwungene Begegnung will zur bejahten Verbindung mit Liebe und Tod in einem werden. Ein verfrühter Tod ohne Liebe wird überflüssig. Die meisten Versuchungen zum unbewussten oder bewussten Suizid verschwinden, wenn wir ins Fließgleichgewicht mit einem Leben kommen, das wir weder festhalten noch bestimmen können.

Im Moment, da ich im zweiten Kapitel dieses Buches zum Thema Berufung die drei Wörter »Versuchung zum Suizid« in den Computer tippte, flog ein Vogel mit voller Wucht gegen die Fensterscheibe meines Arbeitszimmers, prallte zurück, schwang sich zum letzten Male auf und fiel im Nachbargarten auf die Wiese: ein Geschehnis, über das ich erschrak. Nicht nur schreibt ein Autor über Themen, die zumindest entfernt auch mit ihm zu tun haben, sondern dadurch, dass er sie zur Sprache bringt, bekommen sie für ihn auch nahe, existenzielle Aktualität. Schreiben ist ein gefährliches Metier. Außerdem weist die Tatsache der Wortmagie den Schreibenden auf seine Verantwortung hin. Das ins Wort Gefasste wandelt sich in ein Wesen mit Fleisch und Blut. – Ähnlich geht es auch mit Träumen, welche die Erinnerung in präzise Wortgestalten umgießt: Diese bringen es fertig, in uns Krisen wach zu kitzeln, aus denen wir entweder heil oder zerstört hervorgehen werden. Dies gilt besonders für Träume im Umkreis gesundheitlicher Störungen, wie auch der 49-jährigen Träumerin klar wurde. Schwere Krankheiten können uns hautnah vor Grenzen platzieren, hinter denen das Wunder gewandelten Lebens wartet. Überschreiten wir sie nicht, so spricht der Tod das letzte Wort.

Sterblichkeit beinhaltet die grundsätzliche Möglichkeit verletzt zu werden. Wer liebt und lebt, weiß um die Wunden der Liebe und des Lebens. Beide sind Facetten des Gleichen. Erlittene Wunden des Lebens lassen Vergänglichkeit und Tod in einem günstigen Licht, nämlich als Erlösung erscheinen: Der von Herakles verwundete, bereits erwähnte, Kentaur Chiron sehnte sich nach Sterblichkeit; die Unsterblichkeit war ihm zur Last geworden. – Erst durch seine Verwundbarkeit wird der Held sterblich – und menschlich. Die leibliche Stelle der Möglichkeit zur Verwundung entspricht einem in Heldengeschichten verbreiteten Topos. Dank ihrer wird der Held für uns interessant, ausgespannt wie auch wir zwischen Geburt und Tod. Der »hinkende Bote« hat eine lebenswichtige Mitteilung für uns in der Tasche. – Mit seiner »Achillesferse« findet sich jeder Mensch in die Entscheidung geworfen: entweder sich an die illusorische Allmachtsphantasie eigener Unverwundbarkeit zu verlieren und schließlich als einzige Wunde machtlos sterbend zu erwachen, oder sich mit ganzem Schwung der Welt hinzugeben und dabei auch Behinderungen, Verletzungen und Narben zu riskieren, wie Jakob in seinem Kampf mit dem Engel.

Oft entspricht der Ort besonderer Verletzbarkeit dem Ort besonderer Begabung. Ein mit mir seit Kindheit befreundeter Sozialarbeiter, der nach einer Herzoperation an starken Herzrhythmusstörungen litt, berichtete: »Ich war ein intensives, empfängliches Kind. Eine Tante erzählte an meiner letzten Geburtstagsfeier, dass alles, was sich um mich herum als Kind abgespielt hat, mir von früh auf ungewöhnlich nahe gegangen sei. Aus einem Konzert, das ich zusammen mit ihr im Alter von zwölf Jahren besuchte, sei ich blass und zitternd herausgekommen, überwältigt von der vollkommenen Schönheit der erlebten Musik. – Manche Freude, mancher Schmerz haben mich tatsächlich fast überwältigt; daran erinnere ich mich. Die Beziehung zu meinen Eltern, Geschwistern und Schulkameraden, so erzählte die Tante weiter, sei sehr leidenschaftlich gewesen. Was andere erlebten, habe lebendig, fast zu lebendig auch in mir mitgeschwungen, sodass sie erst infolge meiner betroffenen Reaktion richtig merkten, was mit ihnen selber geschah.«

»So kam es schon früh, dass Menschen sich mir mit ihren Geheimnissen und Problemen anvertrauten, von denen ich selbst noch keine Ahnung hatte, mit Anliegen, die mich manchmal überforderten. Nach und nach lernte ich, im Mitgehen und Mitschwingen auch mich selber im Gespür zu behalten, dabei sogar das Gespür für mich zu intensivieren. Für mich als Sozialarbeiter war das natürlich besonders wichtig. Je besser mir das gelang und noch heute gelingt, desto wirksamer konnte und kann ich andere unterstützen. Es gibt mir große Befriedigung, emotional in Verbindung mit anderen zu sein und zu merken, dass ich bereits dadurch, ohne weitere Hilfestellungen, Lebensschwung und Lebensmut in anderen und auch in mir selbst stärke. Und ich bekomme so viel zurück! Oft klingt aus Begegnungen in mir an, was ich gerade brauche, auch wenn der andere meint, nur er bekomme etwas von mir. Natürlich teile ich ihm dann auch mit, dass die Hilfe gegenseitig ist. Leben bedeutet für mich Mitschwingen. Mein Herz ist so voll von der Welt! Manchmal, wie oft in meiner Kindheit, kann es allerdings immer noch geschehen, dass mich die Fülle im Herzen fast umbringt. Dann wird das, was ich mit anderen erlebe, für den Körper zu viel. Statt als freier Mensch mitzugehen und mitzuschwingen, werde ich dann von außen beinahe überwältigt. Neulich schrieb mir eine Italienerin, der ich während einer Lebenskrise zur Seite stand, meine größte Begabung sei das offene Herz, und: ›Tu impegni sempre TUTTO il tuo cuore nelle cose che fai, per questo ti stanchi ...‹ – ›du engagierst dein GANZES Herz in allem, was du tust, und das ermüdet dich.‹ Ich glaube sogar, dass das zutrifft. Von dem Moment an, da die gegenseitige Verbindung in einseitige Überwältigung umkippt, wird mein Herz übermäßig belastet, und ich verliere das Gespür für den eigenen Lebensrhythmus. Vielleicht haben meine Herzrhythmusstörungen auch damit zu tun.«

Der Ort der stärksten Begabung kann sowohl Geburts- als auch Todesöffnung sein: Von hier aus treten wir in Resonanz mit anderen Menschen, und hier dringt auch der Pfeil ein, der uns verwundet und vielleicht eines Tages umbringt. Der versteckte, unauffällige »Glutkern« aller Begabungen – voller Wärme und Energie –, die wir im Austausch mit der Umwelt entwickeln und nicht nur für uns, sondern auch für andere einsetzen, ist Verbindung, Resonanz, Liebe. Die Ikone des durch Pfeile verwundeteten Sebastian mit dem Ausdruck schmelzenden Liebesleids ist für mich das sprechendste Bild der Verwundbarkeit durch die allen Menschen gemeinsame Begabung zur Liebe, nicht als einzige Möglichkeit der Liebe, aber als zeitweiliges Risiko und als Dimension in jeder ekstatischen Hingabe. Und in welcher Hingabe vibriert nicht auch das Wunderbare der zugleich zeugenden und vernichtenden Ekstase – die beiden Seiten des Dionysischen – heimlich mit? Wollen wir Jesus, Mahatma Ghandi, Martin Luther King die Liebe absprechen, weil sie daran umgekommen sind? Nähren wir doch nicht gleich den kleinlichen, abwehrenden Verdacht auf Masochismus, wenn wir mit einer Liebe, die auch vor Leiden und Tod nicht zurückschreckt, konfrontiert werden, sondern versuchen wir, auch unser Herz groß zu machen! Ohne masochistischen Beigeschmack sind manche anonyme Helden der Liebe auch Märtyrer der Liebe.

Die Lebensquelle der Resonanz kann auch deshalb plötzlich zum mitreißenden und verschlingenden Wildwasser anschwellen, weil unser Körper nicht immer der Wucht, die ihn mit Emotionen und erschütternden, selbst freudigen Tatsachen überwältigt, gewachsen ist. Eine Frau erzählte, ihr Vater sei an dem Tage, da sie, die Tochter, für eine bedeutende, weitherum anerkannte naturwissenschaftliche Forschungsleistung mit einem Preis geehrt wurde, von Freude überwältigt am Herzschlag gestorben. – Die Einheit von »Körper, Geist und Seele« macht die Unterscheidung zwischen diesen dreien nicht überflüssig. In uns wirkt eine Kraft, die der Körper nicht fassen kann. Dieser Kraft von innen entspricht das Risiko möglicher Überwältigungen von außen. Der Tod kann auch als Chiffre für solche Kräfte innen und außen aufgefasst werden: als paradoxes Zeichen einer ekstatisch überbordenden, den Körper manchmal überfordernden Lebendigkeit.

Der Tod ist folglich eine Facette der Hingabe an das Leben, und nicht umgekehrt das Leben ein »Umweg zum Tod«, wie Sigmund Freud in seinem Kulturpessimismus es will: das Leben als »Kette kausaler, unentrinnbarer Determiniertheit des Geschehens, aus dem jede Spur von Freiheit ausgelöscht ist«, Ausdruck des Todestriebes »als einer Urenergie«, der die »Vormachtstellung gegenüber dem erotisch-ichlichen Leben« zukommt. In dieser Sicht ist der Tod lediglich »das in dem rastlosen Drang nach Befriedigung (Lust) gesuchte Grab, in dem der Fluch der lichtlosen, ausweglosen Existenz zur Sprache kommt.«[4]

Nur wer sich als Resonanzkörper im großen schwingenden Raum eines Beziehungsfeldes erfährt, kann von Freiheit sprechen, ohne zu lügen. Bewusste Resonanz ist eine natürliche Begabung des Menschen. Jederzeit ist sie das Subjekt menschlicher Selbsterfahrung. Erst durch wach bewusste Resonanz im weiter und weiter greifenden Raum der Mitwelt erfährt das Individuum Freiheit. Für den individualistischen Positivismus Freuds kommen solche Überlegungen einer Fremdsprache gleich. Er betrachtet den Menschen als durch Verinnerlichung – Introjektion –

der Außenwelt geprägten, doch letztlich isolierten, nicht wesenhaft in fruchtbarer Verbindung mit anderen stehenden Einzelnen. Auch deshalb beschränken sich seine Gedanken zur Liebe zum größeren Teil einseitig auf das kausal mechanistisch aufgefasste Triebleben. Es fehlt der Freiheits- und Resonanzraum für wirkliche Begegnung, in dem sich der Einzelne auf unvorhersehbare Weise wandelt, Abschied und Tod als Aufbruch und Leben erfährt. Nur als Resonanzwesen befinden wir uns im Einverständnis mit dem Wunderbaren einer gewandelten Existenz.

Zu dieser Einsicht gelangt der mystische Mensch. Unablässig weist darauf Rumi, der bereits zitierte Sufi-Mystiker aus dem dreizehnten Jahrhundert, hin. Die Resonanz mit »dem anderen« bestimmt sein ganzes Werk: »In mir lebt ein anderer, durch den meine Augen strahlen.« Und: »Ich bin ein Maler und mache Gemälde. Jeden neuen Augenblick schaffe ich eine schöne Form, und dann wische ich sie in deiner Gegenwart wieder weg.« – Resonanz meint Verzicht auf ein eigenmächtiges, sich gegen die andere Wirklichkeit stellendes Ich: »Auf das Selbst zu verzichten, ... ist Anfang und Ende jeder mystischen Reise.« – Resonanz bezeichnet weltoffene, spürend mitschwingende Liebe. Ihr zuliebe ist Rumi auch zu Verzicht und Askese bereit; er wählt die Entsagung nicht, um etwas zu verlieren, sondern zu gewinnen, nämlich die Liebe, die einen sich künstlich von der Welt isolierenden Individualismus auflöst. »Ganz plötzlich wird die Liebe kommen und sagen: ›In diesem Augenblick werde ich dich von dir selbst erlösen‹ .«[5] – Rumi fasst den Tod als endlich vollständige Befreiung vom Ich durch Liebe auf. Diese Betrachtungsweise extrapoliert die Erfahrung von Wandlung mitten im Leben auf den Todesmoment. Ich dagegen buchstabiere wieder vom Lebensende zum Punkt mitten im Leben zurück, das heißt zu dem jetzt durch Liebe motivierten Ich-Verzicht.

Nur darum kann es hier gehen: um die Auflösung der Ich-Identität zugunsten einer Verbindungs-Identität, um den »Dritten Leib« als Subjekt der individuellen Wesenserfahrung. Im »Resonanz-Selbst« sind Âtman (das individuelle Selbst) und Brahma (das Welt-Selbst) eins.

Ist die Unfähigkeit zu Verzicht, Entsagung, Einfachheit, Opferbereitschaft und Askese, also der Zwang, immer mehr zu bekommen, zu erwerben, zu haben, nicht stets gekoppelt mit der Unfähigkeit zu lieben? In seiner Gier will der Einzelne das Haben für sich allein und gegen andere, der frei in Resonanz Mitschwingende dagegen das Sein mit anderen für das Ganze. Das Opfer des Ich meint die Geburt eines Subjekts, das Beziehung und Liebe *ist*, selbstverständlich bei jedem Menschen auf individuelle, der eigenen Anlage und Entwicklung entsprechende Art. Unter diesem Blickwinkel sehen wir selbst die kranken Auswüchse der Abwendung von Körper und Welt, so einst in der Antike unter gnostischem Einfluss, in einem neuen Licht, nämlich als einseitig abgespaltene und deshalb destruktive Übersteigerung der wesentlichen Sehnsucht nach Liebe, einer Identität durch Resonanz. Das Kranke daran zeigt sich in der dieser Sehnsucht genau entgegengesetzten Wirkung, nämlich der egomanen Isolierung der »Wüstenheiligen« damals und im übertragenen Sinn auch heute. Ich stelle manchmal fest, dass selbst magersüchtige junge Frauen und Männer, versteckt im Streben nach Autonomie, die Sehnsucht nach einer angstfreien, eigenes Spüren ermöglichenden Liebe heimlich nähren. Paradoxerweise ist ja die Erfahrung der nicht wie in der Magersucht unfreiwillig erlittenen Isolierung, sondern in Freiheit gelebten, authentischen Autonomie immer an die Bedingung einer lebendigen Beziehungsfähigkeit geknüpft. Letztere kommt zuerst. Schon die Erlebnisfähigkeit des ungeborenen Kindes in Resonanz mit der Mutter beweist, dass die Möglichkeit des Einzelnen, sich zu spüren, aus der verbindenden Resonanz stammt. Nur diese verleiht dem Leben den Glanz des Lebenswerten und Wunderbaren. – Richtig verstandene, integrierte Askese – aus Verweigerung der Ich-Entmachtung heute verpönt – erschließt einen uralten Erfahrungsschatz der Menschheit und einen vergessenen Zugang zur Liebe neu.

Ist vielleicht sogar die Faszination vieler Zeitgenossen für den pornographisch ausgewalzten sexuellen Masochismus in diesem Zusammenhang zu verstehen? Verbirgt dieser möglicherweise die Sehnsucht nach einer Hingabe, die das auf Macht fixierte Ich schachmatt setzt? – Dazu eine Geschichte: Ein eher passiver, jünglingshaft schöner Mann betrat katholische Kirchen nur mit dem Ziel, Darstellungen des entseelten Leichnams Jesu in den Armen der Gottesmutter aufzustöbern. Ihm selber hatte eine Mutter gefehlt, deren Liebe seine egozentrischen Zwänge gar nicht hätte entstehen lassen. Seine Faszination für Jesu Leichnam in den Armen der Mutter kam aus der Sehnsucht nach Auflösung seiner Isolierung und nach einem Leben durch Hingabe und Verbindung. In jeder sexuellen Begegnung mit einer Frau musste er einen bestimmten Satz aussprechen, um für den Geschlechtsverkehr genügend erregt zu werden, nämlich: »Mach mit mir, was du willst!« Erst dann geriet er in Fahrt. Sein kranker Masochismus, in welchem er sich lustvoll mit dem ermordeten »Menschensohn« identifizierte, tarnte seine gesunde Sehnsucht nach Hingabe: In der Vorstellung des Todes brach der eigenmächtige, sich gegen die Liebe stellende Wille zusammen. Das war das Letzte, was er tun konnte, um sich selbst, mit der hemmenden Prägung der sich ihm verweigernden Mutter, zur Hingabe zu bewegen. Etwas in ihm wusste, dass »Liebe stärker ist als Tod«. In seiner Angst vor Kontrollverlust blieb ihm die Realisierung eigener Hingabe so unerreichbar, dass er den Mangel durch den extremen Satz der Selbstaufgabe – »Mach mit mir, was du willst!« – ausbalancieren musste. Dieser Satz beinhaltete den einzigen ihm möglichen, seinen bestmöglichen Weg zur Erfüllung der jedem Menschen eigenen Sehnsucht nach Hingabe und Verbindung.

Im All-Einheitsgefühl der Resonanz streift uns ein Hauch von Ewigkeit. In ihm wird das Erleben von Unsterblichkeit, angedeutet im seltenen Geschenk, »unsterblich verliebt« zu sein, zur Grunderfahrung, in der wir uns nach und nach wandeln. Nicht mehr betrachten wir dann unsere Vergänglichkeit vom festen Ufer des strömenden Flusses aus. Mit dem »schönen Augenblick«, der reiner Fluss ist, identisch geworden, können wir diesen auch nicht mehr wie Goethe gleichsam von außen ansprechen und zum Verweilen auffordern. Nicht ich bin der Fluss, der strömt, sondern das Ganze der Welt in einer verbundenen Bewegung, die ich auf die mir eigene Art erlebe. Das Einverständnis in das Wunderbare meint immer die Einwilligung in ein Größeres, welches das auf Macht über und gegen andere bedachte Ich außer Kraft setzt: Die Kraft liegt jetzt im Zusammenspiel des sich komplex bewegenden Ganzen. Das kleinliche Machtspiel mutiert zum großen Liebespiel. In diesem Zusammenhang mag der individuelle Tod manchen wie eine Nebensache erscheinen oder gar als Überwindung des letzten Hindernisses zur Einheit mit der Welt. Doch stammt diese romantische Vorstellung aus der Erfahrung der Resonanz mitten im Leben. Mehr lässt sich dazu nicht sagen, und wenn das der Fall ist, soll man bekanntlich schweigen.

Über einen anderen Aspekt »unserer« All-Verbindung nach dem Tod jedoch lässt sich Sicheres aussprechen: Der Rückkehr des menschlichen Organismus ins Anorganische entsprechen die existenziellen Erlebnisse sowohl distanzierter Gleichgültigkeit als auch befreienden Gleichmuts, sowohl unwillig erlittener als auch willig beachter Regression, etwa in einer Trennungssituation oder Krankheit. Wird die regressive Auflösung, zuletzt im Sterben, mit wachem Einverständnis erlebt, kann auch sie, wie der indische Philosoph Aurobindo betont, zu »Ananda« – Seligkeit – führen, wie alles zunächst negativ Empfundene, mit dem wir schließlich handelseinig werden. In der Grundhaltung dieses Einverständnisses werden metaphysische Fragen, die über das jetzt Erfahr- und Wissbare hinausgehen, uninteressant und überflüssig: geistiger Ballast, der ablenkt. Ein Zuwachs an Energie belohnt den Verzicht auf sie. Wer um Antworten auf falsche Fragen ringt, sitzt in der Falle des Unwirklichen fest.

Das Wissen um die Rückkehr ins Anorganische durch Tod mindert unsere jetzige Resonanz im Weltganzen nicht. Der Staffettenlauf wird mit anderen Spielern weitergehen. Mit ihnen gehen wir bereits jetzt in der gemeinsamen Liebe zum Leben potenziell einig. Welch ein Friede, im Bund mit denen, die kommen und einatmen, gehen und ausatmen zu dürfen ...! Gerade in dieser für individualistisches Denken nihilistischen Vorstellung kann uns das Gefühl der Unzerstörbarkeit erfassen, ein transformatorisches Erleben. Es überkommt uns mit einer Stimmung, in der sich Verzauberung und Furcht verbinden, taucht die Welt in ein gespenstiges, hellseherisches Licht, jenseits der aufgehenden und untergehenden Sonne, und lässt die Formen, die sich zugleich enthüllen und vergeistigen, wie in einer schönen, hellen Vollmondnacht in eine höhere Ordnung eintreten, »in die der Unzerstörbarkeit, die ihrer Linienführung innewohnt«[6]. – Diese wundersame Stimmung schmälert unsere Liebe zur Welt nicht, doch fangen wir an zu merken, dass das Ich als vermeintliches Subjekt dieser Liebe bereits nicht mehr vorhanden ist. Im riesigen Raum der geheimnisvollen Gesamtwirklichkeit verschlingt uns der Tod. Sein Wesen ist es nicht, Stachel zu sein (Paulus), sondern Fluss.

Überwiegt beim Aufkommen dieser jenseitigen Stimmung die Furcht, dann stellt sich in Folge mehr und mehr der Zauber eines großen, unzerstörbaren Friedens, einer »ewigen Ruhe« ein. Diesen Übergang fasst Mathias Claudius in seinem von Schubert vertonten Gedicht »Der Tod und das Mädchen«, eines der beliebtesten Motive in Dichtung und Kunst, in eine gültige Form. Nachdem das Mädchen den »wilden Knochenmann« schaudernd gebeten hat vorüberzugehen – »Ich bin noch jung, geh lieber! / Und rühre mich nicht an!« –, ist es nun bereit, die Botschaft des Todes zu hören: »Gib deine Hand, du schön und zart Gebild! / Bin Freund und komme nicht zu strafen. / Sei guten Muts! Ich bin nicht wild, / Sollst sanft in meinen Armen schlafen!« – Das Bild des Schlafes für die Einkehr in den großen Kreislauf des Vergehens und Werdens, der Zerstörung und Schöpfung, der Entropie und Evolution, des Anorganischen und Organischen ist keine bloße hilflose Metapher für das Nichts, für die Abwesenheit von Leben. Aus der Perspektive der Welt als Gesamtwirklichkeit sind »wir« nicht tot, wenn wir gestorben sind, denn die Welt geht weiter ihren Gang. Wir »schlafen« bloß, eingegangen in den riesigen Moloch einer »anderen« Welt, in der Leben und Bewusstsein »schlafen«.

Wird aus diesem Schlaf in einer Welt der Schatten eines Tages Auferstehung kommen, wie die Bibel in Aussicht stellt? Oder Wiedergeburt nach dem karmischen Gesetz von Ursache und Wirkung, wie viele in Ost und West als eine angeblich in der Erfahrung gründende Tatsache glauben? »Ein Fragen ist in allen Dingen. / Nichts und niemand weiß Bescheid« (Juan Ramon Jimenez). Deshalb in Wiederholung: Je mehr wir gerade in diesem Augenblick reine Resonanz im komplexen Netz von Gesellschaft und

Welt *sind*, desto weniger Energie bleibt für Fragen dieser Art übrig. Eine Testfrage allerdings sei erlaubt: In welchen Situationen neigen wir zu solchen »endzeitlichen« Fragen: Wenn wir ganz in der Fülle momentan strömender Lebendigkeit aufgehen, oder wenn wir uns im Gegenteil abseits stellen und das Leben wie einen Fluss, mit dem wir wenig gemein haben, vorüberrauschen lassen? Ist das Zweite der Fall, so lasst uns Wege suchen, die zum Ersten hinführen. Dann stehen wir jetzt auf und werden jetzt wieder geboren. Was kümmert uns da der letzte Augenblick unseres Lebens? Früher oder später, doch nicht jetzt, wird er »todsicher« seine Zeit haben und »Jetzt« sein. Die einzige Vorbereitung auf den Tod ist das Leben.

»Mein Herz ist nun so rein, / dass es gleichviel zählt, ob es stirbt / oder singt« (Juan Ramon Jimenez). Das Leben im Augenblick bewirkt Gelassenheit und Freiheit. Wessen Schwerpunkt in Gedanken an ein noch ausstehendes Ziel festklebt, ist zur Resonanz in größern Schwingungssystemen, wie einer Partnerschaft, einem sozialen Netz, der belebten und unbelebten Natur unfähig. Resonanz kann nur jetzt geschehen, auch mit Vorstellungen und Phantasien, welche die Vergangenheit und Zukunft betreffen. Medial begabte Menschen, die ganz Resonanz sind, haben oft etwas Unbeholfenes und Tapsiges an sich, gehen sie doch nie ganz in eingeschliffenen, angelernten Mustern des Denkens, Fühlens und Verhaltens auf. Weil ihre Identität im Ganzen ist, nehmen sie sich selbst weniger ernst und werden von den glatt Angepassten, den »Menschen von Welt«, deren Ich von äußeren Ein-Flüssen aufgedunsen ist, nicht ernst genommen und leicht übersehen. So ruft Laotse aus: »Mein Herz ist wohl das eines Narren / ... Die Menschen der Welt haben alle ein Ziel / Ich allein scheine plump und ungeschlacht. / Ich allein bin anders als die Anderen.«[7]

Der mystische Mensch verbindet sich unmittelbar mit den anderen, vollständig geht er in der Verbindung mit ihnen auf, sodass er den sich in vorgestanzten sozialen Mustern roboterhaft Bewegenden, den sich selbst Entfremdeten fremd erscheinen muss: Den ihnen Nächsten halten diese für den ihnen Fernsten! Er lacht, wo andere Gesicht und Bauch verkrampfen. Im direkten, unverstellten Lachen schüttelt er durcheinander, was sich in anderen hoffnungslos verhakt hat. Die Freiheit des Lachens bei dem im reifen Sinne Ich-losen, harm- und absichtslos verbundenen Menschen! In Dostojewskis Roman »Der Idiot« sagt der junge Ganja zum Fürsten Myschkin: »Ich wundere mich darüber, dass Sie so herzlich lachen. Es klingt bei Ihnen wirklich noch ganz kindlich.«[8] Ganja wundert sich, dass »der Idiot« lachend leicht zur Versöhnung bereit ist. Er selber hätte wohl am alten Zwist festgehalten. Myschkin kommt ihm dabei wie ein großes Kind vor, das nie auf den eigenen Vorteil bedacht ist, und doch beeinflusst er gerade durch sein von eigennützigen Zielen freies, offenes Mitgehen die Geschicke der anderen, ohne dies im Geringsten zu beabsichtigen. Seine unerwartbare Naivität, sein entwaffnendes Wohlwollen, die Kraft seiner Offenheit öffnen anderen die Türe zu nie gekannten Räumen, in denen ergriffene Verbindung, beiläufige und selbstverständliche Liebe regieren.[9] – Auch durch Lachen befreit sich das Beziehungswesen Mensch von seiner Ich-Verhaftung und wird zu schöpferischer Wandlung bereit. In ägyptischen und griechischen Schöpfungsmythen lacht Gott sieben Mal, während er die Welt erschafft, und im christlichen Mittelalter gab es den Brauch des Osterlachens. Immer drückt sich im Lachen die Explosion des Lebens aus[10], die Freiheit, im Einverständnis mit Leben und Tod lebendig zu sein. Das mystische Einverständnis auch mit der Realität des Todes setzt im Leben Energien frei, während die magischen, Ich-verhafteten Beschwörungen gegen die »Minderungen des Lebens« (P. Teilhard de Chardin) und den Tod – die heutzutage weit verbreitete magische Verschwörung gegen den Tod äußert sich in dessen Tabuisierung – wertvolle Energien, die sich ins Leben ergießen wollen, binden.

Vor bald dreißig Jahren wurde ich in Varanasi (Benares), der ältesten Stadt Indiens, Zeuge eines wunderbar natürlichen Geschehens im Umkreis von Leben und Tod, ganz im Gegensatz zur westlichen Tabuisierung des Todes. – In der Nähe des heiligen Flusses Ganges spielen auf einem kleinen Platz einige Halbwüchsige Fußball. Ein etwa Fünfzehnjähriger bückt sich nach dem weggerollten Ball und wird dabei von einer Giftschlange gebissen. Nun liegt er auf dem Boden, die anderen scharen sich um ihn, der leise wimmernd zuckt und blass und blässer wird. Obwohl ihm ein Freund die Wunde ausgebissen und ein herbeigeeilter Arzt eine Spritze gegeben hat, stirbt er nach kurzer Zeit. Verwandte werden herbeigerufen. Mit routinierter Selbstverständlichkeit wird seine Leiche zum nahen Ganges getragen, und ich folge dem kleinen Zug. Am Fluss, zärtlich »Mutter Ganges« – Schoß von Tod und Wiedergeburt – genannt, bekommen die Begleiter eine Stelle für die Verbrennung zugewiesen. Holz wird gekauft und aufgeschichtet, der junge Tote, der noch ganz lebendig, wie schlafend erscheint, wird in weiße Tücher gehüllt und auf den Holzstoß gebettet. Während die Flammen hochschlagen, beten auch die Jungen, die soeben noch mit dem jetzt Verbrennenden Fußball gespielt haben, und der ältere Bruder umschreitet mehrmals den flammenden Holzstoß. An einem Stecken wird schließlich der nicht ganz verbrannte, verkohlte Rumpf des toten Knaben im weiten Bogen in den Ganges geschleudert, wo sich sofort Aasgeier auf ihn stürzen. – Das ganze Geschehen – vom

Fußballspiel bis zum Ende der Verbrennung – hat nicht mehr als drei Stunden gedauert. Ein ernstes, gesammeltes, doch entspanntes und natürliches Geschehen, eingebettet in das Gesamt des Lebens, eingereiht in den Lauf aller Dinge. Erstaunliches Indien!

Die Art der Beweglichkeit eines Menschen spiegelt seine Einstellung zum Tod wider. Auf meinen vier Reisen durch Indien fiel mir die entspannt zentrierte, strömende Harmonie in den Bewegungen vieler – nicht aller – Menschen auf, ohne hemmende Unter- und ermüdende Überschreitungen. Mir scheint, dass sie eine Grenze hinter sich gelassen haben, vor der die meisten westlichen Menschen zurückschrecken, eine Grenze, hinter der die natürliche Einheit von Leben und Tod erlebbar wird: also kein resigniertes Fallenlassen aller Gliedmaßen, dem die Verbindung mit der entsprechenden Aufwärtsbewegung, der gemeinsame Schwung in einem vollständigen Bewegungsablauf fehlen würde, zu beobachten bei Menschen die zu Depression neigen; auch kein krampf- und ruckhaftes Auf- und Vorwärtswärtsdrücken und -drängen aller Bewegungen, typisch für den Leistungsmenschen, der alles kontrollieren will, ohne Ausgleich durch weiches Fallen in die Schwerkraft. Im Gegensatz zu diesen beiden einseitigen Extremen weiträumiges Loslassen in alle Richtungen: in das Sich-Aufrichten und Versinken, ins Vorwärtsstreben und Zurückweichen, hinein ins Leben und hinein in den Tod.

Der Choreograph und Tänzer Merce Cunningham schildert diese Grenze aus der Erfahrungswelt des Tanzens: »Im Leben eines jeden jungen Tänzers gibt es einmal den bestimmten Punkt, an dem er einen gewissen Level erreicht hat. Mancher kommt darüber nie hinaus, weil er glaubt, das wäre alles und nicht begreift, dass das gerade der Augenblick ist, wo man über den Abgrund auf die andere Seite springen muss. Nehmen wir einmal an, einer bewegt sich falsch und fällt dabei. Ich denke: ›Nun ist es gut, jetzt können wir weitergehen!‹ Nur wenn sie *nicht* fallen, wenn sie starr, sicher, unbeirrt stehen, wenn sie immer nur glauben, alles ist in Ordnung, dann habe ich das Gefühl, dass etwas nicht stimmt ..., so viele Menschen sind einfach in ihrer Routine gefangen. Etwas, was bei Tänzern jeden Tag gleich bleibt, ist ihr tägliches Training ... Wenn man es nur als Übung betrachtet, bleibt es immer etwas, das man einfach hinter sich bringen muss, um etwas *anderes* zu erreichen.«[11]

Auf der anderen Seite des Abgrunds, jenseits der Ich-Grenze, erlebt sich der Tänzer im Einklang mit seinem Körper, der Bühne, den Zuschauern und besonderen Umständen. An diesem neuen Ort ohne Risse, Spalten, trennende Routine und Vorstellungen wird er zu einem Zeichen für das Beziehungswesen Mensch, der das Ich überwunden hat und spürend in einer vibrierenden Ganzheit als ein anderer, wesenhaft Verbundener, erwacht ist.

Erinnern Sie sich an den Mann, der kurze Zeit vor einer schweren Operation – Entfernung eines Tumors zwischen Herz und Lunge – im Traum zusammen mit zwei zunächst bedrohlichen und bewaffneten, dann mit ihm sich verbündenden Eindringlingen, das Tor seines Anwesens nach außen hin durchschritt, damit diese draußen wieder ihrer ursprünglichen Arbeit nachgehen konnten? Offen blieb für mich die Bedeutung dieser »urspünglichen Arbeit«. Die Energieladung in den konkreten Einfällen des Träumers – berufliche Expansion und wieder mehr Kontakte zu einer früheren Partnerin und vor allem dem gemeinsamen Kind – war deutlich geringer als die geballte Energiebesetzung in der den Einfällen zugrunde liegenden Traumszene. Am meisten faszinierte den Mann im Traum eine Gebärde, die einer der beiden Eindringlinge ausführte, um einen fallen gelassenen Gegenstand vom Boden aufzuheben. Diese Gebärde, im Wachbewusstsein mit großer Intensität vom Träumer wiederholt, betonte die Vertikale, die Verbindung zwischen Himmel und Erde durch den einen Arm, den er nach unten und den anderen, den er nach oben ausstreckte, stärker als die Verbindung in der Horizontale durch den waagrecht gestreckten Rücken. Bedeutete das Durchschreiten des Tores etwa das Überschreiten einer existenzielleren Grenze: das Einverständnis in eine lebensbedrohliche Situation, das vibrierende Ausgestrecktsein in der Vertikale als die einzige sichere Verbindung? – Mag sein, dass in diese Deutung bereits das Wissen einfließt, wie es weiterging. Etwa fünf Monate nach dem chirurgischen Eingriff wurden bei dem Mann, mit dem mich etwas schwer in Worte zu Fassendes verband, Metastasen in der Lunge, in der Leber und im Kopf diagnostiziert. In die Zeit nach diesem Befund fällt folgender Traum, der mir wie der erste schriftlich vorliegt:

»Ich befinde mich auf dem Land. Quer über Felder verlaufen Oberlandleitungen, auf denen immer Vögel sitzen und lustig zwitschern. Ein Mann von der Stadtverwaltung ist beauftragt zu verhindern, dass sich die Vögel auf die Oberlandleitung setzen. Er befestigt kleine Parkverbotsschilder an der Oberleitung und wartet auf den Effekt. Die Vögel aber setzen sich nicht mehr auf die Oberleitung, sondern auf die zahlreich angebrachten Verbotsschilder, die sofort danach nach unten kippen. Der Mann sieht das und ist sehr verägert. Kurz danach bringt er Parkuhren an der Oberleitung an. – Doch es geschieht das Gleiche wie mit den Schildern: Die Uhren drehen sich nach unten, sobald die Vögel sich darauf setzen. In dieser Position büßen die Parkuhren ihre Funktion voll ein. Was immer auch in die Parkuhr hineingesteckt werden könnte, fällt nun nicht mehr nach unten und löst somit den Mechanismus nicht aus. – Der Mann ist verzweifelt. Seine Arbeit war umsonst, unnötig, sinnlos.« – Merkwürdig: der Träumer erwacht mit dem guten und freudigen Gefühl einer Lösung, doch kann er es nicht halten. Bald werden Angst und Beunruhigung stärker.

Was bewirken die Träumvögel zwischen Himmel und Erde in ihrer auf alle Seiten hin freien Beweglichkeit? Sie setzen die das irdische Leben regulierenden Gesetze außer Kraft: Die Verbotsschilder kippen nach unten, sobald sich die Vögel darauf setzen, wie auch die Parkuhren, sodass die Münzen nicht mehr fallen und deren Mechanismus auslösen können. Kein menschliches Verbot kann die Vögel daran hindern, sich auf die Oberlandleitungen, Energieverbindungen in der Horizontale, zu setzen und diese für ihre eigenen Zwecke in Beschlag zu nehmen. Sie besetzen die Verbotsschilder und Parkuhren, sodass diese »außer Kraft« gesetzt werden und kraftlos, ohnmächtig nach unten kippen. Keine noch so kräftige, energetische Verbindung in der Horizontale, in lebendigen Beziehungen, kann die Tatsache verschleiern, dass die Vögel jetzt das Sagen haben. Der Mann von der Stadtverwaltung, der die bewährte bisherige Lebensordnung des Träumers verkörpert, vermag dagegen nichts auszurichten. Ohnmächtig muss er zusehen, wie die von irdischen Gesetzen freien Seelenvögel die Macht übernehmen. Für den Träumer im Traum und gleich nach dem Erwachen ein befreiendes, gutes und freudiges Gefühl – er identifiziert sich offensichtlich mit den auf den Oberlandleitungen lustig zwitschernden, anarchistischen Vögeln –, doch bald meldet sich wieder die Verzweiflung des bisher so wohl organisierten und in seiner Bemühung um Aufrechterhaltung der sicheren Ordnung so erfolgreichen Beamten.

Ich betone: Zunächst überwog das Einverständnis in die geheimnisvolle, durch die Vögel symbolisierte Freiheit von allen Begrenzungen, in die mystische vertikale Verbindung, selbst wenn sie in unbekannte Regionen oben und unten führt: etwas Wunderbares mitten in der Bedrohung durch eine Krankheit, die vielleicht tödlich enden wird. Das rätselhafte, »jenseitige« Einverständnis aus der Tiefe hat den Mann nie mehr ganz verlassen, auch dann nicht, wenn ihn zeitweilig stumme Angst und Ungewissheit überkamen.

Zwischen ihm und seiner zwanzigjährigen Tochter herrschte eine tiefe Verbindung gegenseitigen Sich-Erspürens: eine Beziehung in Resonanz. Die junge Frau stellte den Traum ihres Vaters in einem Bild mit einer solchen unbewussten Präzision und Stimmigkeit dar, dass ich zunächst annahm, dieses stamme von ihm selber: Schwarze Vögel mit roten Schnäbeln: Tod und Leben in einem. Drei fliegen oberhalb der elektrischen Oberlandleitungen in den Strahlen der Sonne; vier sitzen auf den vier an den Oberlandleitungen hängenden, nach unten gekippten Parkverbotsschildern, auf jedem einer. Die obere Drei und die untere Vier gehören zusammen und ergeben eine Sieben: die Zahl eines Prozesses, der in eine Wandlung führt. Der Himmel ist violett: die Farbe, in der sich das innere Blau mit dem äußeren Rot vereinen, Farbe einer Erwartung und Ankunft, die des Advents in der katholischen Liturgie. In Entsprechung zur gelb-orangenen Sonne rechts oben ein gelbes, ordentlich abgewinkeltes Feld links unten, wie um die Verbündung, das Einverständnis zwischen Himmel und Erde, sowie zwischen dem schon Bekannten und dem noch Unbekannten auszudrücken. Sonst unten eine zartgrüne Wiese mit weißen Flecken: das mittlerweile verinnerlichte, vergeistigte Wachstum im irdischen Leben, durchsetzt von offenen Fragen und Zonen.

Zwei Wochen, bevor ich diese Zeilen schreibe, ist der mit mir befreundete Mann gestorben. In der letzten Stunde seines Lebens wiederholte er etwa dreißig Mal im Ausatmen mit leiser Intensität das Wort »ja, ja, ja«. – Neun Monate vorher hatte auch er für den Titel dieses Buches plädiert: Im Einverständnis mit dem Wunderbaren.

In den leeren, offenen Bereichen, den nicht durch dieses oder jenes verstellten Zwischenräumen, in den Pausen, da der alte Ton nicht mehr und der neue noch nicht anklingt, im Anhalten des Atems, bevor wir von neuem Luft holen, ahnen wir erschaudernd und plötzlich ergriffen das Wunderbare einer Verbindung, die sich nicht herstellen lässt. In diesem Sinne bedeutet der Tod das Geheimmnis, durch den alles Lebendige erst zu Verbindung und gemeinsamer Lebendigkeit kommt. Das Nichts: Hintergrund von allem; die Leere: Voraussetzung der Fülle; das Schweigen: Bedingung des Wortes; die Freiheit: das seelische Klima, in dem Mitschwingen im Ganzen, Resonanz, Sphärenklang und Spärenmusik sich ereignen können; Mystik: Antrieb im Lebensschwung.

Nicht zu verwechseln ist der Tod mit dem Sterben. Dieses gehört noch ganz und gar zum Leben. Emotionale und körperliche Erfahrungen im Sterben sind solche des Lebens: Erschrecken und Ungewissheit, Angst und Bangen, Rebellion, Verzweiflung, Qual ob des Verpassten und Ungelebten, Schuldgefühle, Niedergeschlagenheit, Resignation, Ermattung, Aufreibung, Überforderung, Überdruss, Vergeblichkeit nach allem sich Bemühen, Einsamkeit, unendliche Müdigkeit, Traurigkeit des Abschieds, und neben dem seelischen Leid bei vielen im Vordergrund körperlicher Schmerz; – auf das Ende zu bei manchen, wie schon beschrieben, Gelassenheit, rätselhafte Freude, seltsame Schmerzfreiheit manchmal trotz gleichzeitiger Schmerzen, Zufriedenheit, Versöhnung, Weichheit und Wärme,

Liebe und Mitgefühl, Güte, Einverständnis, heiter losgelöste Verbundenheit. In den letzteren Gefühlen, die sich vor der Schwelle zum Tod einstellen können, falls sie nicht bereits früher wie Blüten der Weisheit aufgegangen sind, weht uns bereits ein jenseitiger Hauch an: etwas, worüber wir nur in Verneinungen sprechen können, und doch deutet es die intensivste, packendste, bejahendste, die existenziellste Dimension an, nämlich die mystische.

Im Leben des kämpferischen Propheten Elia ereignet sich etwas, das seinesgleichen in der gesamten Bibel sucht und sonst nur in Erfahrungsberichten von Mystikern zu Worte kommt. Das ist der Grund, warum ich mich in diesem Buch über das Wunderbare diesem ungestümen »Manne Gottes« wiederholt und jetzt zum letzten Male zuwende, obschon dessen Himmelfahrt auf einem Feuerwagen zum Schluss manches frühere Abtauchen in die Hölle von Fanatismus und Grausamkeit voranging. Was ich bereits über ihn berichtet habe, findet seinen Sinn in dem, was ich nun versuche wiederzugeben.

Sie erinnern sich: Nachdem Elia im Anschluss an seine magische Kraftprobe, die mit dem Sieg über 450 Propheten des Baal endete, diese samt und sonders abschlachten ließ, wurde er nun seinerseits durch die Königin Isebel, entsprechend dem paranoiden Gesetz aller Kriege, verfolgt. Er gerät in Angst und flieht in die Wüste, um seine nackte Haut zu retten. Hier wünscht er sich den Tod, doch ein Engel nährt und tränkt ihn , sodass er gestärkt vierzig Tage und Nächte durch die Wüste bis zum Gottesberg Horeb weiterwandert. Hier, des Kampfes und der Flucht überdrüssig und müde, aufgerieben durch den absurden Wechsel von Triumph und Schmach, Sieg und Niederlage, Verfolgen und Verfolgtwerden, ist er bereit für eine Erfahrung, die seine bisherige, polarisierende Kampfes-Theologie transzendiert. Er gerät in ein mystisches Erlebnis, das als Erfahrungskeim die Feindschaft zwischen den alten Gegensätzen auflösen könnte – zwischen Jahwe und Baal: dem eifersüchtigen oberen geistigen Gott und der sinnenoffenen Naturreligion des Baal mit dem alles bestimmenden Gesetz von Stirb und Werde. Die polare Begegnung anstelle der Polarisierung in verfeindete Gegensätze geschieht durch – Tod! Wüstenhaftes Leerwerden von der Illusion der Trennung, Isolierung und Verteufelung – vom vermeintlichen Triumph des Guten über das Böse, des Wahren über das Falsche, des Schönen über das Hässliche. Versöhnung im großen Verstummen, im Nichts: der wahrhaftigste, kreativste, stärkste Moment in der Geschichte des tapferen Propheten, auch wenn dieser aus seinem Erlebnis die geschichtlichen Konsequenzen selber noch nicht ziehen kann.

Auf dem Berge Horeb erwartet Elia, dass Gott sich ihm offenbare, ohne die geringste Ahnung davon zu haben, wie das geschehen könnte. Zuerst kommt ein heftiger Sturm, der die Berge zerreißt und die Felsen zerbricht. Das muss der Herr sein! Hat er sich nicht wie die Naturgottheiten aus Israels kultureller Umgebung oft als Sturm- und Wettergott gezeigt, und sprechen nicht auch die Psalmen von ihm als einer alles niederreißenden Naturgewalt? Doch in diesem mystischen Moment völliger Leere sterben alle vertrauten anthropomorphen Bilder Gottes. Gott offenbart sich Elia in keiner Naturgewalt, weder im Sturm noch im Erdbeben noch im Feuer. Vorbei der Kampf zwischen dem schnaubenden, parteiischen Kriegsgott und denen, die sich vor ihm nicht beugen. In diesem der Zeit entrückten, ewigen, wunderbaren Moment wundert es Elia nicht einmal, dass Gott nicht im Feuer zu finden ist. Wie, hatte er sich nicht soeben noch als der siegreiche einzige Gott im Feuer offenbart, der sein, des Elias, Brandopfer als einziges entfacht und verzehrt hat, wie einst das

Brandopfer Abels im Gegensatz zu dem seines Bruders Kain, der, ob seiner ungerechten Benachteiligung wütend und verzweifelt zum Brudermörder wurde? Und fand nicht Mose Gott im brennenden Dornbusch? – Doch jetzt, in diesem schauerlich ergreifenden Moment, da Gott nichts mehr von alledem, da Gott Nichts ist, bleibt für Elia selbst das Feuer stumm. Gott ist nicht mehr Feuer, tötet nicht mehr mit feurigem Schwert die Ungläubigen, ist nicht mehr Feind seiner Feinde, befindet sich nicht mehr im Gegensatz zu etwas Entgegengesetztem. Auch fällt er nicht mehr in die Vorstellung einer blinden Naturgottheit zurück. Etwas Neues bahnt sich an, noch nie in Israel Dagewesenes, symbolisiert im Bild der Weltschöpfung aus dem Nichts. Dieser mystische Moment ist reine Schöpfung.

Gott offenbart sich dem Propheten Elia wörtlich in der »Stimme eines verschwebenden Schweigens«. Die kirchlichen Übersetzungen sprechen von einem sanften, leisen Säuseln. Übersetzer, die in Glaubensmustern befangen sind, können das Nichts nicht aushalten. Gott ist schwebendes, verschwebendes Schweigen, reine Vibration, das Kostbarste, das wir erleben können: Mitteilung durch Schweigen, Verbindung durch mitschwingendes Anteilnehmen, kein eigener Inhalt der Welt, sondern deren Zusammenhalt durch Liebe, selbst da, wo Gegensätze und Feindschaften am Werke sind: potenzielle Liebe auch in denen, die leiden und leiden machen, schlummernde Möglichkeit zur Einswerdung durch Resonanz, verborgene Bereitschaft zur Begegnung auch in »Vergegnungen«, Resonanz auch in Dissonanzen. Das Wunderbare in der Abwesenheit von Wunderwerken, – Leben, wenn das nach Leben gierende Ich tot ist, – Gott jederzeit als Tod im Leben, – Gott, nicht zu trennen, nicht einmal zu unterscheiden von der mystischen Erfahrung der Resonanz im

Ganzen. Die fast übermenschliche und doch menschlichste Aufgabe, Gott zu sagen und an nichts Bestimmtes zu glauben, – Gott anzurufen und nichts zu erwarten außer der Gnade des Schweigens, – Verbindung des Ganzen nur im Nichts der Resonanz zu suchen, jenseits der getrennten Gegensätze, als Polarität in allem, nicht Polarisierung. In dieser Todeswüste, diesem Nichts, da, wo Elia nicht mehr leben will, nicht mehr die alte Leier des verfolgten Verfolgers spielen kann, geschieht das Wunder einer Begegnung ohne ein definierbares Gegenüber, einer Botschaft durch elektrisch geladenes, magnetisch anordnendes Schweigen.

Elia selber ist noch nicht imstande, über sein mystisches Ausnahmeerlebnis hinaus dieser Botschaft in sich und anderen Gehör zu verschaffen. In der buddhistischen Tradition wäre ihm dies sicher leichter gefallen. Verwurzelt in der jüdischen Tradition aber fällt er zurück in die alten Polarisierungen: bekennt sich erneut zur Partei Jahwes, tötet Feinde, bekämpft den Baalkult bis aufs Blut. – Mein Bedauern darüber ist zweifellos anachronistisch. Doch aus der »ewigen« Perspektive der Mystik habe ich mir die Freiheit genommen, Elia als Zeitgenossen zu betrachten, einen, mit dem ich im »ewigen Jetzt« verbunden bin. Ich habe versucht, in seiner Geschichte den überzeitlichen Kern zu enthüllen, auf ebenso subjektive Weise, wie dies in der Rezeption der Bibel durch alle lebendigen Epochen des Juden- und Christentums hindurch geschehen ist[12]. – Zweitausendzweihundert Jahre später, im dreizehnten Jahrhundert, formuliert Meister Eckhart ein paradoxes Gebet, das zu sprechen der Prophet Elias noch nicht imstande war, obschon bereits er seine Wahrheit in der Wüste Horeb in kurzer ekstatischer Nacktheit der Seele erfahren hatte: »Ich bitte Gott, dass er mich quitt mache Gottes«.

Drei Tage vor ihrem Tod erzählte eine 42-jährige Frau: »Heute Nacht hatte ich einen Traum, der mich mehr beschäftigt als alle meine Träume zuvor. – Zuerst befinde ich mich auf einer belebten und trotz der Sonne, die von oben scheint, im Halbdunkel liegenden Straße mit lauter dunkel und konform gekleideten Menschen. Dann bin ich unvermittelt auf einer anderen völlig einsamen Straße unterwegs. Diese verliert sich im lichtdurchfluteten Nebel, der auch mich umhüllt, irgendwo weit vorne. Schließlich schwimme ich nachts einen Fluss unter vielen Brücken hinunter. Von unten aus dem Wasser glitzert eine Helligkeit wie von unzähligen Sternen. Total verwundert erwache ich.«

Brücken verbinden zwei entgegengesetzte Ufer. Die einzige Möglichkeit, deren Gegensätzlichkeit zu entgehen und die Verbindung zwischen ihnen zu erleben, besteht darin, ganz »im Fluss« zu sein, sich also aktiv zusammen mit dem Fluss zu bewegen, einzuwilligen in den »Lauf des Wassers«, selber nur eines zu sein, nämlich strömendes, alle Ufer der Welt verbindendes Wasser. Dabei gehen uns zahllose Lichter auf, nicht von oben, sondern von unten her: aus der Tiefe des Flusses und des einwilligenden Geschehenlassens. Solange wir uns nur von oben anstrahlen lassen, bleiben wir trotz des oberen Lichtes im Halbdunkel eines kollektiv angepassten, konformen Lebens stecken, wie die konventionell und dunkel gekleideten Menschen zum Traumbeginn. Die Leuchtkraft der Sterne des unteren, inneren Firmaments entspringt der Fließexistenz. –

Zum Schluss ihres Traumes geht die Träumerin auf Licht zu, das trotz dichten Nebels eine außergewöhnliche Strahlkraft besitzt. Sie weiß, dass sie bald sterben wird, doch hindert der Nebel des Unbekannten sie nicht daran, im Licht, in der Erleuchtung zu sein. Ihr Lebensweg *ver-*

liert sich im lichtdurchfluteten Nebel. Nach einem langen Leidensweg spürt sie kein Bedürfnis mehr, irgendetwas festzuhalten, zu qualvoll waren die letzten drei Jahre. Wiederholungszwänge, alte Muster des nur in sich kreisenden, stets gleichen Fühlens, Denkens und Verhaltens sind endlich aufgelöst, durch Licht, dem sie sich hingibt, indem sie in seine Richtung geht. Die Befreiung macht sie hell und leicht. Nach furchtbaren, jahrelangen Ängsten hat jetzt die Schwelle des Todes für sie allen Schrecken verloren. Die Welt ist weit geworden, der lichtdurchflutete Nebel unendlich: die lichtintensive Verbindung von und in allem.

So schließt sich für die Frau der Kreis des Daseins von der Zeugung bis zum Tod. Nichts in ihm war ganz rund, überall fehlte es an etwas: Mängel in den elterlichen Einflüssen, die sie spätestens seit ihrer Geburt geprägt haben, Mängel in der Entschlossenheit, der eigenen Berufung zu folgen, Mängel in ihrer Liebe zu nahen und fernen Menschen, Mängel in der Bereitschaft, auf den Halt bei hohlen Popanzen, die sich durch »Gott« legitimieren, zu verzichten, Mängel in der Fähigkeit, das aktiv loszulassen, was bereits tot war. – Eines aber ist jetzt ganz rund geworden: das Einverständnis in das, was war – aus dem einzigen Grund, weil es war. Ohne Makel ist nun der Kreis des Daseins.

Anmerkungen

1. Geburt

1 Vgl. H. Scheel, Die erlösende Kraft des Lichts, S. 255, zu P. O. Runges künstlerischem Werk: »Wo diese Dualität von Licht und Dunkel des Lebens überwunden wird, entsteht ein anderes Licht, das mit dem göttlichen außerhalb der Dualität in Verbindung steht«.
2 Vgl. P. Schellenbaum, Träum dich wach, S. 43 und 63-65.
3 H. Hesse, Aus Kinderzeiten, in: Diesseits, S. 54-55.
4 R. Otto, Das Heilige, vor allem S. 13-52, und P. Schellenbaum, Gottesbilder, S. 37-48.
5 Vgl. den Satz, den im Matthäusevangelium Jesus an Petrus richtet: »Ein anderer wird dich gürten und führen, wohin du nicht willst«.
6 Zum existentiellen Moment der Empfängnis vgl. P. Schellenbaum, Die Spur des verborgenen Kindes, u.a. 15ff., 20f.,33 f.,65 ff., 81 f., 108 f., 218 ff.,251 ff., 266 f..
7 P. Watzlawick, Vom Unsinn des vermeintlichen Sinns, in: Sinn und Unsinn der Psychotherapie, S. 323.
8 Ibid., S. 324.
9 Vgl. V. Turner, Das Ritual, Struktur und Antistruktur, und id., Vom Ritual zum Theater.
10 P. Sloterdijk, Sphären I, Blasen, S. 181/2.
11 L. Frobenius, Das Zeitalter des Sonnengottes.
12 Vgl. u.a. C. G. Jung, Symbole der Wandlung, und J. Campbell, Die Masken Gottes.

13 Zu diesem Fragenkomplex vgl. S. Grof, Geburt, Tod und Transzendenz.
14 P. Sloterdijk, Sphären I, Blasen, S. 349.
15 Vgl. P. Schellenbaum, u.a. in: Nimm deine Couch und geh!
16 Zur Beschreibung der Resonanz s. P. Schellenbaum, Träum dich wach, S.136-147.
17 Die vollständigste Definition des Spürbewusstseins findet sich in: P. Schellenbaum, ebenda, S. 235-236.
18 Zum Beispiel: P. Coelho, Der Fünfte Berg.
19 1 Könige 17, 17-24.
20 2 Könige 4, 18-37.
21 Zur Kritik an »A Course in Miracles«: R. Moss, Der schwarze Schmetterling, S. 166-169, Interlaken, 1989.

2. Berufung

1 R. M. Rilke, Die Gedichte, S. 503.
2 Gleichnamiges Drama von Arthur Schnitzler. Allerdings kommt das Wesen der Berufung in einem anderen Drama Schnitzlers erschütternd zum Ausdruck: in »Professor Bernardi«.
3 »Schiwas Tanz: ein Urritual« in: P. Schellenbaum, Nimm deine Couch und geh!, S. 75-78.
4 Vgl. P. Schellenbaum, Das Nein in der Liebe, und ders., Gottesbilder.
5 Vgl. P. Schellenbaum, Die Wunde der Ungeliebten, S. 35-38.
6 Jeremia 1, 6-8.
7 Vgl. Matthäus 3, 1-2: »In jenen Tagen aber trat Johannes der Täufer auf und predigte in der Wüste von Judäa: Tut Buße (metanòiete)! Denn das Reich der Himmel ist genaht.«
8 Apostelgeschichte 9,1-9.
9 P. Rebillot, Die Heldenreise: Das Geheimnis ritualisieren, in: S. und C. Grof, Spirituelle Krisen, S. 257.
10 Vgl. A. Camus, Le dernier Homme: das posthume Meisterwerk des Philosophen und Dichters.
11 Vgl. P. Schellenbaum, Träum dich wach!
12 Zur Geschichte des Elia vgl. 1 und 2 Könige.
13 P. Handke, Gedicht an die Dauer.

3. Liebe

1 J. R. Haule, Heilige Verzauberung, S. 35.
2 Zitiert nach ebenda, S. 38. – Vgl. auch P. Schellenbaum, Das Nein in der Liebe, und: Aggression zwischen Liebenden.
3 C. G. Jung, Das Liebesproblem des Studenten, in: GW 10, S. 115.
4 Zitiert nach: J. R. Haule, op. cit., S. 17.
5 Ebenda, S. 21.
6 Zitiert ebenda, S. 32.
7 Ebenda, S. 20 und 26.
8 S. Bellow, Die Abenteuer des Augie March, 1953, S. 610 f.
9 Vgl. auch P. Schellenbaum, Homosexualität im Manne. – Dieses Werk bildet die Erweiterung und Überarbeitung eines früheren, zum kleinen Teil noch von dieser Anpassung geprägten, bezeichnenderweise von freudianischer, psychoanalytischer Seite hoch gelobten Buches: »Homosexualität des Mannes« (1981). Allerdings stelle ich heute auch in der neuen Fassung (1991) bei allen erfreulichen Korrekturen immer noch einen subtilen, doch bedeutsamen Rechtfertigungszwang fest – trotz der durchgängigen Bejahung und Entpathologisierung der Homosexualität. Ich veröffentlichte sie ein Jahr vor Beginn meiner jetzigen gleichgeschlechtlichen Partnerschaft. Die Grundthesen dieser neuen Fassung jedoch vertrete ich nach wie vor.
10 Zitiert nach W. Weischedel, Die philosophische Hintertreppe, S. 214.
11 C. G. Jung, GW 12 (Psychologie und Alchemie).
12 A. Miller, Wege des Lebens, Vorwort.
13 Ich bin diesem Thema an verschiedenen Stellen ausführlich nachgegangen, zuletzt in: P. Schellenbaum, Träum dich wach!, v.a. S. 136-147.
14 Briefwechsel S. Freud / C. G. Jung, S. 10.
15 Vgl. Tagebuch einer heimlichen Symmetrie, Sabina Spielrein zwischen Jung und Freud, Hg.: A. Carotenuto.
16 S. Freud, Zur Dynamik der Übertragung, S. 101.
17 C. G. Jung, Studienausgabe Bd. 4, S. 19.
18 Ibid. S. 29.
19 Vgl. u. a. P. Schellenbaum, Nimm deine Couch und geh!, S. 54-60, und: Träum dich wach!, S. 129-147.

20 S. Ferenczi, Ohne Sympathie keine Heilung, Das klinische Tagebuch, Hg.: J. Dupont.
21 P. Schellenbaum, Das Nein in der Liebe, S. 152-157.
22 S. Bellow, Mehr noch sterben an gebrochnem Herzen, S. 1.
23 E. Remarque, Arc de Triomphe, 9. Kapitel.
24 Vgl. A. Wilson Schaef, Die Flucht vor der Nähe.
25 P. Schellenbaum, Die Wunde der Ungeliebten, S. 181
26 J. R. Haule, op. cit., S. 97.
27 Vgl. P. Schellenbaum, »Prinzip der Stellvertretung und Solidarität«, in: Abschied von der Selbstzerstörung, S. 217-223.
28 O. Wilde, Märchen, S. 50.
29 Dazu siehe P. Schellenbaum, »Identität in der Sehnsucht« in: Die Wunde der Ungeliebten, S. 84-94.
30 F. Kluge, Etymologiches Wörterbuch, S. 698 und 762.
31 Für C. G. Jung Anima beim Mann und Animus bei der Frau.
32 Johannes vom Kreuz, Geistlicher Gesang, 13.1, zitiert nach J. R. Haule, op. cit., S. 18.
33 W. Weischedel, Die philosophische Hintertreppe, S. 42.
34 Handbuch der Religionen, Hsg. M. Eliade und I. P. Culianu, S. 213.

4. Gott

1 J. Krishnamurti, Einbruch in die Freiheit, S.103.
2 P. Teilhard de Chardin, u. a. in: Der göttliche Bereich. und, Der Mensch im Kosmos.
3 M. Buber, Ich und Du, S. 96.
4 Vgl. E. Neumann, Ursprungsgeschichte des Bewusstseins.
5 P. Sloterdijk, Sphären I, S. 521.
6 Ibid., S. 42.
7 Vgl. P. Schellenbaum, Das Nein in der Liebe.
8 Psalm 139,14.
9 Zum Dritten Leib siehe meine Ausführungen u. a. in: Nimm deine Couch und geh!, S. 254-282, und: Die Spur des verborgenen Kindes, S. 145-158.
10 P. Brook, Das offene Geheimnis – Gedanken über Schauspielerei und Theater, S. 34-38.

11 Gesänge des tanzenden Gottesfreundes – Aus der Dichtung des persischen Mystikers Rumi, hg. L. Thylmann, S. 94.
12 Ibid. S. 33, 68 und 72.
13 M. D. Rumi, Das Meer des Herzens geht in tausend Wogen, S. 81-83 (Nachwort von Yildirim Dagyeli).
14 Gesänge des tanzenden Gottesfreundes, S. 108 und 109.

5. Tod

1 Vgl. G. Benedetti, Psychotherapie als existenzielle Herausforderung, Göttingen, 1992, und Ders., Psychiatrische Aspekte des Schöpferischen und schöpferische Aspekte der Psychiatrie, Göttingen, 1975.
2 W. Nijinskij, Der Clown Gottes, Ein Tagebuch, S. 23, 181 und 182. Vgl. auch das Nachwort: Joachim Bodamer, Das Wesen der Schizophrenie, S. 185-192.
3 Zur Thanatophobie vgl. P. Schellenbaum, Abschied von der Selbstzerstörung, passim. – In diesem Buch habe ich den Ausdruck Thanatophobie geprägt.
4 Zitiert nach G. Condrau, Der Mensch und sein Tod, S. 92 und 93.
5 M. D. Rumi, Das Meer des Herzens geht in tausend Wogen, S. 49, 78, 94, 104.
6 Vgl. E. Jünger, Strahlungen I, S. 127.
7 Lin Yutang (Hrsg.), Laotse, S. 92.
8 F. Dostojewski, Der Idiot, S. 133.
9 Vgl. P. Sloterijk, Sphären I, Blasen, S. 481.
10 Vgl. H. Stein, Freud spirituell, S. 225-7.
11 M. Cunningham, Der Tänzer und der Tanz, S. 183 und 197f.
12 Die Geschichte des Elias am Horeb findet sich im ersten Buch der Könige, Kap. 19.

Literatur

S. Bellow, Die Abenteuer des Augie March, München, 1953

Ders., Mehr noch sterben an gebrochenem Herzen, München, 1991

G. Benedetti, Psychotherapie als existenzielle Herausforderung, Göttingen, 1992

Ders., Psychiatrische Aspekte des Schöpferischen und schöpferische Aspekte der Psychiatrie, Göttingen, 1975

P. Brook, Das offene Geheimnis – Gedanken über Schauspielerei und Theater, Frankfurt 1998

M. Buber, Das dialogische Prinzip, Heidelberg, 1979

A. Camus, Le dernier Homme, Paris, 1996

A. Carotenuto (Hg.), Tagebuch einer heimlichen Symmetrie, Sabina Spielrein zwischen Freud und Jung, Freiburg im Breisgau, 1986

P. Teilhard de Chardin, Der göttliche Bereich, Olten und Freiburg i. Br., 1962

Ders., Der Mensch im Kosmos, München, 1969

P. Coelho, Der Fünfte Berg, Zürich, 1998

G. Condrau, Der Mensch und sein Tod, Zürich, 1991

M. Csukszetmihalyi, Flow, Das Geheimnis des Glücks, Stuttgart, 1992

M. Cunningham, Der Tänzer und der Tanz, Gespräche mit Jacqueline Lesschaeve, Frankfurt a. M.,1986

F. Dostojewski, Der Idiot, München, 1956

Meister Eckhart, Deutsche Predigten und Traktate, München, 1985

M. Eliade, Schamanismus und archaische Ekstasetechnik, Frankfurt am M., 1975

Ders., Indisches Tagebuch, München, 1996

Ders. und J. P. Culianu (Hrsg.), Handbuch der Religionen, Zürich, 1990

W. Y. Evans, Das Tibetanische Totenbuch, Olten und Freiburg i. Br., 1971

S. Ferenczi, Schriften zur Psychoanalyse II, Frankfurt a. M., 1972
Ders., Ohne Sympathie keine Heilung, Das klinische Tagebuch
S. Freud, GW, London, 1940-1952
S. Freud und C. G. Jung, Briefwechsel, Frankfurt a. M., 1974
A. M. Fröhlich (Hg.), Engel – Texte aus der Weltliteratur, Zürich, 1991
M. Godwin, Engel – Eine bedrohte Art, München, 1990
S. Grof, Geburt, Tod und Transzendenz, München, 1985
Ders., Spirituelle Krisen, München, 1990
P. Handke, Gedicht an die Dauer, Frankfurt a. M., 1986
J. R. Haule, Heilige Verzauberung, Interlaken, 1991
H. Hesse, Aus Kinderzeiten, in: Diesseits, Berlin, ohne Jahr
Ders., Märchen, Zürich, ohne Jahresangabe
C. G. Jung, GW, Olten und Freiburg i. Br., 1971-1981
E. Jünger, Strahlungen I, München, 1988
F. Kluge, Etymologisches Wörterbuch der Deutschen Sprache, Berlin, 1975
Johannes vom Kreuz, Dunkle Nacht, in: Im Dunkel das Licht – eine Auswahl aus seinen Werken, Zürich, 1978
Ders., Sämtliche Werke, Einsiedeln, 1984
J. Krishnamurti, Einbruch in die Freiheit, Frankfurt/M., Berlin, 1992
A. Miller, Wege des Lebens. Sieben Geschichten, Frankfurt 1998
R. Moss, Der schwarze Schmetterling, Interlaken, 1989
E. Neumann, Tiefenpsychologie und neue Ethik, München, 1973
Ders., Ursprungsgeschichte des Bewusstseins, München, 1974
Ders., Die Große Mutter, München, 1974
N. Nijinskij, Der Clown Gottes, Ein Tagebuch, München, 1985
R. Otto, Das Heilige, München, 1963
P. Rebillot, Die Heldenreise, in: S. und C. Grof, Spirituelle Krisen, München, 1996
E. Remarque, Arc de Triomphe, Ullstein TB 3403
R. M. Rilke, Die Gedichte, Frankfurt a. M., 1986
C. Rogers, P. F. Schmidt, Person-Zentriert, Grundlagen von Theorie und Praxis, Mainz, 1991
A. Roob, Alchemie und Mystik, Köln, 1996
M. D. Rumi, Das Meer des Herzens geht in tausend Wogen, Frankfurt a. M., 1988
C. Scharfetter, Der spirituelle Weg und seine Gefahren, Stuttgart, 1998

H. Scheel, Die erlösende Kraft des Lichts, Bern, 1993
Dies., Vergleichende Standortbestimmung der Psychoenergetik nach Peter Schellenbaum, Copyright H. Scheel, 1996
P. Schellenbaum, Le Christ dans l'Energétique teilhardienne, Paris, 1971
Ders. Das Nein in der Liebe, Stuttgart, 1985
Ders., Abschied von der Selbstzerstörung, München, 1987
Ders., Die Wunde der Ungeliebten, München, 1988
Ders., Gottesbilder, München, 1989
Ders., Tanz der Freundschaft, München, 1990
Ders. Homosexualität im Mann, München, 1991
Ders., Nimm deine Couch und geh!, München, 1992
Ders., Aggression zwischen Liebenden, Hamburg, 1994
Ders., Die Spur des verborgenen Kindes, Hamburg, 1996
Ders., Träum dich wach!, Hamburg, 1998
W. A. Schelling, »Das andere Gesicht des Lebens, Die Schizophrenie im psychotherapeutischen und existenziellen Dialog«, in: Neue Zürcher Zeitung, 29./30. Nov. 1997, Nr. 278
P. Sloterdijk, Sphären I, Blasen, Frankfurt a.M., 1998
Ders., Sphären II, Globen, Frankfurt a. M., 1999
H. Stein, Freud spirituell, Leinfelden-Echterdingen, 1997
V. Turner, Das Ritual, Struktur und Antistruktur, Frankfurt a. M., 1983
Ders., Vom Ritual zum Theater, Frankfurt a. M., 1989
L. Thylmann (Hrsg.), Gesänge des tanzenden Gottesfreundes – Aus der Dichtung des persischen Dichters Rumi, Freiburg i. Br., Basel, Wien, 1978
P. Watzlawick, Vom Unsinn des vermeintlichen Sinns, in: Sinn und Unsinn der Psychotherapie, Rheinfelden, 1998
W. Weischedel, Die philosophische Hintertreppe, München, 1975
O. Wilde, Märchen, Berlin, ohne Jahresangabe
A. Wilson Schaef, Die Flucht vor der Nähe, München, 1996
Lin Yutang (Hrsg.), Laotse, Frankfurt a. M. und Hamburg, 1955

Peter Schellenbaum
Institut für Leib-Psychotherapie
Gruppentherapie, Weiter- und Ausbildung
Salita al Mött 5
CH-6644 Orselina-Locarno

Bei Anfragen bitte adressierten Rückumschlag mit Schweizer Briefmarke oder internationalem Antwortschein beifügen.